Die Gemeindeordnung

Nordrhein-Westfalen

Textausgabe mit Einführung

und Muster-Satzungen / Muster-Verordnungen

Klaus-Viktor Kleerbaum

Gregor Bender

KPV-DBG

Impressum

Verlag
Kommunalpolitische Vereinigung
Dienstleistungs- und Beratungsgesellschaft mbH
Limperstr. 40, 45657 Recklinghausen
Telefon: 02361 5899-88
Internet: www.kpv-nrw.de
E-Mail: info@kpv-dbg.de

Verfasser
Klaus-Viktor Kleerbaum, Gregor Bender

Verantwortlich i.S.d.P.
Geschäftsführer Klaus-Viktor Kleerbaum

Lektorat, Satz
Petra Rumlich

Druck
LUC GmbH, Hansaring 118, 48268 Greven
E-Mail: info@luc-medienhaus.de

ISBN 978-3-940906-37-3

Sonderauflage 2023

Inhaltsverzeichnis

Benutzerhinweis

Die vorliegende Textausgabe zur Gemeindeordnung des Landes Nordrhein-Westfalen (GO NRW) soll den kommunalpolitisch interessierten Bürgerinnen und Bürgern, Fraktionsmitgliedern und Fachleuten die Arbeit in der Kommunalpolitik vor Ort erleichtern.

Das Buch beinhaltet die Grundlage zur praktischen Arbeit unter Berücksichtigung der aktuellen rechtlichen Rahmenbedingungen.

Als kleines Nachschlagewerk enthält es neben der Textfassung der Gemeindeordnung Nordrhein-Westfalen – GO NRW (Stand: Januar 2023) zudem die aktuelle Muster-Geschäftsordnung für den Rat und die Ausschüsse des Städte- und Gemeindebundes NRW, die aktuelle Muster-Geschäftsordnung für Fraktionen des KPV-Bildungswerkes e.V. sowie die Entschädigungsverordnung – EntschVO des Ministeriums für Heimat, Kommunales, Bau und Digitalisierung NRW (Stand: 1. Januar 2024).

Alle Ämter und Funktionen stehen unabhängig von der sprachlichen Bezeichnung selbstverständlich in gleicher Weise Frauen, Männern und diversgeschlechtlichen Menschen offen. Die Verwendung des generischen Maskulinums in dieser Handreichung erfolgt lediglich aus Gründen der Verständlichkeit und besseren Lesbarkeit.

Ein besonderer Dank gilt Frau Petra Rumlich, auf deren Sachverstand, Lektorat und Layout wir uneingeschränkt zurückgreifen konnten.

Weitere Anregungen, Ergänzungshinweise und kritische Wertungen nehmen die Verfasser gerne entgegen.

Recklinghausen, im November 2023

Klaus-Viktor Kleerbaum Gregor Bender

Einführung

„Den Gemeinden muss das Recht gewährleistet sein, alle Angelegenheiten der örtlichen Gemeinschaft im Rahmen der Gesetze in eigener Verantwortung zu regeln.“ (Art. 28 Abs. 2 Satz 1 GG)

„Die Gemeinden und Gemeindeverbände sind Gebietskörperschaften mit dem Recht der Selbstverwaltung durch ihre gewählten Organe.“ (Art. 78 Abs. 1 LVerf NRW)

Den hohen Stellenwert der kommunalen Selbstverwaltung legen sowohl das Grundgesetz als auch die nordrhein-westfälische Landesverfassung als Garantie des demokratischen Staatsaufbaus fest. Die konkrete Ausgestaltung der Selbstverwaltungsgarantie in den Gemeinden und Kreisen (als Gemeindeverbände) erfolgt dabei durch eine Vielzahl von Gesetzen und weiteren Rechtsvorschriften. Sie bilden die Grundlage für das Handeln zwischen hauptamtlicher Verwaltung, ehrenamtlicher Politik und bürgerschaftlichem Engagement auf Ebene der Gemeinden und Kreise.

Zu den wichtigsten Gesetzen gehören die Gemeinde- und Kreisordnung. Sie regeln den Aufbau der Gemeinden und Kreise, legen die Organe fest und bestimmen deren Aufgaben. Sie bilden den verbindlichen Rechtsrahmen für die 374 kreisangehörigen Städte und Gemeinden, 22 kreisfreien Städte, 31 Kreise (einschließlich der Städteregion Aachen, die einem Kreis gleichgestellt ist) und werden aufgrund dieses grundlegenden Charakters auch Kommunalverfassung genannt.

Die Kommunale Selbstverwaltung in Nordrhein-Westfalen hat in den vergangenen drei Jahrzehnten eine grundlegende Veränderung erfahren. An die Stelle der Doppelspitze mit dem für alle Angelegenheiten zuständigen Rat sowie dem ehrenamtlichen Bürgermeister und dem hauptamtlichen Gemeindedirektor ist ein dualistisches System nach dem Vorbild der Süddeutschen Ratsverfassung mit den Organen hauptamtlicher Bürgermeister und Rat getreten. Beide Organe sind durch Volkswahlen legitimiert und mit eigenen und klar abgegrenzten Zuständigkeiten ausgestattet. Der 1994 eingeleitete Wandel von der sogenannten Doppel- zur Einheitsspitze fand mit der Verabschiedung des „Gesetzes zur Stärkung der kommunalen Selbstverwaltung – GO-Reformgesetz“ (LT-Drs. 14/3979) vom 21. September 2007 seinen Abschluss.

Mit dem GO-Reformgesetz 2007 ist das Verhältnis zwischen Hauptverwaltungsbeamtem und Rat bzw. Kreistag aufgrund der vorliegenden Erfahrungen weiterentwickelt worden. Zugleich sollte den Kommunen ein größtmögliches Maß an Freiheit eingeräumt werden. Eckpunkte der Fortentwicklung der Kommunalverfassung waren:

- Stärkung der Stellung des Hauptverwaltungsbeamten;
- Stärkung des ehrenamtlichen Elementes in der kommunalen Selbstverwaltung;
- Stärkung der bürgerschaftlichen Mitwirkung an kommunalen Entscheidungsprozessen;
- Stärkung der gemeindlichen Aufgabenerledigung;
- Neuausrichtung des Rechts der wirtschaftlichen Betätigung.

Änderungen der Gemeindeordnung 2007 bis 2023

Mit dem GO-Reformgesetz 2007 wurde die Gemeindeordnung endgültig an das neue System der Einheitsspitze angepasst. Insbesondere wurden die Zuständigkeiten des Bürgermeisters erweitert, die

Informationsrechte der Politik gestärkt und der Ratsbürgerentscheid eingeführt.

In der Folgezeit hat der Gesetzgeber durch verschiedene Einzelgesetze das Kommunalrecht weiterentwickelt.

2009 erhielt z. B. § 27 GO (Ausländerbeirat) eine völlige Neufassung. Seither sind die Gemeinden verpflichtet, ein Integrationsgremium als Beirat oder als – von den Regeln des § 58 GO abweichenden – Ausschuss zu bilden.

2010 und 2011 erfolgten weitere Änderungen im Gemeindewirtschaftsrecht. § 107 GO wurde wieder in die Fassung vor der Gesetzesänderung im Jahr 2007 gebracht. Daneben wurde § 107a GO neu geschaffen, der die Zulässigkeit von energiewirtschaftlicher Betätigung der Kommunen bestimmt. Der neu eingefügte § 108a GO regelt die Arbeitnehmermitbestimmung in fakultativen Aufsichtsräten.

Durch gesetzliche Neuregelungen wurden u.a. in § 66 GO die Möglichkeiten für die Abwahl von Bürgermeistern bzw. Landräten erweitert, in § 76 GO die Voraussetzungen erleichtert, ein genehmigungsfähiges Haushaltssicherungskonzept aufzustellen, oder in § 13 GO und § 26 GO die Vorschriften über die Gemeindebezeichnungen und das Bürgerbegehren überarbeitet.

Zwei weitere umfassende Änderungen fanden in den Jahren 2012 und 2016 statt.

Auf Grundlage der Ergebnisse einer vom Landesgesetzgeber eingesetzten Arbeitsgruppe wurden in einem ersten Schritt mit dem „Gesetz zur Stärkung des kommunalen Ehrenamtes und zur Änderung weiterer kommunalverfassungsrechtlicher Vorschriften“ (GV.NRW. 2012 S. 436) die Rahmenbedingungen zur Ausübung des Mandats

(u. a. durch die Überarbeitung der Freistellungs- und Entschädigungsregelungen) deutlich verbessert.

Mit Beschlussfassung über das „Gesetz zur Stärkung der kommunalen Selbstverwaltung" (GV.NRW. 2016, S. 966 ff.) hat der Landtag NRW weitere Neuregelungen zur Stärkung des kommunalen Ehrenamtes (u. a. zu den Aufwandsentschädigungs- bzw. Verdienstausfallregelungen oder den Grundlagen zur Bildung von Vertretungen bestimmter gesellschaftlicher Gruppen (Senioren, Jugendliche – § 27a GO) geschaffen.

Mit dem Gesetz zur Stärkung des Kreistags und zur Änderung kommunalrechtlicher, haushaltsrechtlicher und steuerrechtlicher Vorschriften hat der Gesetzgeber 2018 gesetzlich vorgesehene Änderungen (u. a. zur Staffelung von Fraktionsgrößen) noch vor deren Inkrafttreten wieder aufgehoben und im Jahr 2021 Regelungen zur Aufrechterhaltung der Kommunalen Selbstverwaltung in Anpassung an die Corona-Pandemie auf den Weg gebracht (GV.NRW. 2021, S. 1346).

Auf Grundlage der Erfahrungen aus der Pandemie-Krise hat der Landtag NRW 2022 eine Überarbeitung der Regelungen vorgenommen und für besondere Ausnahmefälle die Möglichkeit zur Durchführung digitaler Rats-, Ausschuss- und Bezirksvertretungssitzungen (§ 47a GO) eingeführt (GV.NRW. 2022, S. 490).

Darüber hinaus sind neue Regelungen etwa zur Sachkundenachweispflicht (§ 113 Abs. 6 GO) und Entschädigung der Ratsmitglieder (§ 45 GO), zu Transparenzpflichten bei Bürgerbegehren und Bürgerentscheid (§ 26a GO) sowie zur Durchführung von hybriden Ausschusssitzungen (§ 58a GO) verabschiedet worden.

Begleitend hierzu wurden die Verordnung über die Durchführung digitaler und hybrider Sitzungen kommunaler Vertretungen (Digitalsitzungsverordnung – DigiSiVO vom 13.05.2022 – https://recht.nrw.de/)

verabschiedet sowie die Verordnung über die Entschädigung der Mitglieder kommunaler Vertretungen und Ausschüsse (Entschädigungsverordnung – EntschVO) mit Wirkung zum 1. Januar 2024 erlassen (§ 133 Abs. 4 und 5 GO).

Im Vorfeld kam es 2021 – auch pandemiebedingt – bereits zu einer weitreichenden Überarbeitung der Haushaltsregelungen (§§ 75 ff. GO) und der Rechnungsprüfungsvorschriften (§§ 101 ff. GO), deren Weiterentwicklung – nach derzeitigem Stand – auf den Weg gebracht wird und zum Haushaltsjahr 2024 in Kraft treten soll.

Der Rat

Der Rat ist die Vertretung der Bürger auf Gemeindeebene. Er ist gemäß § 41 Abs. 1 GO das oberste Willensbildungs- und Beschlussorgan der Gemeinde. Er setzt sich gemäß § 40 Abs. 2 GO aus den von den Bürgern auf fünf Jahre gewählten ehrenamtlich tätigen Ratsmitgliedern sowie dem direkt gewählten Bürgermeister zusammen.

Der Rat ist nach § 41 Abs. 1 GO für alle Angelegenheiten der Gemeindeverwaltung zuständig, soweit die Gemeindeordnung nicht etwas anderes bestimmt. Es gibt auch Angelegenheiten, die der Rat gemäß § 41 Abs. 1 GO entscheiden muss, die er also nicht auf einen Ausschuss übertragen darf. Dazu gehören u. a. die Entscheidung über die allgemeinen Grundsätze der Verwaltungsführung, die Wahl der Beigeordneten, die Beschlussfassung über Satzungen, der Erlass der Haushaltssatzung, die Festsetzung öffentlicher Abgaben und privatrechtlicher Entgelte, die Veräußerung und Verpachtung von Gemeindevermögen, die Übernahme neuer Aufgaben ohne gesetzliche Verpflichtung, die Bestellung und Abberufung der örtlichen Rechnungsprüfer sowie die Festlegung strategischer Ziele unter Berücksichtigung der Ressourcen.

Ansonsten kann der Rat Entscheidungen über Angelegenheiten, die nicht zu den nichtübertragbaren Zuständigkeiten gehören, gemäß § 41 Abs. 2 GO auf Ausschüsse oder den Bürgermeister übertragen. Er kann zudem Ausschüsse ermächtigen, Angelegenheiten ihres Aufgabenbereichs auf den Bürgermeister zu delegieren. Soweit der Rat sich die Entscheidung nicht ausdrücklich vorbehalten hat, gelten Geschäfte der laufenden Verwaltung (d. h. regelmäßig wiederkehrende Geschäfte) als auf den Bürgermeister übertragen.

In jeder Gemeinde sind nach § 57 GO als Pflichtausschüsse ein Hauptausschuss, ein Finanzausschuss und ein Rechnungsprüfungsausschuss zu bilden. Im Übrigen steht die Bildung von weiteren sogenannten freiwilligen Ausschüssen (z. B. Kultur, Bau, Sport) im freien Ermessen des Rates, soweit keine sondergesetzlichen Vorschriften – beispielsweise das Kommunalwahlgesetz (Wahlausschuss) oder die Eigenbetriebsverordnung für gemeindliche Eigenbetriebe (Betriebsausschuss) – dies verlangen.

Grundsätzlich sind die Sitzungen des Rates öffentlich (§ 48 Abs. 2 GO), damit die Bürger und natürlich auch die Presse die Diskussionen und die Beschlussfassung im Ratssaal verfolgen können. Nur die wenigen Angelegenheiten, bei denen schutzwürdige Interessen der Gemeinde oder Dritter vorliegen, wie z. B. Personal- oder Vertragsangelegenheiten, werden im nichtöffentlichen Teil der Sitzung beraten.

Geprägt durch die Erfahrungen der Corona-Zeit und allgemeingesellschaftlicher Entwicklungen besteht seit 2022 die Möglichkeit, in „besonderen Ausnahmefällen“ unter den Voraussetzungen des § 47a GO digitale Sitzungen anstelle der „normalen“ Präsenzsitzungen durchzuführen.

Generell können die Räte nunmehr auch in „beratenden Ausschüssen“ nach Maßgabe des § 58a GO hybride Sitzungen ein- und durchführen.

Die Wahl des Rates

Der Rat einer Gemeinde wird in einer Kombination aus Mehrheits- und Verhältniswahl bestimmt. Der Bewerber mit der höchsten Stimmenzahl in einem Wahlbezirk ist direkt als Ratsmitglied gewählt (Mehrheitswahl). Die gleiche Anzahl an Ratsmitgliedern kommt über die Reserveliste hinzu – entsprechend den Stimmenanteilen, die in der Gemeinde auf die jeweilige Partei entfallen sind (Verhältniswahl). Die Ratsmitglieder üben ihr Mandat ehrenamtlich aus und erhalten dafür eine monatliche Aufwandsentschädigung. Sie führen die Bezeichnung „Ratsfrau“ bzw. „Ratsherr“.

Wählen, also das aktive Wahlrecht ausüben, können bei den Kommunalwahlen alle, die am Wahltag

- das 16. Lebensjahr vollendet haben,
- die deutsche Staatsangehörigkeit oder die eines Mitgliedsstaates der Europäischen Union besitzen und
- in der betreffenden Stadt ihren (Haupt-) Wohnsitz haben.

Wer für den Rat der Stadt kandidieren will, muss die Voraussetzungen der aktiven Wählbarkeit erfüllen, jedoch mindestens 18 Jahre alt sein. Im Regelfall wird der Bewerber von einer Partei aufgestellt. Es können jedoch auch Bewerber ohne Parteizugehörigkeit kandidieren.

Die Bezirksvertretungen, Bezirksausschüsse und Ortsvorsteher

In den 22 kreisfreien Städten Nordrhein-Westfalens wird im Rahmen der alle fünf Jahre stattfindenden Kommunalwahlen in den Stadtbezirken zusätzlich eine Bezirksvertretung direkt von der Bürgerschaft gewählt. Vorsitzender und gleichzeitig Repräsentant des Stadtbezirks ist gemäß § 36 Abs. 2 GO der Bezirksvorsteher bzw. Bezirksbürgermeister.

Die Bezirksvertretungen entscheiden gemäß § 37 Abs. 1 GO in allen Angelegenheiten, deren Bedeutung nicht wesentlich über den Stadtbezirk hinausgeht. Hierzu zählen u. a. die Unterhaltung und Ausstattung von im Stadtbezirk gelegenen Schulen und öffentlichen Einrichtungen wie Sportplätze, Altenheime, Friedhöfe, Büchereien und ähnliche kulturelle Einrichtungen.

In allen anderen bedeutsamen Angelegenheiten sind sie in den Entscheidungsprozess eingebunden und bringen als „bürgernaheste Volksvertretungen" die Interessen der einzelnen Stadtteile und Stadtbezirke mit ihrer Stellungnahme in die Beratungen des Rates und der Ausschüsse ein (Anhörungsrecht); dazu zählen vor allem die Bebauungspläne und die Planung der gesamten städtischen Infrastruktur (öffentliche Einrichtungen wie Kindertagesstätten und Schulen, Straßenbaumaßnahmen usw.).

In kreisangehörigen Gemeinden kann der Rat das Gemeindegebiet in Bezirke einteilen. Für jeden Gemeindebezirk sind vom Rat Bezirksausschüsse einzurichten oder Ortsvorsteher zu wählen. Den Bezirksausschüssen und Ortsvorstehern kommt gemäß § 39 GO die Aufgabe zu, die Belange des Bezirks gegenüber den sonstigen entscheidungsbefugten Stellen der Gemeindeverwaltung wahrzunehmen und ein Bindeglied zwischen den Bezirken und dem Rat zu sein.

Der (Ober-) Bürgermeister

Der auf fünf Jahre gewählte Bürgermeister, in kreisfreien Städten der Oberbürgermeister, führt gemäß §§ 40 Abs. 2, 57 Abs. 2 GO den Vorsitz im Rat und im Hauptausschuss. Als Vorsitzender des Rates setzt er die Tagesordnung fest und leitet die Sitzung. Durch seine gesetzliche Mitgliedschaft im Rat und den Ratsvorsitz wird die Funktion des Bürgermeisters als Bindeglied zwischen politischem Rat und hauptamtlicher Verwaltung unterstrichen. Zu unterscheiden ist zwischen den Aufgaben des Bürgermeisters als Ratsvorsitzenden und solchen als Leiter der Verwaltung. Wichtig ist diese Unterscheidung für die Vertretungsregelung im Falle der Verhinderung des Bürgermeisters. Seine Vertretung bei der Repräsentation erfolgt durch die „ehrenamtlichen Stellvertreter" und bei Aufgaben als Leiter der Verwaltung durch den „allgemeinen Vertreter".

Zu den wichtigsten Rechten des Bürgermeisters zählt sein Stimmrecht im Rat. Dadurch kann er grundsätzlich an allen Entscheidungen des Rates mitwirken. Er ist nur dann von der Abstimmung ausgeschlossen, wenn die Gemeindeordnung das Stimmrecht ausdrücklich ausgeschlossen hat. Als Leiter der Verwaltung verantwortet der Bürgermeister zugleich alles, was die Verwaltung erarbeitet und entscheidet. Die Beschlüsse des Rates hat der Bürgermeister vorzubereiten und in Verantwortung gegenüber dem Rat auszuführen. In diesem Zusammenhang ist er verpflichtet, rechtswidrige Ratsbeschlüsse zu beanstanden und Ratsbeschlüssen, die aus seiner Sicht das Wohl der Gemeinde gefährden, zu widersprechen. Diese Beanstandung hat aufschiebende Wirkung. Selbst wenn der Rat seinen Beschluss wiederholt, ist der Bürgermeister hieran nicht gebunden. Er muss vielmehr unverzüglich die Entscheidung der Kommunalaufsichtsbehörde einholen.

Der Bürgermeister ist verantwortlich für die Leitung und Beaufsichtigung des Geschäftsganges der gesamten Verwaltung; er leitet und verteilt die Geschäfte und kann sich bestimmte Aufgaben vorbehalten sowie die Bearbeitung einzelner Angelegenheiten selbst übernehmen. Dem Bürgermeister obliegen alle „Geschäfte der laufenden Verwaltung“ (§ 41 Abs. 3 GO). Er ist verpflichtet, die politischen Gremien über alle wichtigen Angelegenheiten der Gemeinde zu unterrichten.

Aufgrund seiner Verantwortlichkeit für die gesamte Verwaltung sind ihm im Grundsatz die personalrechtlichen Entscheidungen zugewiesen (§§ 73 Abs. 2, 74 GO). Dies gilt allerdings nicht für die Beigeordneten, die vom Rat als kommunale Wahlbeamte auf acht Jahre gewählt werden. Die Geschäftsbereiche der Beigeordneten als kommunale Wahlbeamte legt der Rat gemäß § 73 Abs. 1 GO im Einvernehmen mit dem Bürgermeister fest. Ferner kann er bei entsprechender Hauptsatzungsregelung die dienst- und arbeitsrechtlichen Entscheidungen für Beamte in Führungsfunktion treffen. Aus seiner Funktion als Leiter der Verwaltung und Dienstvorgesetzter folgt, dass er für die dienstrechtlichen Entscheidungen aller übrigen Beschäftigten der Gemeinde allein zuständig ist. Allerdings hat er die Grundsatzentscheidungen des Rates, insbesondere das Haushaltsrecht des Rates einschließlich der Stellenplanvorgaben, zu beachten. So obliegt dem Rat z. B. in alleiniger Entscheidung die Einstellung – und auch die Abwahl – von Beigeordneten.

Im Rechtsverkehr nach außen vertritt der Bürgermeister gemäß § 63 GO die Gemeinde. Seine Verantwortlichkeit für das gemeindliche Handeln wird auch dadurch deutlich, dass Dringlichkeits- / Eilentscheidungen nach § 60 GO nur gemeinsam mit ihm, niemals aber gegen ihn herbeigeführt werden können. Seiner besonderen Stellung wird auch dadurch Rechnung getragen, dass immer dann, wenn die Gemeinde zwei oder mehr Vertreter in Gesellschafterversammlungen, Aufsichtsräte oder vergleichbare Gremien entsenden kann, gemäß § 113 Abs. 2 GO entweder er selbst oder ein von ihm beauftragter Bediensteter der Verwaltung dazugehören muss.

Zur Unterstützung des Bürgermeisters kann der Rat Beigeordnete wählen. Zusammen mit dem Bürgermeister bilden sie den Verwaltungsvorstand. Der Verwaltungsvorstand ist ein verwaltungsinternes Steuerungsgremium, in dem unter Vorsitz des Bürgermeisters die grundlegenden Verwaltungsentscheidungen erörtert und beraten werden sollen. Bei Meinungsverschiedenheiten steht dem Bürgermeister das Recht auf Entscheidung zu.

I. Gemeindeordnung Nordrhein-Westfalen

Gemeindeordnung
für das Land Nordrhein-Westfalen (GO NRW)

in der Fassung der Bekanntmachung vom 14. Juli 1994
(GV.NRW. S. 666),
zuletzt geändert durch Artikel 1 des Gesetzes vom 13. April 2022
(GV.NRW. S. 490), in Kraft getreten am 26. April 2022
- Nummer 13 und 14 tritt am 1. Januar 2023 in Kraft -)

Inhaltsverzeichnis

1. Teil
Grundlagen der Gemeindeverfassung

§ 1
Wesen der Gemeinden

(1) Die Gemeinden sind die Grundlage des demokratischen Staatsaufbaues. Sie fördern das Wohl der Einwohner in freier Selbstverwaltung durch ihre von der Bürgerschaft gewählten Organe. Sie handeln zugleich in Verantwortung für die zukünftigen Generationen.

(2) Die Gemeinden sind Gebietskörperschaften.

§ 2
Wirkungskreis

Die Gemeinden sind in ihrem Gebiet, soweit die Gesetze nicht ausdrücklich etwas anderes bestimmen, ausschließliche und eigenverantwortliche Träger der öffentlichen Verwaltung.

§ 3
Aufgaben der Gemeinden

(1) Den Gemeinden können nur durch Gesetz Pflichtaufgaben auferlegt werden.

(2) Pflichtaufgaben können den Gemeinden zur Erfüllung nach Weisung übertragen werden; das Gesetz bestimmt den Umfang des Weisungsrechts, das in der Regel zu begrenzen ist. Für die gemeinsame Wahrnehmung von Pflichtaufgaben zur Erfüllung nach Weisung ist der Anwendungsbereich des Gesetzes über kommunale Gemeinschaftsarbeit nur nach Maßgabe der Absätze 5 und 6 sowie des § 4 Abs. 8 eröffnet.

(3) Eingriffe in die Rechte der Gemeinden sind nur durch Gesetz zulässig. Rechtsverordnungen zur Durchführung solcher Gesetze bedürfen der Zustimmung des für die kommunale Selbstverwaltung zuständigen Ausschusses des Landtags und, sofern nicht die Landesregierung oder das für Kommunales zuständige Ministerium sie erlassen, der Zustimmung des für Kommunales zuständigen Ministeriums.

(4) Werden den Gemeinden neue Pflichten auferlegt oder werden Pflichten bei der Novellierung eines Gesetzes fortgeschrieben oder

erweitert, ist gleichzeitig die Aufbringung der Mittel zu regeln. Führen diese neuen Pflichten zu einer Mehrbelastung der Gemeinden, ist ein entsprechender Ausgleich zu schaffen.

(5) Zur Effizienzsteigerung kann eine Gemeinde mit einer benachbarten Gemeinde gemäß §§ 23 ff. des Gesetzes über kommunale Gemeinschaftsarbeit in der Fassung der Bekanntmachung vom 1. Oktober 1979 (GV. NRW. S. 621) in der jeweils geltenden Fassung vereinbaren, dass ihr gemäß § 3 Abs. 2 übertragene Aufgaben von der benachbarten Gemeinde übernommen oder für sie durchgeführt werden. Satz 1 gilt auch für den Abschluss einer öffentlich-rechtlichen Vereinbarung zwischen einer kreisfreien Stadt und einem benachbarten Kreis.

(6) Absatz 5 gilt nur, soweit

- Bundesrecht oder Recht der Europäischen Gemeinschaften nicht entgegensteht, oder
- der Abschluss einer öffentlich-rechtlichen Vereinbarung nicht durch Gesetz oder Rechtsverordnung ausdrücklich eingeschränkt oder ausgeschlossen ist, oder
- durch die beabsichtigte Aufgabenverlagerung schutzwürdige Belange Dritter nicht unangemessen beeinträchtigt werden oder Gründe des öffentlichen Wohls nicht entgegenstehen.

§ 4
Zusätzliche Aufgaben kreisangehöriger Gemeinden

(1) Mittleren kreisangehörigen Städten (Absatz 2) und Großen kreisangehörigen Städten (Absatz 3) können neben den Aufgaben nach

den §§ 2 und 3 zusätzliche Aufgaben durch Gesetz oder Rechtsverordnung übertragen werden.

(2) Eine kreisangehörige Gemeinde ist auf eigenen Antrag zur Mittleren kreisangehörigen Stadt zu bestimmen, wenn ihre maßgebliche Einwohnerzahl an drei aufeinanderfolgenden Stichtagen (Absatz 7) mehr als 20.000 Einwohner beträgt. Sie ist von Amts wegen zur Mittleren kreisangehörigen Stadt zu bestimmen, wenn ihre maßgebliche Einwohnerzahl an fünf aufeinanderfolgenden Stichtagen ab dem 31. Dezember 2017 (Absatz 7) mehr als 25.000 Einwohner beträgt.

(3) Eine kreisangehörige Gemeinde ist auf eigenen Antrag zur Großen kreisangehörigen Stadt zu bestimmen, wenn ihre maßgebliche Einwohnerzahl an drei aufeinanderfolgenden Stichtagen (Absatz 7) mehr als 50.000 Einwohner beträgt. Sie ist von Amts wegen zur Großen kreisangehörigen Stadt zu bestimmen, wenn ihre maßgebliche Einwohnerzahl an fünf aufeinanderfolgenden Stichtagen ab dem 31. Dezember 2017 (Absatz 7) mehr als 60.000 Einwohner beträgt.

(4) Eine Große kreisangehörige Stadt ist auf eigenen Antrag zur Mittleren kreisangehörigen Stadt zu bestimmen, wenn ihre maßgebliche Einwohnerzahl an fünf aufeinanderfolgenden Stichtagen (Absatz 7) weniger als 50.000 Einwohner beträgt. Sie ist von Amts wegen zur Mittleren kreisangehörigen Stadt zu bestimmen, wenn ihre maßgebliche Einwohnerzahl an fünf aufeinanderfolgenden Stichtagen (Absatz 7) weniger als 45.000 Einwohner beträgt.

(5) Eine Mittlere kreisangehörige Stadt oder eine Große kreisangehörige Stadt ist auf eigenen Antrag in der Rechtsverordnung (Absatz 6) zu streichen, wenn ihre maßgebliche Einwohnerzahl an fünf aufeinanderfolgenden Stichtagen (Absatz 7) weniger als 20.000 Einwohner beträgt. Sie ist von Amts wegen in der Rechtsverordnung (Absatz 6) zu streichen, wenn ihre maßgebliche Einwohnerzahl an fünf aufein-

anderfolgenden Stichtagen (Absatz 7) weniger als 15.000 Einwohner beträgt.

(6) Über Anträge nach den Absätzen 2 bis 5 entscheidet das für Kommunales zuständige Ministerium. Ihnen ist zu entsprechen, wenn zwingende übergeordnete Interessen nicht entgegenstehen. Die Bestimmung kreisangehöriger Gemeinden zur Mittleren oder Großen kreisangehörigen Stadt erfolgt durch Rechtsverordnung der Landesregierung. Änderungen dieser Rechtsverordnung treten zum 1. Januar des auf die Verkündung folgenden übernächsten Kalenderjahres in Kraft.

(7) Maßgeblich ist die jeweils auf den 30. Juni und 31. Dezember eines jeden Jahres fortgeschriebene Bevölkerungszahl (Stichtage), die vom Landesbetrieb Information und Technik Nordrhein-Westfalen - Geschäftsbereich Statistik - veröffentlicht wird.

(8) Eine Gemeinde kann gemäß §§ 23 ff. des Gesetzes über kommunale Gemeinschaftsarbeit

a) mit einer oder mehreren benachbarten Gemeinden vereinbaren, eine oder mehrere Aufgaben nach Absatz 1 in der Form gemeinsam wahrzunehmen, dass eine der Gemeinden die Aufgabe übernimmt oder für die übrigen Beteiligten durchführt,

b) als Mittlere oder Große kreisangehörige Stadt mit dem Kreis vereinbaren, dass eine oder mehrere ihr nach Absatz 1 übertragene Aufgaben vom Kreis übernommen werden.

In den Fällen des Buchstaben a) muss die Summe der Einwohnerzahl der beteiligten Gemeinden die jeweilige Einwohnerzahl des Absatzes 2 Satz 1 oder des Absatzes 3 Satz 1 überschreiten (additiver Schwellenwert). Die Gemeinde gilt insoweit als Mittlere bzw. Große kreisangehörige Stadt. Die Absätze 4 und 5 gelten entsprechend. Soweit durch die Vereinbarung Aufgaben vom Kreis auf die Gemeinde übergehen, ist das Benehmen mit dem abgebenden Kreis erforderlich. Der Kreis gilt insoweit als Beteiligter im Sinne von § 29 Abs. 4 des Gesetzes über kommunale Gemeinschaftsarbeit. § 3 Abs. 6 gilt entsprechend.

§ 5
Gleichstellung von Frau und Mann

(1) Die Verwirklichung des Verfassungsgebots der Gleichberechtigung von Frau und Mann ist auch eine Aufgabe der Gemeinden. Zur Wahrnehmung dieser Aufgabe können die Gemeinden Gleichstellungsbeauftragte bestellen.

(2) In kreisangehörigen Städten und Gemeinden mit mehr als 10 000 Einwohnern sowie in kreisfreien Städten sind hauptamtlich tätige Gleichstellungsbeauftragte zu bestellen.

(3) Die Gleichstellungsbeauftragte wirkt bei allen Vorhaben und Maßnahmen der Gemeinde mit, die die Belange von Frauen berühren oder Auswirkungen auf die Gleichberechtigung von Frau und Mann und die Anerkennung ihrer gleichberechtigten Stellung in der Gesellschaft haben.

(4) Die Gleichstellungsbeauftragte kann in Angelegenheiten ihres Aufgabenbereiches an den Sitzungen des Verwaltungsvorstands, des Rates und seiner Ausschüsse teilnehmen. Ihr ist auf Wunsch das Wort zu erteilen. Sie kann die Öffentlichkeit über Angelegenheiten ihres Aufgabenbereichs unterrichten.

(5) Die Gleichstellungsbeauftragte kann in Angelegenheiten, die ihren Aufgabenbereich berühren, den Beschlussvorlagen des Bürgermeisters widersprechen; in diesem Fall hat der Bürgermeister den Rat zu

Beginn der Beratung auf den Widerspruch und seine wesentlichen Gründe hinzuweisen.

(6) Das Nähere zu den Absätzen 3 bis 5 regelt die Hauptsatzung.

§ 6
Geheimhaltung

Die Gemeinden sind verpflichtet, Angelegenheiten der zivilen Verteidigung, die auf Anordnung der zuständigen Behörde oder ihrem Wesen nach gegen die Kenntnis Unbefugter geschützt werden müssen, geheimzuhalten. Sie haben hierbei Weisungen der Landesregierung auf dem Gebiet des Geheimschutzes zu beachten.

§ 7
Satzungen

(1) Die Gemeinden können ihre Angelegenheiten durch Satzung regeln, soweit Gesetze nichts anderes bestimmen. Satzungen bedürfen der Genehmigung der Aufsichtsbehörde nur, wenn dies gesetzlich ausdrücklich vorgeschrieben ist.

(2) In den Satzungen können vorsätzliche und fahrlässige Zuwiderhandlungen gegen Gebote und Verbote mit Bußgeld bedroht werden. Zuständige Verwaltungsbehörde im Sinne des § 36 Abs. 1 Nr. 1 des Gesetzes über Ordnungswidrigkeiten ist der Bürgermeister.

(3) Jede Gemeinde hat eine Hauptsatzung zu erlassen. In ihr ist mindestens zu ordnen, was nach den Vorschriften dieses Gesetzes der Hauptsatzung vorbehalten ist. Die Hauptsatzung und ihre Änderung kann der Rat nur mit der Mehrheit der gesetzlichen Zahl der Mitglieder beschließen.

(4) Satzungen sind öffentlich bekanntzumachen. Sie treten, wenn kein anderer Zeitpunkt bestimmt ist, mit dem Tage nach der Bekanntmachung in Kraft.

(5) Das für Kommunales zuständige Ministerium bestimmt durch Rechtsverordnung, welche Verfahrens- und Formvorschriften bei der öffentlichen Bekanntmachung von Satzungen und sonstigen ortsrechtlichen Bestimmungen einzuhalten sind, soweit nicht andere Gesetze hierüber besondere Regelungen enthalten.

(6) Die Verletzung von Verfahrens- oder Formvorschriften dieses Gesetzes kann gegen Satzungen, sonstige ortsrechtliche Bestimmungen und Flächennutzungspläne nach Ablauf von sechs Monaten seit ihrer Verkündung nicht mehr geltend gemacht werden, es sei denn,

a) eine vorgeschriebene Genehmigung fehlt oder ein vorgeschriebenes Anzeigeverfahren wurde nicht durchgeführt,

b) die Satzung, die sonstige ortsrechtliche Bestimmung oder der Flächennutzungsplan ist nicht ordnungsgemäß öffentlich bekanntgemacht worden,

c) der Bürgermeister hat den Ratsbeschluß vorher beanstandet oder

d) der Form- oder Verfahrensmangel ist gegenüber der Gemeinde vorher gerügt und dabei die verletzte Rechtsvorschrift und die Tatsache bezeichnet worden, die den Mangel ergibt.

Bei der öffentlichen Bekanntmachung der Satzung, der sonstigen ortsrechtlichen Bestimmung und des Flächennutzungsplans ist auf die Rechtsfolgen nach Satz 1 hinzuweisen.

(7) Die Gemeinden bestimmen in ihrer Hauptsatzung die Form der öffentlichen Bekanntmachung für die nach diesem Gesetz oder ande-

ren Rechtsvorschriften vorgeschriebenen sonstigen öffentlichen Bekanntmachungen, soweit nicht andere Gesetze hierüber besondere Regelungen enthalten. Für die Form und den Vollzug der Bekanntmachung gilt die Rechtsverordnung nach Absatz 5 entsprechend.

§ 8
Gemeindliche Einrichtungen und Lasten

(1) Die Gemeinden schaffen innerhalb der Grenzen ihrer Leistungsfähigkeit die für die wirtschaftliche, soziale und kulturelle Betreuung ihrer Einwohner erforderlichen öffentlichen Einrichtungen.

(2) Alle Einwohner einer Gemeinde sind im Rahmen des geltenden Rechts berechtigt, die öffentlichen Einrichtungen der Gemeinde zu benutzen und verpflichtet, die Lasten zu tragen, die sich aus ihrer Zugehörigkeit zu der Gemeinde ergeben.

(3) Grundbesitzer und Gewerbetreibende, die nicht in der Gemeinde wohnen, sind in gleicher Weise berechtigt, die öffentlichen Einrichtungen zu benutzen, die in der Gemeinde für Grundbesitzer und Gewerbetreibende bestehen, und verpflichtet, für ihren Grundbesitz oder Gewerbebetrieb im Gemeindegebiet zu den Gemeindelasten beizutragen.

(4) Diese Vorschriften gelten entsprechend für juristische Personen und für Personenvereinigungen.

§ 9
Anschluss- und Benutzungszwang

Die Gemeinden können bei öffentlichem Bedürfnis durch Satzung für die Grundstücke ihres Gebiets den Anschluß an Wasserleitung,

Kanalisation und ähnliche der Volksgesundheit dienende Einrichtungen sowie an Einrichtungen zur Versorgung mit Fernwärme (Anschlußzwang) und die Benutzung dieser Einrichtungen und der Schlachthöfe (Benutzungszwang) vorschreiben. Die Satzung kann Ausnahmen vom Anschluß- und Benutzungszwang zulassen. Sie kann den Zwang auch auf bestimmte Teile des Gemeindegebiets und auf bestimmte Gruppen von Grundstücken oder Personen beschränken. Im Falle des Anschluß- und Benutzungszwangs für Fernwärme soll die Satzung zum Ausgleich von sozialen Härten angemessene Übergangsregelungen enthalten.

§ 10
Wirtschaftsführung

Die Gemeinden haben ihr Vermögen und ihre Einkünfte so zu verwalten, daß die Gemeindefinanzen gesund bleiben. Auf die wirtschaftliche Leistungsfähigkeit der Abgabepflichtigen ist Rücksicht zu nehmen.

§ 11
Aufsicht

Die Aufsicht des Landes schützt die Gemeinden in ihren Rechten und sichert die Erfüllung ihrer Pflichten.

§ 12
Funktionsbezeichnungen

Die Funktionsbezeichnungen dieses Gesetzes werden in weiblicher oder männlicher Form geführt.

§ 13
Name und Bezeichnung

(1) Die Gemeinden führen ihren bisherigen Namen. Der Rat kann mit einer Mehrheit von drei Vierteln seiner Mitglieder den Gemeindenamen ändern. Die Änderung des Gemeindenamens bedarf der Genehmigung des für Kommunales zuständigen Ministeriums. Sätze 2 und 3 finden auch in den Fällen Anwendung, in denen der Gemeindename durch Gesetz festgelegt wurde, wenn seit dem Inkrafttreten des Gesetzes zehn Jahre vergangen sind.

(2) Die Bezeichnung „Stadt" führen die Gemeinden, denen diese Bezeichnung nach dem bisherigen Recht zusteht. Sobald eine Gemeinde als Mittlere kreisangehörige Stadt zusätzliche Aufgaben wahrzunehmen hat, führt sie unabhängig von der künftigen Einwohnerentwicklung die Bezeichnung „Stadt". Eine kreisangehörige Stadt, in der die Kreisverwaltung ihren Sitz hat, ist berechtigt, die Bezeichnung „Kreisstadt" zu führen.

(3) Die Gemeinden können auch andere Bezeichnungen, die auf der Geschichte oder der heutigen Eigenart oder Bedeutung der Gemeinden beruhen, führen. Der Rat kann mit einer Mehrheit von drei Vierteln seiner Mitglieder diese Bezeichnung bestimmen und ändern. Die Bestimmung und Änderung der Bezeichnung bedarf der Genehmigung des für Kommunales zuständigen Ministeriums.

§ 14
Siegel, Wappen und Flaggen

(1) Die Gemeinden führen Dienstsiegel.

(2) Die Gemeinden führen ihre bisherigen Wappen und Flaggen.

(3) Die Änderung und die Einführung von Dienstsiegeln, Wappen und Flaggen bedürfen der Genehmigung der Aufsichtsbehörde.

2. Teil
Gemeindegebiet

§ 15
Gemeindegebiet

Das Gebiet jeder Gemeinde soll so bemessen sein, daß die örtliche Verbundenheit der Einwohner gewahrt und die Leistungsfähigkeit der Gemeinde zur Erfüllung ihrer Aufgaben gesichert ist.

§ 16
Gebietsbestand

(1) Das Gebiet der Gemeinde besteht aus den Grundstücken, die nach geltendem Recht zu ihr gehören. Grenzstreitigkeiten entscheidet die Aufsichtsbehörde.

(2) Jedes Grundstück soll zu einer Gemeinde gehören.

§ 17
Gebietsänderungen

(1) Aus Gründen des öffentlichen Wohls können Gemeindegrenzen geändert, Gemeinden aufgelöst oder neugebildet werden.

(2) Werden durch die Änderung von Gemeindegrenzen die Grenzen von Gemeindeverbänden berührt, so bewirkt die Änderung der Gemeindegrenzen unmittelbar auch die Änderung der Gemeindeverbandsgrenzen.

§ 18
Gebietsänderungsverträge

(1) Die beteiligten Gemeinden und Gemeindeverbände treffen, soweit erforderlich, Vereinbarungen über die aus Anlaß einer Gebietsänderung zu regelnden Einzelheiten (Gebietsänderungsverträge). In diese Verträge sind insbesondere die für die Auseinandersetzung, die Rechtsnachfolge und die Überleitung des Ortsrechts notwendigen Bestimmungen aufzunehmen.

(2) Gebietsänderungsverträge bedürfen der Genehmigung der Aufsichtsbehörde. Kommt ein Gebietsänderungsvertrag nicht zustande, so bestimmt die Aufsichtsbehörde die aus Anlaß der Gebietsänderung zu regelnden Einzelheiten.

§ 19
Verfahren bei Gebietsänderungen

(1) Die Gemeinden haben vor Aufnahme von Verhandlungen über Änderungen ihres Gebiets die Aufsichtsbehörde zu unterrichten.

(2) Vor jeder Gebietsänderung ist der Wille der betroffenen Bevölkerung in der Weise festzustellen, daß den Räten der beteiligten Gemeinden Gelegenheit zur Stellungnahme gegeben wird. Außerdem sind die Gemeindeverbände zu hören, deren Grenzen durch die Gebietsänderung berührt werden.

(3) Änderungen des Gemeindegebiets bedürfen eines Gesetzes. In Fällen von geringer Bedeutung kann die Änderung von Gemeindegrenzen durch die Bezirksregierung ausgesprochen werden, wenn die Grenzen von Regierungsbezirken berührt werden, ist das für Kommunales zuständige Ministerium zuständig. Geringe Bedeutung hat

eine Grenzänderung, wenn sie nicht mehr als 10 vom Hundert des Gemeindegebiets der abgebenden Gemeinde und nicht mehr als insgesamt 200 Einwohner erfaßt. Die Sätze 2 und 3 finden auch in dem Falle Anwendung, daß eine Gemeindegrenze durch Gesetz festgelegt wurde, wenn seit dem Inkrafttreten des Gesetzes zehn Jahre vergangen sind; gesetzliche Vorschriften, die die Änderung von Gemeindegrenzen bereits zu einem früheren Zeitpunkt zulassen, bleiben unberührt.

(4) In dem Gesetz oder in der Entscheidung nach Absatz 3 Satz 2 sind die Gebietsänderungsverträge oder die Bestimmungen der Aufsichtsbehörde über die Einzelheiten der Gebietsänderung zu bestätigen.

§ 20
Wirkungen der Gebietsänderung

(1) Der Ausspruch der Änderung des Gemeindegebiets und die Entscheidung über die Auseinandersetzung begründen Rechte und Pflichten der Beteiligten. Sie bewirken den Übergang, die Beschränkung oder Aufhebung von dinglichen Rechten, sofern der Gebietsänderungsvertrag oder die Entscheidung über die Auseinandersetzung derartiges vorsehen. Die Aufsichtsbehörde ersucht die zuständigen Behörden um die Berichtigung des Grundbuchs, des Wasserbuchs und anderer öffentlicher Bücher. Sie kann Unschädlichkeitszeugnisse ausstellen.

(2) Rechtshandlungen, die aus Anlaß der Änderung des Gemeindegebiets erforderlich sind, sind frei von öffentlichen Abgaben sowie von Gebühren und Auslagen, soweit diese auf Landesrecht beruhen.

3. Teil
Einwohner und Bürger

§ 21
Einwohner und Bürger

(1) Einwohner ist, wer in der Gemeinde wohnt.

(2) Bürger ist, wer zu den Gemeindewahlen wahlberechtigt ist.

§ 22
Pflichten der Gemeinden gegenüber ihren Einwohnern

(1) Die Gemeinden sind in den Grenzen ihrer Verwaltungskraft ihren Einwohnern bei der Einleitung von Verwaltungsverfahren behilflich, auch wenn für deren Durchführung eine andere Behörde zuständig ist. Zur Rechtsberatung sind die Gemeinden nicht verpflichtet.

(2) Die Gemeinden haben Vordrucke für Anträge, Anzeigen und Meldungen, die ihnen von anderen Behörden überlassen werden, bereitzuhalten.

(3) Soweit Anträge beim Kreis oder bei der Bezirksregierung einzureichen sind, haben die Gemeinden die Anträge entgegenzunehmen und unverzüglich an die zuständige Behörde weiterzuleiten. Die Einreichung bei der Gemeinde gilt als Antragstellung bei der zuständigen Behörde, soweit Bundesrecht nicht entgegensteht. Durch Rechtsverordnung des für Kommunales zuständigen Ministeriums können Anträge, die bei anderen Behörden zu stellen sind, in diese Regelung einbezogen werden.

§ 23
Unterrichtung der Einwohner

(1) Der Rat unterrichtet die Einwohner über die allgemein bedeutsamen Angelegenheiten der Gemeinde. Bei wichtigen Planungen und Vorhaben der Gemeinde, die unmittelbar raum- oder entwicklungsbedeutsam sind oder das wirtschaftliche, soziale oder kulturelle Wohl ihrer Einwohner nachhaltig berühren, sollen die Einwohner möglichst frühzeitig über die Grundlagen sowie Ziele, Zwecke und Auswirkungen unterrichtet werden.

(2) Die Unterrichtung ist in der Regel so vorzunehmen, daß Gelegenheit zur Äußerung und zur Erörterung besteht. Zu diesem Zweck kann der Rat Versammlungen der Einwohner anberaumen, die auf Gemeindebezirke (Ortschaften) beschränkt werden können. Die näheren Einzelheiten, insbesondere die Beteiligung der Bezirksvertretungen in den kreisfreien Städten, sind in der Hauptsatzung zu regeln. Vorschriften über eine förmliche Beteiligung oder Anhörung bleiben unberührt.

(3) Ein Verstoß gegen die Absätze 1 und 2 berührt die Rechtmäßigkeit der Entscheidung nicht.

§ 24
Anregungen und Beschwerden

(1) Jede Einwohnerin oder jeder Einwohner der Gemeinde, die oder der seit mindestens drei Monaten in der Gemeinde wohnt, hat das Recht, sich einzeln oder in Gemeinschaft mit anderen in Textform nach § 126b des Bürgerlichen Gesetzbuches mit Anregungen oder Beschwerden in Angelegenheiten der Gemeinde an den Rat oder die Bezirksvertretung zu wenden. Die Zuständigkeiten der Ausschüsse,

der Bezirksvertretungen und des Bürgermeisters werden hierdurch nicht berührt. Die Erledigung von Anregungen und Beschwerden kann der Rat einem Ausschuß übertragen. Der Antragsteller ist über die Stellungnahme zu den Anregungen und Beschwerden zu unterrichten.

(2) Die näheren Einzelheiten regelt die Hauptsatzung.

§ 25
Einwohnerantrag

(1) Einwohner, die seit mindestens drei Monaten in der Gemeinde wohnen und das 14. Lebensjahr vollendet haben, können beantragen, daß der Rat über eine bestimmte Angelegenheit, für die er gesetzlich zuständig ist, berät und entscheidet.

(2) Der Antrag muß in Textform eingereicht werden. Er muß ein bestimmtes Begehren und eine Begründung enthalten. Er muß bis zu drei Personen benennen, die berechtigt sind, die Unterzeichnenden zu vertreten. Die Verwaltung ist in den Grenzen ihrer Verwaltungskraft ihren Einwohnern bei der Einleitung eines Einwohnerantrages behilflich.

(3) Der Einwohnerantrag muß unterzeichnet sein,

1. in kreisangehörigen Gemeinden von mindestens 5 vom Hundert der Einwohner, höchstens jedoch von 4 000 Einwohnern,

2. in kreisfreien Städten von mindestens 4 vom Hundert der Einwohner, höchstens jedoch 8 000 Einwohnern.

§ 4 Absatz 7 gilt entsprechend.

(4) Jede Liste mit Unterzeichnungen muß den vollen Wortlaut des Antrags enthalten. Eintragungen, welche die Person des Unterzeichners nach Namen, Vornamen, Geburtsdatum und Anschrift nicht zweifelsfrei erkennen lassen, sind ungültig. Die Angaben werden von der Gemeinde geprüft.

(5) Der Antrag ist nur zulässig, wenn nicht in derselben Angelegenheit innerhalb der letzten zwölf Monate bereits ein Antrag gestellt wurde.

(6) Die Voraussetzungen der Absätze 1 bis 5 müssen im Zeitpunkt des Eingangs des Antrags bei der Gemeinde erfüllt sein.

(7) Der Rat stellt unverzüglich fest, ob der Einwohnerantrag zulässig ist. Er hat unverzüglich darüber zu beraten und zu entscheiden, spätestens innerhalb von vier Monaten nach seinem Eingang. Den Vertretern des Einwohnerantrags soll Gelegenheit gegeben werden, den Antrag in der Ratssitzung zu erläutern.

(8) In kreisfreien Städten kann ein Einwohnerantrag an eine Bezirksvertretung gerichtet werden, wenn es sich um eine Angelegenheit handelt, für welche die Bezirksvertretung zuständig ist. Die Absätze 1 bis 7 gelten entsprechend mit der Maßgabe, daß

1. antrags- und unterzeichnungsberechtigt ist, wer im Stadtbezirk wohnt und

2. die Berechnung der erforderlichen Unterzeichnungen sich nach der Zahl der im Stadtbezirk wohnenden Einwohner richtet.

(9) Das für Kommunales zuständige Ministerium kann durch Rechtsverordnung das Nähere über die Durchführung des Einwohnerantrags regeln.

§ 26
Bürgerbegehren und Bürgerentscheid

(1) Die Bürger können beantragen (Bürgerbegehren), daß sie an Stelle des Rates über eine Angelegenheit der Gemeinde selbst entscheiden (Bürgerentscheid). Der Rat kann mit einer Mehrheit von zwei Dritteln der gesetzlichen Zahl der Mitglieder beschließen, dass über eine Angelegenheit der Gemeinde ein Bürgerentscheid stattfindet (Ratsbürgerentscheid). Absatz 2 Satz 1 sowie die Absätze 5, 7, 8 und 10 gelten entsprechend.

(2) Das Bürgerbegehren muss in Textform eingereicht werden und die zur Entscheidung zu bringende Frage sowie eine Begründung enthalten. Es muss bis zu drei Bürger benennen, die berechtigt sind, die Unterzeichnenden zu vertreten (Vertretungsberechtigte). Bürger, die beabsichtigen, ein Bürgerbegehren durchzuführen, teilen dies der Verwaltung in Textform mit. Die Verwaltung ist in den Grenzen ihrer Verwaltungskraft ihren Bürgern bei der Einleitung eines Bürgerbegehrens behilflich. Sie teilt den Vertretungsberechtigten in Textform eine Einschätzung der mit der Durchführung der verlangten Maßnahme verbundenen Kosten (Kostenschätzung) mit. Die Kostenschätzung der Verwaltung ist bei der Sammlung der Unterschriften nach Absatz 4 anzugeben. Wenn die Kostenschätzung nach Satz 5 vorliegt, können die Vertretungsberechtigten nach Satz 2 beantragen zu entscheiden, ob das Bürgerbegehren mit Ausnahme der Voraussetzungen des Absatzes 4 zulässig ist. Der Antrag ist in der gemäß § 25 Absatz 4 vorgeschriebenen Form einschließlich der zur Entscheidung zu bringenden Frage, der Begründung sowie der anzugebenden Kostenschätzung vorzulegen und von den Vertretungsberechtigten sowie mindestens 25 Bürgern zu unterzeichnen. Über den Antrag hat der Rat innerhalb von acht Wochen zu entscheiden. Der Rat kann in der Hauptsatzung die Entscheidung über den Antrag nach Satz 7 auf den

Hauptausschuss übertragen, der ebenfalls innerhalb von acht Wochen zu entscheiden hat. Absatz 6 Satz 3 und 6 gilt entsprechend.

(3) Richtet sich ein Bürgerbegehren gegen einen Beschluß des Rates, muß es innerhalb von sechs Wochen nach der Bekanntmachung des Beschlusses eingereicht sein. Gegen einen Beschluß, der nicht der Bekanntmachung bedarf, beträgt die Frist drei Monate nach dem Sitzungstag. Nach der Mitteilung nach Absatz 2 Satz 3 ist der Ablauf der Fristen aus Satz 1 und Satz 2 bis zur Mitteilung der Verwaltung nach Absatz 2 Satz 5 gehemmt. Nach einem Antrag nach Absatz 2 Satz 7 ist der Ablauf der Fristen aus Satz 1 und Satz 2 bis zur Entscheidung nach Absatz 2 Satz 9 gehemmt.

(4) Ein Bürgerbegehren muss in Gemeinden

- bis 10.000 Einwohner von 10 %
- bis 20.000 Einwohner von 9 %
- bis 30.000 Einwohner von 8 %
- bis 50.000 Einwohner von 7 %
- bis 100.000 Einwohner von 6 %
- bis 200.000 Einwohner von 5 %
- bis 500.000 Einwohner von 4 %
- über 500.000 Einwohner von 3 %

der Bürger unterzeichnet sein.

Maßgeblich ist die bei der letzten allgemeinen Kommunalwahl festgestellte Zahl der Wahlberechtigten. Für die Zahl der Einwohner gilt § 4 Absatz 7 entsprechend. Nach Absatz 2 Satz 8 erfolgte Unterzeichnungen sind anzurechnen. Die Angaben werden von der Gemeinde geprüft. Im übrigen gilt § 25 Abs. 4 entsprechend.

(5) Ein Bürgerbegehren ist unzulässig über

1. die innere Organisation der Gemeindeverwaltung,
2. die Rechtsverhältnisse der Mitglieder des Rates, der Bezirksvertretungen und der Ausschüsse sowie der Bediensteten der Gemeinde,
3. die Haushaltssatzung, die Eröffnungsbilanz, den Jahresabschluss und den Gesamtabschluss der Gemeinde (einschließlich der Wirtschaftspläne und des Jahresabschlusses der Eigenbetriebe) sowie die kommunalen Abgaben und die privatrechtlichen Entgelte,
4. Angelegenheiten, die im Rahmen eines Planfeststellungsverfahrens oder eines förmlichen Verwaltungsverfahrens mit Öffentlichkeitsbeteiligung oder eines abfallrechtlichen, immissionsschutzrechtlichen, wasserrechtlichen oder vergleichbaren Zulassungsverfahrens zu entscheiden sind,
5. die Aufstellung, Änderung, Ergänzung und Aufhebung von Bauleitplänen mit Ausnahme der Entscheidung über die Einleitung des Bauleitplanverfahrens.

Ein Bürgerbegehren darf nur Angelegenheiten zum Gegenstand haben, über die innerhalb der letzten zwei Jahre nicht bereits ein Bürgerentscheid durchgeführt worden ist.

(6) Der Rat stellt unverzüglich fest, ob das Bürgerbegehren zulässig ist. Liegt bereits eine Entscheidung nach Absatz 2 Satz 9 oder Satz 10 vor, so entscheidet der Rat lediglich darüber, ob die Voraussetzungen des Absatzes 4 vorliegen. Gegen die ablehnende Entscheidung des Rates können nur die Vertreter des Bürgerbegehrens nach Absatz 2 Satz 2 einen Rechtsbehelf einlegen. Entspricht der Rat dem

zulässigen Bürgerbegehren nicht, so ist innerhalb von drei Monaten nach der Entscheidung nach Satz 1 oder Satz 2 ein Bürgerentscheid durchzuführen. Entspricht der Rat dem Bürgerbegehren, so unterbleibt der Bürgerentscheid. Den Vertretern des Bürgerbegehrens soll Gelegenheit gegeben werden, den Antrag in der Sitzung des Rates zu erläutern. Ist die Zulässigkeit des Bürgerbegehrens nach Satz 1 oder Satz 2 abschließend festgestellt, darf bis zur Feststellung des Ergebnisses des Bürgerentscheids eine dem Begehren entgegenstehende Entscheidung der Gemeindeorgane nicht mehr getroffen oder mit dem Vollzug einer derartigen Entscheidung nicht mehr begonnen werden, es sei denn, zu diesem Zeitpunkt haben rechtliche Verpflichtungen der Gemeinde hierzu bestanden (Sperrwirkung des zulässigen Bürgerbegehrens).

(7) Bei einem Bürgerentscheid kann über die gestellte Frage nur mit Ja oder Nein abgestimmt werden. Die Frage ist in dem Sinne entschieden, in dem sie von der Mehrheit der gültigen Stimmen beantwortet wurde, sofern diese Mehrheit in Gemeinden mit

bis zu 50.000 Einwohnern	mindestens 20 Prozent,
über 50.000 bis zu 100.000 Einwohnern	mindestens 15 Prozent,
mehr als 100.000	mindestens 10 Prozent

der Bürger beträgt.

§ 4 Absatz 7 gilt entsprechend. Bei Stimmengleichheit gilt die Frage als mit Nein beantwortet. Sollen an einem Tag mehrere Bürgerentscheide stattfinden, hat der Rat eine Stichfrage für den Fall zu beschließen, dass die gleichzeitig zur Abstimmung gestellten Fragen in einer miteinander nicht zu vereinbarenden Weise beantwortet werden (Stichentscheid). Es gilt dann diejenige Entscheidung, für die sich im Stichentscheid die Mehrheit der gültigen Stimmen ausspricht. Bei

Stimmengleichheit im Stichentscheid gilt der Bürgerentscheid, dessen Frage mit der höchsten Stimmenzahl mehrheitlich beantwortet worden ist.

(8) Der Bürgerentscheid hat die Wirkung eines Ratsbeschlusses. Vor Ablauf von zwei Jahren kann er nur auf Initiative des Rates durch einen neuen Bürgerentscheid abgeändert werden.

(9) In kreisfreien Städten können Bürgerbegehren und Bürgerentscheid in einem Stadtbezirk durchgeführt werden, wenn es sich um eine Angelegenheit handelt, für welche die Bezirksvertretung zuständig ist. Die Absätze 1 bis 8 gelten entsprechend mit der Maßgabe, daß

1. das Bürgerbegehren von im Stadtbezirk wohnenden Bürgern unterzeichnet sein muss,
2. bei einem Bürgerentscheid nur die im Stadtbezirk wohnenden Bürger stimmberechtigt sind,
3. die Bezirksvertretung mit Ausnahme der Entscheidung nach Absatz 6 Satz 1 an die Stelle des Rates tritt.

(10) Das für Kommunales zuständige Ministerium kann durch Rechtsverordnung das Nähere über die Durchführung des Bürgerbegehrens und des Bürgerentscheids regeln. Dabei sind die § 32 Abs. 6, § 34a und § 41 der Kommunalwahlordnung zu berücksichtigen.

§ 26a
Transparenzpflichten bei Bürgerbegehren und Bürgerentscheid

(1) Die Unterlagen zur Einreichung eines Bürgerbegehrens müssen eine Erklärung darüber enthalten, ob und in welcher Gesamthöhe die nach § 26 Absatz 2 Satz 2 genannten Vertretungsberechtigten

Zuwendungen von Dritten für die Vorbereitung und Durchführung des Bürgerbegehrens erhalten oder eigene Mittel dafür eingesetzt haben. Zuwendungen eines einzelnen Zuwenders für den Zweck der Vorbereitung und Durchführung des Bürgerbegehrens, deren Gesamtwert 10.000 Euro übersteigt, sind unter Angabe des Namens und der Anschrift des Zuwenders sowie der Gesamthöhe der Zuwendung anzugeben.

(2) Erhalten die Vertretungsberechtigten des Bürgerbegehrens nach Antragstellung eine Zuwendung, die alleine oder zusammen mit weiteren Zuwendungen dieses Zuwenders den Gesamtwert von 10.000 Euro übersteigt, teilen die Vertretungsberechtigten dies dem Bürgermeister unverzüglich mit. Wird über die Frage des Bürgerbegehrens ein Bürgerentscheid durchgeführt, besteht die Mitteilungspflicht bis zu dessen Abschluss fort.

(3) Im Falle der Durchführung eines Bürgerentscheids veröffentlicht der Bürgermeister die Erklärungen und Mitteilungen der Vertretungsberechtigten 16 Tage vor dem Bürgerentscheid über eine öffentliche Bekanntmachung. Sofern nach dieser Frist weitere Erklärungen und Mitteilungen eingehen, veröffentlicht sie der Bürgermeister in geeigneter Weise spätestens am Tag vor dem Bürgerentscheid. In Fällen nach Satz 2 ist eine vereinfachte Bekanntmachung möglich.

(4) Die Vertretungsberechtigten versichern bei der Einreichung eines Bürgerbegehrens an Eides statt, dass der Mitteilungspflicht vollständig und richtig nachgekommen worden ist. Wird über die Frage des Bürgerbegehrens ein Bürgerentscheid durchgeführt, müssen die Vertretungsberechtigten 16 Tage vor dem Entscheid die Erklärung an Eides statt erneuern.

§ 27
Politische Teilhabe von Menschen mit Einwanderungsgeschichte

(1) In einer Gemeinde, in der mindestens 5.000 ausländische Einwohner ihre Hauptwohnung haben, ist ein Integrationsrat zu bilden.

In einer Gemeinde, in der mindestens 2.000 ausländische Einwohner ihre Hauptwohnung haben, ist ein Integrationsrat zu bilden, wenn mindestens 200 Wahlberechtigte gemäß Absatz 3 Satz 1 es beantragen.

In anderen Gemeinden kann ein Integrationsrat gebildet werden.

Der Integrationsrat wird gebildet, indem die Mitglieder nach Absatz 2 Satz 1 gewählt werden und die vom Rat nach Absatz 2 Satz 4 bestellten Ratsmitglieder hinzutreten. Die Zahl der nach Absatz 2 Satz 1 zu wählenden Mitglieder muss die Zahl der nach Absatz 2 Satz 4 zu bestellenden Ratsmitglieder übersteigen.

(2) In allgemeiner, unmittelbarer, freier, gleicher und geheimer Wahl werden für die Dauer der Wahlperiode des Rates die Mitglieder nach Listen oder als Einzelbewerber gewählt. Für die Mitglieder nach Listen und die Einzelbewerber können Stellvertreter gewählt werden.

Die Wahl der Mitglieder findet am Tag der Kommunalwahl statt; in den Fällen des Absatz 1 Satz 2 und 3 ist auch eine spätere Wahl zulässig.

Für den Integrationsrat bestellt der Rat aus seiner Mitte die weiteren Mitglieder. Die Bestellung von Stellvertretern ist zulässig.

(3) Wahlberechtigt ist, wer

1. nicht Deutscher im Sinne des Artikels 116 Absatz 1 des Grundgesetzes ist,
2. eine ausländische Staatsangehörigkeit besitzt,

3. die deutsche Staatsangehörigkeit durch Einbürgerung erhalten hat oder

4. die deutsche Staatsangehörigkeit nach § 4 Absatz 3 des Staatsangehörigkeitsgesetzes in der im Bundesgesetzblatt Teil III, Gliederungsnummer 102-1, veröffentlichten bereinigten Fassung, zuletzt geändert durch Artikel 1 des Gesetzes vom 28. August 2013 (BGBl. I S. 3458), erworben hat.

Darüber hinaus muss die Person am Wahltag

1. 16 Jahre alt sein,

2. sich seit mindestens einem Jahr im Bundesgebiet rechtmäßig aufhalten und

3. mindestens seit dem sechzehnten Tag vor der Wahl in der Gemeinde ihre Hauptwohnung haben.

Die Gemeinde erstellt ein Wählerverzeichnis und benachrichtigt die Wahlberechtigten. Wahlberechtigte, die nicht in dem Wählerverzeichnis eingetragen sind, können sich bis zum zwölften Tag vor der Wahl in das Wählerverzeichnis eintragen lassen. Sie haben den Nachweis über ihre Wahlberechtigung zu führen.

(4) Nicht wahlberechtigt sind Ausländer

1. auf die das Aufenthaltsgesetz in der Fassung der Bekanntmachung vom 25. Februar 2008 (BGBl. I S. 162), zuletzt geändert durch Artikel 1 des Gesetzes vom 12. Juli 2018 (BGBl. I S. 1147), nach seinem § 1 Absatz 2 Nummer 2 oder 3 keine Anwendung findet oder

2. die Asylbewerber sind.

(5) Wählbar sind mit Vollendung des 18. Lebensjahres alle wahlberechtigten Personen nach Absatz 3 Satz 1 sowie alle Bürger.

Darüber hinaus muss die Person am Wahltag

1. sich seit mindestens einem Jahr im Bundesgebiet rechtmäßig aufhalten und

2. seit mindestens drei Monaten in der Gemeinde ihre Hauptwohnung haben.

(6) Bei der Feststellung der Zahl der ausländischen Einwohner nach Absatz 1 lässt die Gemeinde die in Absatz 4 bezeichneten Ausländer sowie die Personen, die neben einer ausländischen auch die deutsche Staatsangehörigkeit besitzen, außer Betracht.

(7) Für die Rechtsstellung der nach Absatz 2 Satz 1 gewählten Mitglieder gelten die §§ 30, 31, 32 Absatz 2, 33, 43 Absatz 1, 44 und 45 mit Ausnahme des Absatzes 5 Nummer 1 entsprechend.

Der Integrationsrat wählt aus seiner Mitte einen Vorsitzenden und einen oder mehrere Stellvertreter.

Der Integrationsrat regelt seine inneren Angelegenheiten durch eine Geschäftsordnung.

(8) Rat und Integrationsrat sollen sich über die Themen und Aufgaben der Integration in der Gemeinde abstimmen. Der Integrationsrat kann sich darüber hinaus mit allen Angelegenheiten der Gemeinde befassen. Auf Antrag des Integrationsrates ist eine Anregung oder Stellungnahme des Integrationsrates dem Rat, einer Bezirksvertretung oder einem Ausschuss vorzulegen. Der Vorsitzende des Integrationsrates oder ein anderes vom Integrationsrat benanntes Mitglied ist berechtigt, bei der Beratung dieser Angelegenheit an der Sitzung teilzunehmen; auf sein Verlangen ist ihm dazu das Wort zu erteilen.

(9) Der Integrationsrat soll zu Fragen, die ihm vom Rat, einem Ausschuss, einer Bezirksvertretung oder vom Bürgermeister vorgelegt werden, Stellung nehmen.

(10) Dem Integrationsrat sind die zur Erledigung seiner Aufgaben erforderlichen Mittel zur Verfügung zu stellen. Der Rat kann nach Anhörung des Integrationsrates den Rahmen festlegen, innerhalb dessen der Integrationsrat über ihm vom Rat zugewiesene Haushaltsmittel entscheiden kann.

(11) Für die Wahl zum Integrationsrat nach Absatz 2 Satz 1 gelten die §§ 2, 5 Absatz 1, §§ 9 bis 13, 24 bis 27, 30, 34 bis 46, 47 Satz 1 und § 48 des Kommunalwahlgesetzes entsprechend; § 29 Kommunalwahlgesetz gilt entsprechend, soweit die Gemeinden keine abweichenden Regelungen treffen. Das für Kommunales zuständige Ministerium kann durch Rechtsverordnung das Nähere über die Wahlvorschläge sowie weitere Einzelheiten über die Vorbereitung und Durchführung der Wahl sowie über die Wahlprüfung regeln.

(12) Anstelle eines Integrationsrates kann durch Beschluss des Rates ein beratender Ausschuss (Integrationsausschuss) gebildet werden. Für den Integrationsausschuss gelten die Regelungen für den Integrationsrat entsprechend. Ergänzend sind auf den Integrationsausschuss die § 57 Absatz 4 Satz 1, § 58 und § 58a anzuwenden. Die Zahl der nach Absatz 2 Satz 1 gewählten Mitglieder muss die Zahl der vom Rat nach Absatz 2 Satz 4 bestellten Ratsmitglieder und der vom Rat nach § 58 Absatz 3 bestellten sachkundigen Bürger übertreffen. Der Integrationsausschuss ist wie ein Ratsausschuss in die Beratungsfolge des Rates einzubinden.

§ 27a
Interessenvertretungen, Beauftragte

Die Gemeinde kann zur Wahrnehmung der spezifischen Interessen von Senioren, von Jugendlichen, von Menschen mit Behinderung oder anderen gesellschaftlichen Gruppen besondere Vertretungen bilden oder Beauftragte bestellen.

Das Nähere kann durch Satzung geregelt werden.

§ 28
Ehrenamtliche Tätigkeit und Ehrenamt

(1) Der Einwohner ist zu einer nebenberuflichen vorübergehenden Tätigkeit für die Gemeinde verpflichtet (ehrenamtliche Tätigkeit).

(2) Der Bürger ist zur nebenberuflichen Übernahme eines auf Dauer berechneten Kreises von Verwaltungsgeschäften für die Gemeinde verpflichtet (Ehrenamt).

§ 29
Ablehnungsgründe

(1) Einwohner und Bürger können die Übernahme einer ehrenamtlichen Tätigkeit oder eines Ehrenamts ablehnen, ihre Ausübung verweigern oder das Ausscheiden verlangen, wenn ein wichtiger Grund vorliegt.

(2) Ob ein wichtiger Grund vorliegt, entscheidet der Rat, soweit er nicht die Entscheidung dem Bürgermeister überträgt.

(3) Der Rat kann gegen einen Bürger oder Einwohner, der ohne wichtigen Grund die Übernahme einer ehrenamtlichen Tätigkeit oder eines

Ehrenamts ablehnt oder ihre Ausübung verweigert, ein Ordnungsgeld bis zu 250 Euro und für jeden Fall der Wiederholung ein Ordnungsgeld bis zu 500 Euro festsetzen. Die Ordnungsgelder werden im Verwaltungszwangsverfahren beigetrieben.

§ 30
Verschwiegenheitspflicht

(1) Der zu ehrenamtlicher Tätigkeit oder in ein Ehrenamt Berufene hat, auch nach Beendigung seiner Tätigkeit, über die ihm dabei bekannt gewordenen Angelegenheiten, deren Geheimhaltung ihrer Natur nach erforderlich, besonders vorgeschrieben, vom Rat beschlossen oder vom Bürgermeister angeordnet ist, Verschwiegenheit zu wahren. Ihrer Natur nach geheim sind insbesondere Angelegenheiten, deren Mitteilung an andere dem Gemeinwohl oder dem berechtigten Interesse einzelner Personen zuwiderlaufen würde. Er darf die Kenntnis vertraulicher Angelegenheiten nicht unbefugt verwerten.

(2) Der zu ehrenamtlicher Tätigkeit oder in ein Ehrenamt Berufene darf ohne Genehmigung über Angelegenheiten, über die er Verschwiegenheit zu wahren hat, weder vor Gericht noch außergerichtlich aussagen oder Erklärungen abgeben.

(3) Die Genehmigung, als Zeuge auszusagen, darf nur versagt werden, wenn die Aussage dem Wohle des Bundes oder eines Landes Nachteile bereiten oder die Erfüllung öffentlicher Aufgaben ernstlich gefährden oder erheblich erschweren würde.

(4) Ist der zu ehrenamtlicher Tätigkeit oder in ein Ehrenamt Berufene Beteiligter in einem gerichtlichen Verfahren oder soll sein Vorbringen der Wahrnehmung seiner berechtigten Interessen dienen, so darf die Genehmigung auch dann, wenn die Voraussetzungen des Absatzes 3 erfüllt sind, nur versagt werden, wenn ein zwingendes öffentliches

Interesse dies erfordert. Wird sie versagt, so ist der Schutz zu gewähren, den die öffentlichen Interessen zulassen.

(5) Die Genehmigung erteilt bei den vom Rat zu ehrenamtlicher Tätigkeit oder in ein Ehrenamt Berufenen der Rat, im übrigen der Bürgermeister.

(6) Wer die Pflichten nach Absatz 1 oder 2 verletzt, kann zur Verantwortung gezogen werden. Soweit die Tat nicht mit Strafe bedroht ist, gilt § 29 Abs. 3 entsprechend.

§ 31
Ausschließungsgründe

(1) Der zu ehrenamtlicher Tätigkeit oder in ein Ehrenamt Berufene darf weder beratend noch entscheidend mitwirken, wenn die Entscheidung einer Angelegenheit

1. ihm selbst,
2. einem seiner Angehörigen,
3. einer von ihm kraft Gesetzes oder kraft Vollmacht vertretenen natürlichen oder juristischen Person

einen unmittelbaren Vorteil oder Nachteil bringen kann. Unmittelbar ist der Vorteil oder Nachteil, wenn die Entscheidung eine natürliche oder juristische Person direkt berührt.

(2) Das Mitwirkungsverbot gilt auch, wenn der Betreffende

1. bei einer natürlichen Person, einer juristischen Person oder einer Vereinigung, der die Entscheidung einen unmittelbaren Vorteil oder Nachteil bringen kann, gegen Entgelt beschäftigt ist und nach den tatsächlichen Umständen, insbesondere der Art

seiner Beschäftigung, ein Interessenwiderstreit anzunehmen ist,

2. Mitglied des Vorstandes, des Aufsichtsrates oder eines gleichartigen Organs einer juristischen Person oder einer Vereinigung ist, der die Entscheidung einen unmittelbaren Vorteil oder Nachteil bringen kann, es sei denn, er gehört den genannten Organen als Vertreter oder auf Vorschlag der Gemeinde an,

3. in anderer als öffentlicher Eigenschaft in der Angelegenheit ein Gutachten abgegeben hat oder sonst tätig geworden ist.

(3) Die Mitwirkungsverbote der Absätze 1 und 2 gelten nicht,

1. wenn der Vorteil oder Nachteil nur darauf beruht, daß jemand einer Berufs- oder Bevölkerungsgruppe angehört, deren gemeinsame Interessen durch die Angelegenheit berührt werden,

2. bei Wahlen zu einer ehrenamtlichen Tätigkeit oder in ein Ehrenamt und für die Abberufung aus solchen Tätigkeiten,

3. bei Wahlen, Wiederwahlen und Abberufungen nach § 71, es sei denn, der Betreffende selbst steht zur Wahl,

4. bei Beschlüssen eines Kollegialorgans, durch die jemand als Vertreter der Gemeinde in Organe der in Absatz 2 Nr. 2 genannten Art entsandt oder aus ihnen abberufen wird; das gilt auch für Beschlüsse, durch die Vorschläge zur Berufung in solche Organe gemacht werden,

5. bei gleichzeitiger Mitgliedschaft in der Vertretung einer anderen Gebietskörperschaft oder deren Ausschüssen, wenn ihr durch die Entscheidung ein Vorteil oder Nachteil erwachsen kann.

(4) Wer annehmen muß, nach Absatz 1 oder 2 von der Mitwirkung ausgeschlossen zu sein, hat den Ausschließungsgrund unaufgefordert der zuständigen Stelle anzuzeigen und den Sitzungsraum zu verlassen; bei einer öffentlichen Sitzung kann er sich in dem für die Zuhörer bestimmten Teil des Sitzungsraumes aufhalten. Für die Entscheidung in Fällen, in denen der Ausschluß streitig bleibt, ist bei Mitgliedern eines Kollegialorgans dieses, sonst der Bürgermeister zuständig. Verstöße gegen die Offenbarungspflicht sind von dem Kollegialorgan durch Beschluß, vom Bürgermeister durch einen schriftlichen Bescheid festzustellen.

(5) Angehörige im Sinne des Absatzes 1 Nr. 2, des § 72, des § 93 Abs. 5, § 103 Abs. 7 und des § 104 Abs. 3 sind

1. der Ehegatte oder die eingetragene Lebenspartnerin oder der eingetragene Lebenspartner,
2. Verwandte und Verschwägerte gerader Linie sowie durch Annahme als Kind verbundene Personen,
3. Geschwister,
4. Kinder der Geschwister,
5. Ehegatten der Geschwister und Geschwister der Ehegatten,
6. eingetragene Lebenspartnerinnen oder Lebenspartner der Geschwister und Geschwister der eingetragenen Lebenspartnerinnen oder Lebenspartner,
7. Geschwister der Eltern.

Die unter den Nummern 1, 2, 5 und 6 genannten Personen gelten nicht als Angehörige, wenn die Ehe rechtswirksam geschieden oder aufgehoben oder die Lebenspartnerschaft aufgehoben ist.

(6) Die Mitwirkung eines wegen Befangenheit Betroffenen kann nach Beendigung der Abstimmung nur geltend gemacht werden, wenn sie für das Abstimmungsergebnis entscheidend war.

§ 32
Treupflicht

(1) Inhaber eines Ehrenamts haben eine besondere Treupflicht gegenüber der Gemeinde. Sie dürfen Ansprüche anderer gegen die Gemeinde nicht geltend machen, es sei denn, daß sie als gesetzliche Vertreter handeln.

(2) Absatz 1 gilt auch für ehrenamtlich Tätige, wenn der Auftrag mit den Aufgaben ihrer ehrenamtlichen Tätigkeit in Zusammenhang steht. Ob diese Voraussetzungen vorliegen, entscheidet bei den vom Rat zu ehrenamtlicher Tätigkeit Berufenen der Rat, im übrigen der Bürgermeister.

§ 33
Entschädigung

Der zu ehrenamtlicher Tätigkeit oder in ein Ehrenamt Berufene hat Anspruch auf Ersatz seiner Auslagen und des Verdienstausfalls. Der Verdienstausfall kann nach § 45 berechnet werden.

§ 34
Ehrenbürgerrecht und Ehrenbezeichnung

(1) Die Gemeinde kann Persönlichkeiten, die sich um sie besonders verdient gemacht haben, das Ehrenbürgerrecht verleihen. Sie kann langjährigen Ratsmitgliedern, Bürgermeisterinnen oder Bürgermeis-

tern und Ehrenbeamten nach ihrem Ausscheiden eine Ehrenbezeichnung verleihen.

(2) Beschlüsse über die Verleihung oder die Entziehung des Ehrenbürgerrechts und über die Entziehung einer Ehrenbezeichnung fasst der Rat mit einer Mehrheit von zwei Dritteln der gesetzlichen Zahl der Mitglieder.

4. Teil
Bezirke und Ortschaften

§ 35
Stadtbezirke in den kreisfreien Städten

(1) Die kreisfreien Städte sind verpflichtet, das gesamte Stadtgebiet in Stadtbezirke einzuteilen.

(2) Bei der Einteilung des Stadtgebiets in Stadtbezirke soll auf die Siedlungsstruktur, die Bevölkerungsverteilung und die Ziele der Stadtentwicklung Rücksicht genommen werden. Die einzelnen Stadtbezirke sollen eine engere örtliche Gemeinschaft umfassen und nach der Fläche und nach der Einwohnerzahl so abgegrenzt werden, daß sie gleichermaßen bei der Erfüllung gemeindlicher Aufgaben beteiligt werden können; zu diesem Zweck können benachbarte Wohngebiete zu einem Stadtbezirk zusammengefaßt werden. Der Kernbereich des Stadtgebiets soll nicht auf mehrere Stadtbezirke aufgeteilt werden.

(3) Das Stadtgebiet soll in nicht weniger als drei und nicht mehr als zehn Stadtbezirke eingeteilt werden.

(4) Die näheren Einzelheiten regelt die Hauptsatzung. Stadtbezirksgrenzen können nur zum Ende der Wahlperiode des Rates geändert werden.

(5) Die Aufsichtsbehörde kann im Einzelfall zulassen, daß das Stadtgebiet in mehr als zehn Stadtbezirke eingeteilt wird, wenn dies wegen der Abgrenzungsmerkmale nach Absatz 2 erforderlich sein sollte.

§ 36
Bezirksvertretungen in den kreisfreien Städten

(1) Für jeden Stadtbezirk ist eine Bezirksvertretung zu wählen. Die Mitglieder der Bezirksvertretungen werden in allgemeiner, unmittelbarer, freier, gleicher und geheimer Wahl auf die Dauer von fünf Jahren gewählt. Die näheren Vorschriften trifft das Kommunalwahlgesetz. Nach Ablauf der Wahlperiode üben die bisherigen Mitglieder der Bezirksvertretungen ihre Tätigkeit bis zum Zusammentritt der neugewählten Bezirksvertretung weiter aus.

(2) Die Bezirksvertretung besteht aus mindestens elf und höchstens neunzehn Mitgliedern einschließlich des Vorsitzenden. Der Vorsitzende führt die Bezeichnung Bezirksvorsteher. Der Rat kann beschließen, dass der Bezirksvorsteher die Bezeichnung Bezirksbürgermeister führt. Die Mitgliederzahlen können nach den Einwohnerzahlen der Stadtbezirke gestaffelt werden; die Gesamtzahl der Mitglieder muß ungerade sein. Das Nähere regelt die Hauptsatzung.

(3) Nach Beginn der Wahlperiode der Bezirksvertretung muss die erste Sitzung innerhalb von sechs Wochen stattfinden; dazu beruft der bisherige Bezirksvorsteher die Bezirksvertretung ein. Die Bezirksvertretung wählt aus ihrer Mitte ohne Aussprache den Bezirksvorsteher und einen oder mehrere Stellvertreter. § 67 Abs. 2 bis 5 findet entsprechende Anwendung. Der Bezirksvorsteher und die Stellvertreter dürfen nicht zugleich Bürgermeister oder Stellvertreter des Bürgermeisters sein.

(4) Der Bezirksvorsteher kann neben den Entschädigungen, die ihm als Mitglied der Bezirksvertretung zustehen, eine in der Hauptsatzung festzusetzende Aufwandsentschädigung erhalten. Für Stellvertreter des Bezirksvorstehers sowie für Fraktionsvorsitzende können in der Hauptsatzung entsprechende Regelungen getroffen werden. Das für Kommunales zuständige Ministerium bestimmt durch Rechtsverordnung die Höhe der Aufwandsentschädigung.

(5) Die Bezirksvertretungen dürfen keine Ausschüsse bilden. Auf die Mitglieder der Bezirksvertretungen und das Verfahren in den Bezirksvertretungen finden die für den Rat geltenden Vorschriften mit der Maßgabe entsprechende Anwendung, daß die Geschäftsordnung des Rates besondere Regelungen für die Bezirksvertretungen enthält und in Fällen äußerster Dringlichkeit der Bezirksvorsteher mit einem Mitglied der Bezirksvertretung entscheiden kann; § 60 Abs. 1 Satz 1 und Absatz 2 findet keine Anwendung. Abweichend von § 48 Abs. 1 Satz 4 brauchen Zeit und Ort der Sitzungen der Bezirksvertretungen sowie die Tagesordnung nicht öffentlich bekannt gemacht zu werden; der Oberbürgermeister soll die Öffentlichkeit hierüber vorher in geeigneter Weise unterrichten. Zu einzelnen Punkten der Tagesordnung können Sachverständige und Einwohner gehört werden. § 58a findet entsprechende Anwendung.

(6) Die nicht der Bezirksvertretung als ordentliche Mitglieder angehörenden Ratsmitglieder, die in dem Stadtbezirk wohnen oder dort kandidiert haben, haben das Recht, an den Sitzungen der Bezirksvertretung mit beratender Stimme teilzunehmen. Zu diesem Zweck sind der Oberbürgermeister und diese Ratsmitglieder wie die ordentlichen Mitglieder der Bezirksvertretung zu deren Sitzungen zu laden. Die übrigen Ratsmitglieder und Ausschußmitglieder können nach Maßgabe der Geschäftsordnung an nichtöffentlichen Sitzungen als Zuhörer teilnehmen. Die Teilnahme an Sitzungen als Zuhörer begründet keinen

Anspruch auf Ersatz des Verdienstausfalls und auf Zahlung von Sitzungsgeld.

(7) Der Oberbürgermeister ist berechtigt und auf Verlangen einer Bezirksvertretung verpflichtet, an den Sitzungen der Bezirksvertretung mit beratender Stimme teilzunehmen; ihm ist auf Verlangen jederzeit das Wort zu erteilen. Er kann sich von einem Beigeordneten oder einer anderen leitenden Dienstkraft vertreten lassen. Das Nähere regelt die Hauptsatzung.

§ 37
Aufgaben der Bezirksvertretungen in den kreisfreien Städten

(1) Soweit nicht der Rat nach § 41 Abs. 1 ausschließlich zuständig ist, entscheiden die Bezirksvertretungen unter Beachtung der Belange der gesamten Stadt und im Rahmen der vom Rat erlassenen allgemeinen Richtlinien in allen Angelegenheiten, deren Bedeutung nicht wesentlich über den Stadtbezirk hinausgeht, insbesondere in folgenden Angelegenheiten:

a) Unterhaltung und Ausstattung der im Stadtbezirk gelegenen Schulen und öffentlichen Einrichtungen, wie Sportplätze, Altenheime, Friedhöfe, Bibliotheken und ähnliche soziale und kulturelle Einrichtungen;

b) Angelegenheiten des Denkmalschutzes, der Pflege des Ortsbildes sowie der Grünpflege;

c) die Festlegung der Reihenfolge der Arbeiten zum Um- und Ausbau sowie zur Unterhaltung und Instandsetzung von Straßen, Wegen und Plätzen von bezirklicher Bedeutung einschließlich der Straßenbeleuchtung, soweit es sich nicht um die Verkehrssicherungspflicht handelt;

d) Betreuung und Unterstützung örtlicher Vereine, Verbände und sonstiger Vereinigungen und Initiativen im Stadtbezirk;

e) kulturelle Angelegenheiten des Stadtbezirks einschließlich Kunst im öffentlichen Raum, Heimat- und Brauchtumspflege im Stadtbezirk, Pflege von vorhandenen Paten- oder Städtepartnerschaften;

f) Information, Dokumentation und Repräsentation in Angelegenheiten des Stadtbezirks.

Die näheren Einzelheiten sind in der Hauptsatzung zu regeln. Der Rat kann dabei die in Satz 1 aufgezählten Aufgaben im einzelnen abgrenzen. Hinsichtlich der Geschäfte der laufenden Verwaltung gilt § 41 Abs. 3.

(2) Bei Streitigkeiten der Bezirksvertretungen untereinander und zwischen Bezirksvertretungen und den Ausschüssen über Zuständigkeiten im Einzelfall entscheidet der Hauptausschuß.

(3) Die Bezirksvertretungen erfüllen die ihnen zugewiesenen Aufgaben im Rahmen der vom Rat bereitgestellten Haushaltsmittel; dabei sollen sie über den Verwendungszweck eines Teils dieser Haushaltsmittel allein entscheiden können. Die bezirksbezogenen Haushaltsmittel sollen unter Berücksichtigung der Gesamtaufwendungen und Gesamtauszahlungen der Stadt sowie des Umfangs der entsprechenden Anlagen und Einrichtungen fortgeschrieben werden.

(4) Die Bezirksvertretungen wirken an den Beratungen über die Haushaltssatzung mit. Sie beraten über alle Haushaltspositionen, die sich auf ihren Bezirk und ihre Aufgaben auswirken, und können dazu Vorschläge machen und Anregungen geben. Über die Haushaltspositionen nach Satz 2 und die Haushaltsmittel nach Absatz 1 ist den Bezirksvertretungen eine geeignete Übersicht als Auszug aus dem Ent-

wurf der Haushaltssatzung nach § 80, getrennt nach Bezirken, zur Beratung vorzulegen. Die Übersichten sind dem Haushaltsplan als Anlage beizufügen.

(5) Die Bezirksvertretung ist zu allen wichtigen Angelegenheiten, die den Stadtbezirk berühren, zu hören. Insbesondere ist ihr vor der Beschlußfassung des Rates über Planungs- und Investitionsvorhaben im Bezirk und über Bebauungspläne für den Bezirk Gelegenheit zur Stellungnahme zu geben. Darüber hinaus hat die Bezirksvertretung bei diesen Vorhaben, insbesondere im Rahmen der Bauleitplanung, für ihr Gebiet dem Rat gegenüber ein Anregungsrecht. Der Rat kann allgemein oder im Einzelfall bestimmen, daß bei der Aufstellung von Bebauungsplänen von räumlich auf den Stadtbezirk begrenzter Bedeutung das Beteiligungsverfahren nach § 3 Baugesetzbuch den Bezirksvertretungen übertragen wird. Die Bezirksvertretung kann zu allen den Stadtbezirk betreffenden Angelegenheiten Vorschläge und Anregungen machen. Insbesondere kann sie Vorschläge für vom Rat für den Stadtbezirk zu wählende oder zu bestellende ehrenamtlich tätige Personen unterbreiten. Bei Beratungen des Rates oder eines Ausschusses über Angelegenheiten, die auf einen Vorschlag oder eine Anregung einer Bezirksvertretung zurückgehen, haben der Bezirksvorsteher oder sein Stellvertreter das Recht, dazu in der Sitzung gehört zu werden.

(6) Der Oberbürgermeister oder der Bezirksvorsteher können einem Beschluß der Bezirksvertretung spätestens am 14. Tag nach der Beschlußfassung unter schriftlicher Begründung widersprechen, wenn sie der Auffassung sind, daß der Beschluß das Wohl der Stadt gefährdet. Der Widerspruch hat aufschiebende Wirkung. Über die Angelegenheit ist in einer neuen Sitzung der Bezirksvertretung, die frühestens am dritten Tag und spätestens drei Wochen nach dem Widerspruch stattzufinden hat, erneut zu beschließen. Verbleibt die

Bezirksvertretung bei ihrem Beschluß, so entscheidet der Rat endgültig, wenn der Widersprechende das verlangt. Im übrigen gilt § 54 Abs. 3 entsprechend.

§ 38
Bezirksverwaltungsstellen in den kreisfreien Städten

(1) Für jeden Stadtbezirk ist eine Bezirksverwaltungsstelle einzurichten. Die Hauptsatzung kann bestimmen, daß eine Bezirksverwaltungsstelle für mehrere Stadtbezirke zuständig ist oder daß im Stadtbezirk gelegene zentrale Verwaltungsstellen die Aufgaben einer Bezirksverwaltungsstelle miterfüllen.

(2) In der Bezirksverwaltungsstelle sollen im Rahmen einer sparsamen und wirtschaftlichen Haushaltsführung Dienststellen so eingerichtet und zusammengefaßt werden, daß eine möglichst ortsnahe Erledigung der Verwaltungsaufgaben gewährleistet ist. Die Befugnisse, die dem Oberbürgermeister nach § 62 und § 73 zustehen, bleiben unberührt.

(3) Bei der Bestellung des Leiters einer Bezirksverwaltungsstelle ist die Bezirksvertretung anzuhören. Der Leiter der Bezirksverwaltungsstelle oder sein Stellvertreter ist verpflichtet, an den Sitzungen der Bezirksvertretung teilzunehmen.

§ 39
Gemeindebezirke in den kreisangehörigen Gemeinden

(1) Das Gemeindegebiet kann in Bezirke (Ortschaften) eingeteilt werden. Dabei ist auf die Siedlungsstruktur, die Bevölkerungsverteilung und die Ziele der Gemeindeentwicklung Rücksicht zu nehmen.

(2) Für jeden Gemeindebezirk sind vom Rat entweder Bezirksausschüsse zu bilden oder Ortsvorsteher zu wählen. In Gemeindebezirken mit Bezirksausschüssen können Bezirksverwaltungsstellen eingerichtet werden. Der Rat kann beschließen, dass der Ortsvorsteher die Bezeichnung Ortsbürgermeister führt.

(3) Den Bezirksausschüssen sollen im Rahmen des § 41 Abs. 2 Aufgaben zur Entscheidung übertragen werden, die sich ohne Beeinträchtigung der einheitlichen Entwicklung der gesamten Gemeinde innerhalb eines Gemeindebezirks erledigen lassen. Der Rat kann allgemeine Richtlinien erlassen, die bei der Wahrnehmung der den Bezirksausschüssen zugewiesenen Aufgaben zu beachten sind. Er stellt die erforderlichen Haushaltsmittel bereit. § 37 Abs. 5 gilt entsprechend.

(4) Auf die Bezirksausschüsse sind die für die Ausschüsse des Rates geltenden Vorschriften mit folgenden Maßgaben anzuwenden:

1. Bei der Bestellung der Mitglieder durch den Rat ist das bei der Wahl des Rates im jeweiligen Gemeindebezirk erzielte Stimmenverhältnis zugrunde zu legen;

2. ihnen dürfen mehr sachkundige Bürger als Ratsmitglieder angehören;

3. für Parteien und Wählergruppen, die im Rat vertreten sind, findet § 58 Abs. 1 Satz 7 bis 10 sinngemäß Anwendung;

4. der Bezirksausschuß wählt aus den ihm angehörenden Ratsmitgliedern einen Vorsitzenden und einen oder mehrere Stellvertreter; § 67 Abs. 2 findet entsprechende Anwendung.

(5) § 36 Abs. 6 und Abs. 7 gilt entsprechend.

(6) Ortsvorsteher wählt der Rat unter Berücksichtigung des bei der Wahl des Rates im jeweiligen Gemeindebezirk erzielten Stimmenverhältnisses für die Dauer seiner Wahlperiode. Sie sollen in dem Bezirk, für den sie bestellt werden, wohnen und müssen dem Rat angehören oder angehören können. § 67 Abs. 4 gilt entsprechend.

(7) Der Ortsvorsteher soll die Belange seines Bezirks gegenüber dem Rat wahrnehmen. Falls er nicht Ratsmitglied ist, darf er an den Sitzungen des Rates und der in § 59 genannten Ausschüsse weder entscheidend noch mit beratender Stimme mitwirken; das Recht, auch dort gehört zu werden, kann zugelassen werden. Der Ortsvorsteher kann für das Gebiet seiner Ortschaft mit der Erledigung bestimmter Geschäfte der laufenden Verwaltung beauftragt werden; er ist sodann zum Ehrenbeamten zu ernennen. Er führt diese Geschäfte in Verantwortung gegenüber dem Bürgermeister durch. Er kann eine angemessene Aufwandsentschädigung erhalten. Das für Kommunales zuständige Ministerium bestimmt durch Rechtsverordnung die Höhe der Aufwandsentschädigung und in welchem Umfang daneben der Ersatz von Auslagen zulässig ist. Ortsvorsteher haben einen Anspruch auf Freistellung nach Maßgabe des § 44 und erhalten Ersatz des Verdienstausfalls nach Maßgabe des § 45.

(8) Die im Rahmen der Bezirkseinteilung erforderlichen Vorschriften trifft der Rat durch die Hauptsatzung.

5. Teil
Der Rat

§ 40
Träger der Gemeindeverwaltung

(1) Die Verwaltung der Gemeinde wird ausschließlich durch den Willen der Bürgerschaft bestimmt.

(2) Die Bürgerschaft wird durch den Rat und den Bürgermeister vertreten. Der Rat besteht aus den gewählten Ratsmitgliedern und dem Bürgermeister (Mitglied kraft Gesetzes). Die Vertretung und Repräsentation des Rates obliegt dem Bürgermeister (in kreisfreien Städten: Oberbürgermeister). Den Vorsitz im Rat führt der Bürgermeister.

Der Bürgermeister hat im Rat Stimmrecht. In den Fällen der §§ 47 Abs. 1, 48 Abs. 1, 50 Abs. 3, 53 Abs. 2, 55 Abs. 3 und 4, 58 Abs.1, 3 und 5, 66 Abs. 1, 69 Abs. 1 Satz 2, 73 Abs. 1 und 3 und 96 Abs. 1 Satz 4 stimmt er nicht mit.

§ 41
Zuständigkeiten des Rates

(1) Der Rat der Gemeinde ist für alle Angelegenheiten der Gemeindeverwaltung zuständig, soweit dieses Gesetz nichts anderes bestimmt. Die Entscheidung über folgende Angelegenheiten kann der Rat nicht übertragen:

a) die allgemeinen Grundsätze, nach denen die Verwaltung geführt werden soll,

b) die Wahl der Mitglieder der Ausschüsse und ihrer Vertreter,

c) die Wahl der Beigeordneten,

d) die Verleihung und die Entziehung des Ehrenbürgerrechts und einer Ehrenbezeichnung,

e) die Änderung des Gemeindegebiets, soweit nicht in diesem Gesetz etwas anderes bestimmt ist,

f) den Erlaß, die Änderung und die Aufhebung von Satzungen und sonstigen ortsrechtlichen Bestimmungen,

g) abschließende Beschlüsse im Flächennutzungsplanverfahren und abschließende Satzungsbeschlüsse auf der Grundlage des Baugesetzbuchs und des Maßnahmengesetzes zum Baugesetzbuch,

h) den Erlass der Haushaltssatzung und des Stellenplans, die Aufstellung eines Haushaltssicherungskonzeptes, die Zustimmung zu überplanmäßigen und außerplanmäßigen Aufwendungen und Auszahlungen sowie zu überplanmäßigen und außerplanmäßigen Verpflichtungsermächtigungen, die Festlegung von Wertgrenzen für die Veranschlagung und Abrechnung einzelner Investitionsmaßnahmen,

i) die Festsetzung allgemein geltender öffentlicher Abgaben und privatrechtlicher Entgelte,

j) die Feststellung des Jahresabschlusses und die Entlastung sowie die Bestätigung des Gesamtabschlusses; sofern ein Gesamtabschluss nicht erstellt wird, die Beschlussfassung über den Beteiligungsbericht,

k) den Beschluss über die gegenüber der Gemeindeprüfungsanstalt und der Aufsichtsbehörde abzugebende Stellungnahme gemäß § 105 Absatz 7,

l) die teilweise oder vollständige Veräußerung oder Verpachtung von Eigenbetrieben, die teilweise oder vollständige Veräußerung einer unmittelbaren oder mittelbaren Beteiligung an einer Gesellschaft oder anderen Vereinigungen des privaten Rechts, die Veräußerung eines Geschäftsanteils an einer eingetragenen Kreditgenossenschaft sowie den Abschluss von anderen Rechtsgeschäften im Sinne des § 111 Abs. 1 und 2,

m) die Errichtung, Übernahme, Erweiterung, Einschränkung und Auflösung von Anstalten des öffentlichen Rechts gemäß § 114 a, öffentlichen Einrichtungen und Eigenbetrieben, die Bildung oder Auflösung eines gemeinsamen Kommunalunternehmens gemäß § 27 Abs. 1 bis 3 und 6 des Gesetzes über kommunale Gemeinschaftsarbeit, die Änderung der Unternehmenssatzung eines gemeinsamen Kommunalunternehmens sowie der Austritt aus einem gemeinsamen Kommunalunternehmen, die erstmalige unmittelbare oder mittelbare Beteiligung sowie die Erhöhung einer unmittelbaren oder mittelbaren Beteiligung an einer Gesellschaft oder anderen Vereinigungen in privater Rechtsform, den Erwerb eines Geschäftsanteils an einer eingetragenen Kreditgenossenschaft,

n) die Umwandlung der Rechtsform von Anstalten des öffentlichen Rechts gemäß § 114a, öffentlichen Einrichtungen und Eigenbetrieben sowie die Umwandlung der Rechtsform von Gesellschaften, an denen die Gemeinde beteiligt ist, soweit der Einfluß der Gemeinde (§ 63 Abs. 2 und § 113 Abs. 1) geltend gemacht werden kann,

o) die Umwandlung des Zwecks, die Zusammenlegung und die Aufhebung von Stiftungen einschließlich des Verbleibs des Stiftungsvermögens,

p) die Umwandlung von Gemeindegliedervermögen in freies Gemeindevermögen sowie die Veränderung der Nutzungsrechte am Gemeindegliedervermögen,

q) die Übernahme von Bürgschaften, den Abschluß von Gewährverträgen und die Bestellung sonstiger Sicherheiten für andere sowie solche Rechtsgeschäfte, die den vorgenannten wirtschaftlich gleichkommen,

r) die Bestellung und Abberufung der Leitung und der Prüfer der örtlichen Rechnungsprüfung sowie die Übertragung von Aufgaben auf die örtliche Rechnungsprüfung,

s) die Genehmigung von Verträgen der Gemeinde mit Mitgliedern des Rates, der Bezirksvertretungen und der Ausschüsse sowie mit dem Bürgermeister und den leitenden Dienstkräften der Gemeinde nach näherer Bestimmung der Hauptsatzung,

t) die Übernahme neuer Aufgaben, für die keine gesetzliche Verpflichtung besteht,

u) die Festlegung strategischer Ziele unter Berücksichtigung der Ressourcen.

(2) Im übrigen kann der Rat die Entscheidung über bestimmte Angelegenheiten auf Ausschüsse oder den Bürgermeister übertragen. Er kann ferner Ausschüsse ermächtigen, in Angelegenheiten ihres Aufgabenbereichs die Entscheidung dem Bürgermeister zu übertragen.

(3) Geschäfte der laufenden Verwaltung gelten im Namen des Rates als auf den Bürgermeister übertragen, soweit nicht der Rat sich, einer Bezirksvertretung oder einem Ausschuß für einen bestimmten Kreis von Geschäften oder für einen Einzelfall die Entscheidung vorbehält.

§ 42
Wahl der Ratsmitglieder

(1) Die Ratsmitglieder werden von den Bürgern in allgemeiner, unmittelbarer, freier, gleicher und geheimer Wahl für die Dauer von fünf Jahren gewählt. Die näheren Vorschriften trifft das Kommunalwahlgesetz.

(2) Nach Ablauf der Wahlperiode üben die bisherigen Ratsmitglieder ihre Tätigkeit bis zum Zusammentritt des neugewählten Rates weiter aus.

§ 43
Rechte und Pflichten der Ratsmitglieder

(1) Die Ratsmitglieder sind verpflichtet, in ihrer Tätigkeit ausschließlich nach dem Gesetz und ihrer freien, nur durch Rücksicht auf das öffentliche Wohl bestimmten Überzeugung zu handeln; sie sind an Aufträge nicht gebunden.

(2) Für die Tätigkeit als Ratsmitglied, Mitglied einer Bezirksvertretung oder Mitglied eines Ausschusses gelten die Vorschriften der §§ 30 bis 32 mit folgenden Maßgaben entsprechend:

1. Die Pflicht zur Verschwiegenheit kann ihnen gegenüber nicht vom Bürgermeister angeordnet werden;

2. die Genehmigung, als Zeuge auszusagen, erteilt bei Ratsmitgliedern der Rat, bei Mitgliedern der Bezirksvertretungen die Bezirksvertretung und bei Ausschußmitgliedern der Ausschuß;

3. die Offenbarungspflicht über Ausschließungsgründe besteht bei Ratsmitgliedern gegenüber dem Bürgermeister, bei Mitgliedern der Bezirksvertretungen gegenüber dem Bezirksvorsteher und bei Ausschußmitgliedern gegenüber dem Ausschußvorsitzenden vor Eintritt in die Verhandlung;

4. über Ausschließungsgründe entscheidet bei Ratsmitgliedern der Rat, bei Mitgliedern der Bezirksvertretungen die Bezirksvertretung, bei Ausschußmitgliedern der Ausschuß;

5. ein Verstoß gegen die Offenbarungspflicht wird vom Rat, von der Bezirksvertretung beziehungsweise vom Ausschuß durch Beschluß festgestellt;

6. Mitglieder der Bezirksvertretungen sowie sachkundige Bürger und sachkundige Einwohner als Mitglieder von Ausschüssen können Ansprüche anderer gegen die Gemeinde nur dann nicht geltend machen, wenn diese im Zusammenhang mit ihren Aufgaben stehen; ob diese Voraussetzungen vorliegen, entscheidet die Bezirksvertretung beziehungsweise der Ausschuß.

(3) Die Ratsmitglieder und die Mitglieder der Ausschüsse müssen gegenüber dem Bürgermeister, die Mitglieder einer Bezirksvertretung gegenüber dem Bezirksvorsteher Auskunft über ihre wirtschaftlichen und persönlichen Verhältnisse geben, soweit das für die Ausübung ihres Mandats von Bedeutung sein kann. Die näheren Einzelheiten regelt der Rat. Die Auskunft ist vertraulich zu behandeln. Name, Anschrift, der ausgeübte Beruf sowie andere vergütete und ehrenamtliche Tätigkeiten können veröffentlicht werden. Nach Ablauf der Wahlperiode sind die gespeicherten Daten der ausgeschiedenen Mitglieder zu löschen. § 7 des Korruptionsbekämpfungsgesetzes vom 16. Dezember 2004 (GV.NRW. 2005 S. 8) in der jeweils geltenden Fassung bleibt unberührt.

(4) Erleidet die Gemeinde infolge eines Beschlusses des Rates einen Schaden, so haften die Ratsmitglieder, wenn sie

a) in vorsätzlicher oder grob fahrlässiger Verletzung ihrer Pflicht gehandelt haben,

b) bei der Beschlußfassung mitgewirkt haben, obwohl sie nach dem Gesetz hiervon ausgeschlossen waren und ihnen der Ausschließungsgrund bekannt war,

c) der Bewilligung von Aufwendungen und Auszahlungen zugestimmt haben, für die das Gesetz oder die Haushaltssatzung eine Ermächtigung nicht vorsieht, wenn nicht gleichzeitig die erforderlichen Deckungsmittel bereitgestellt werden.

§ 44
Freistellung

(1) Niemand darf gehindert werden, sich um ein Mandat als Ratsmitglied, Mitglied einer Bezirksvertretung oder Mitglied eines Ausschusses zu bewerben, es anzunehmen oder auszuüben. Benachteiligungen am Arbeitsplatz im Zusammenhang mit der Bewerbung, der Annahme oder der Ausübung eines Mandats sind unzulässig. Entgegenstehende Vereinbarungen sind nichtig. Kündigungen oder Entlassungen aus Anlaß der Bewerbung, Annahme oder Ausübung eines Mandats sind unzulässig.

(2) Die Ratsmitglieder, Mitglieder der Bezirksvertretungen oder Mitglieder der Ausschüsse sind für die Zeit der Ausübung des Mandats von ihrer Verpflichtung zur Arbeit freizustellen. Zur Ausübung des Mandats gehören Tätigkeiten, die mit dem Mandat in unmittelbarem Zusammenhang stehen oder auf Veranlassung des Rates, der Bezirksvertretung oder des Ausschusses erfolgen. Auf Veranlassung des Rates erfolgt auch eine Tätigkeit als vom Rat entsandter Vertreter der Gemeinde in Organen und Gremien von juristischen Personen und Vereinigungen des privaten oder öffentlichen Rechts sowie als Stellvertreter des Bürgermeisters. Bei Mandatsträgern, die innerhalb eines vorgegebenen Arbeitszeitrahmens über Lage und Dauer der individuellen Arbeitszeit selbst entscheiden können, ist die Zeit der Ausübung des Mandats innerhalb dieses Arbeitszeitrahmens zur Hälfte auf ihre Arbeitszeit anzurechnen. Der Anspruch auf Ersatz des Verdienstausfalls nach § 45 ist in diesem Fall auf diese Hälfte beschränkt.

(3) Zur Teilnahme an kommunalpolitischen Bildungsveranstaltungen, die der Ausübung ihres Mandats förderlich sind, haben Ratsmitglieder, Mitglieder der Bezirksvertretungen oder Mitglieder der Ausschüsse einen Anspruch auf Urlaub an bis zu acht Arbeitstagen in jeder Wahlperiode, jedoch an nicht mehr als vier aufeinanderfolgenden Arbeitstagen im Jahr. Für die Zeit des Urlaubs besteht nach diesem Gesetz kein Anspruch auf Lohn oder Gehalt; weitergehende Vorschriften bleiben unberührt. Der Verdienstausfall und die Aufwendungen für die entgeltliche Betreuung von pflege- oder betreuungsbedürftigen Angehörigen sind nach Maßgabe der Regelungen des § 45 Absatz 1 zu ersetzen.

Sind Ratsmitglieder, Mitglieder der Bezirksvertretungen oder Mitglieder der Ausschüsse zugleich auch Kreistagsabgeordnete oder Mitglieder von Ausschüssen des Kreistages, so besteht der Anspruch auf Urlaub in jeder Wahlperiode nur einmal.

Der Arbeitgeber bzw. Dienstherr darf den Urlaub zu dem von dem Beschäftigten mitgeteilten Zeitpunkt ablehnen, wenn zwingende betriebliche Belange oder Urlaubsanträge anderer Beschäftigter entgegenstehen.

§ 45
Entschädigung der Ratsmitglieder

(1) Die Ratsmitglieder sowie die Mitglieder der Ausschüsse und Bezirksvertretungen haben Anspruch auf eine angemessene Aufwandsentschädigung und auf Ersatz des Verdienstausfalles, der ihnen durch die Mandatsausübung entsteht, soweit sie während der Arbeitszeit erforderlich ist. Personen, die nicht oder weniger als 20 Stunden pro Woche erwerbstätig sind, jedoch einen Haushalt von mindestens zwei Personen, wovon eine Person ein pflege- oder betreuungs-

bedürftiger Angehöriger ist, oder einen Haushalt von mindestens drei Personen führen, erhalten anstelle des Verdienstausfalls eine Entschädigung in Form eines Stundenpauschalsatzes. Aufwendungen für die entgeltliche Betreuung von pflege- oder betreuungsbedürftigen Angehörigen während der Ausübung des Mandats werden erstattet.

(2) Der Rat kann in der Hauptsatzung beschließen, dass den Ratsmitgliedern sowie den Mitgliedern der Ausschüsse und Bezirksvertretungen zusätzlich zu den Ansprüchen nach Absatz 1 Auslagenersatz sowie sonstige Leistungen gewährt werden, soweit diese nicht durch Rechtsverordnung geregelt sind und einen unmittelbaren Bezug zur Mandatsausübung aufweisen.

(3) Die Absätze 1 und 2 sind auch auf Fraktionssitzungen anzuwenden. Fraktionssitzungen sind auch Sitzungen von Teilen einer Fraktion wie Fraktionsvorstand und Fraktionsarbeitskreise. Die Zahl der ersatzpflichtigen Fraktionssitzungen pro Jahr ist in der Hauptsatzung zu beschränken.

(4) Auf die Aufwandsentschädigung kann nicht verzichtet werden. Der Anspruch auf Aufwandsentschädigung ist nicht übertragbar. Wird das Mandat länger als drei Monate nicht wahrgenommen, kann eine Aufwandsentschädigung für die Zeit der andauernden Nichtausübung des Mandats nicht beansprucht werden, es sei denn, das Mitglied hat die Nichtausübung nicht zu vertreten.

§ 46
Aufwandsentschädigung

(1) Neben den Entschädigungen, die den Ratsmitgliedern nach § 45 zustehen, erhalten

1. Stellvertreter des Bürgermeisters nach § 67 Absatz 1,

2. Vorsitzende von Ausschüssen des Rates mit Ausnahme des Wahlprüfungsausschusses,

3. Fraktionsvorsitzende – bei Fraktionen mit mindestens acht Mitgliedern auch ein stellvertretender Vorsitzender, mit mindestens 16 Mitgliedern auch zwei und mit mindestens 24 Mitgliedern auch drei stellvertretende Vorsitzende –

eine vom für Kommunales zuständigen Ministerium durch Rechtsverordnung festzusetzende angemessene Aufwandsentschädigung. Eine Aufwandsentschädigung ist nicht zu gewähren, wenn das Ratsmitglied hauptberuflich tätiger Mitarbeiter einer Fraktion ist.

(2) Die Aufwandsentschädigung gemäß Absatz 1 Satz 1 Nummer 2 wird als monatliche Pauschale gezahlt. Der Rat kann in der Hauptsatzung beschließen, dass

1. weitere oder sämtliche Ausschüsse von der Regelung in Absatz 1 Satz 1 Nummer 2 ausgenommen werden,

2. die Aufwandsentschädigung abweichend von Satz 1 für einzelne oder sämtliche Ausschüsse als Sitzungsgeld gezahlt wird.

Ausnahmen nach Satz 2 kann der Rat nur mit einer Mehrheit von zwei Dritteln seiner Mitglieder beschließen, dies gilt nicht, soweit der Rat beschlossene Ausnahmen wieder aufhebt.

§ 47
Einberufung des Rates

(1) Der Rat wird vom Bürgermeister einberufen. Nach Beginn der Wahlperiode muss die erste Sitzung innerhalb von sechs Wochen stattfinden. Im übrigen tritt der Rat zusammen, so oft es die Geschäftslage erfordert, jedoch soll er wenigstens alle zwei Monate

einberufen werden. Er ist unverzüglich einzuberufen, wenn ein Fünftel der Ratsmitglieder oder eine Fraktion unter Angabe der zur Beratung zu stellenden Gegenstände es verlangen.

(2) Die Ladungsfrist, die Form der Einberufung und die Geschäftsführung des Rates sowie die Art der Information der Öffentlichkeit über den Zugang der Öffentlichkeit zu einer digitalen Sitzung sind durch die Geschäftsordnung zu regeln, soweit hierüber nicht in diesem Gesetz Vorschriften getroffen sind. Der Rat regelt in der Geschäftsordnung Inhalt und Umfang des Fragerechts der Ratsmitglieder.

(3) Kommt der Bürgermeister seiner Verpflichtung zur Einberufung des Rates nicht nach, so veranlaßt die Aufsichtsbehörde die Einberufung.

§ 47a
Einberufung von Sitzungen in besonderen Ausnahmefällen

(1) In besonderen Ausnahmefällen wie Katastrophen, einer epidemischen Lage oder anderen außergewöhnlichen Notsituationen kann die Durchführung von Sitzungen des Rats, der Ausschüsse und der Bezirksvertretungen in digitaler Form erfolgen, sofern die dafür erforderlichen Voraussetzungen erfüllt sind (digitale Sitzung).

(2) Bei einer digitalen Sitzung nehmen alle Gremienmitglieder ohne persönliche Anwesenheit am Sitzungsort unter Einsatz technischer Hilfsmittel durch zeitgleiche Bild-Ton-Übertragung an der Sitzung teil. Bei einer digitalen Sitzung gelten per Bild-Ton-Übertragung teilnehmende Gremienmitglieder als anwesend im Sinne von § 49 Absatz 1 Satz 1. Einer digitalen Sitzung steht eine hybrid durchgeführte Sitzung gleich, in der Gremienmitglieder teils persönlich anwesend und teils ohne persönliche Anwesenheit an der Sitzung teilnehmen, während die Sitzungsleitung am Sitzungsort anwesend ist.

(3) Dem Rat bleibt die Feststellung eines Ausnahmefalls nach Absatz 1 und die Entscheidung darüber vorbehalten, ob infolge dessen digitale oder hybride Sitzungen durchgeführt werden. Der Beschluss darüber ist mit zwei Dritteln seiner Mitglieder, längstens für einen Zeitraum von zwei Monaten, zu fassen. Die Stimmabgaben können in Textform erfolgen. Die Beschlussfassung soll so rechtzeitig gefasst werden, dass die Frist des § 47 Absatz 2 Satz 1 gewahrt werden kann. Die Verlängerung ist bei einem weiteren Andauern des besonderen Ausnahmefalles möglich. Für den Beschluss über eine Verlängerung gilt Satz 2 entsprechend.

(4) Die Durchführung von digitalen und hybriden Sitzungen ist nur zulässig, wenn und soweit die erforderlichen technischen Voraussetzungen für ihre Durchführung vorliegen und jedes Gremienmitglied über eine digitale Zugangsmöglichkeit zur Sitzung verfügt. Für die digitalen und hybriden Sitzungen dürfen nur die Anwendungen verwendet werden, die von der für die Zertifizierung zuständigen Stelle zugelassen sind. Die Gemeinde hat in ihrem Verantwortungsbereich dafür Sorge zu tragen, dass die technischen Voraussetzungen während der Sitzung durchgehend bestehen; die Gremienmitglieder stellen ihre Sitzungsteilnahme per Bild-Ton-Übertragung in eigener Verantwortung sicher.

(5) Bei digitalen Sitzungen wird der Öffentlichkeitsgrundsatz über die Bild-Ton-Übertragung der Sitzung gewahrt. Die Herstellung der Öffentlichkeit nach Satz 1 erfolgt über die Bereitstellung eines geschützten Zugangs zur digitalen Sitzung. § 48 Absatz 4 gilt entsprechend.

§ 48
Tagesordnung und Öffentlichkeit der Ratssitzungen

(1) Der Bürgermeister setzt die Tagesordnung fest. Er hat dabei Vorschläge aufzunehmen, die ihm innerhalb einer in der Geschäftsord-

nung zu bestimmenden Frist von einem Fünftel der Ratsmitglieder oder einer Fraktion vorgelegt werden. Fragestunden für Einwohner können in die Tagesordnung aufgenommen werden, wenn Einzelheiten hierüber in der Geschäftsordnung geregelt sind. Zeit und Ort der Sitzung sowie die Tagesordnung sind von ihm öffentlich bekanntzumachen. Die Tagesordnung kann in der Sitzung durch Beschluß des Rates erweitert werden, wenn es sich um Angelegenheiten handelt, die keinen Aufschub dulden oder die von äußerster Dringlichkeit sind.

(2) Die Sitzungen des Rates sind öffentlich. Durch die Geschäftsordnung kann die Öffentlichkeit für Angelegenheiten einer bestimmten Art ausgeschlossen werden. Auf Antrag des Bürgermeisters oder eines Ratsmitglieds kann für einzelne Angelegenheiten die Öffentlichkeit ausgeschlossen werden. Anträge auf Ausschluß der Öffentlichkeit dürfen nur in nichtöffentlicher Sitzung begründet und beraten werden. Falls dem Antrag stattgegeben wird, ist die Öffentlichkeit in geeigneter Weise zu unterrichten, daß in nichtöffentlicher Sitzung weiter verhandelt wird.

(3) Personenbezogene Daten dürfen offenbart werden, soweit nicht schützenswerte Interessen einzelner oder Belange des öffentlichen Wohls überwiegen; erforderlichenfalls ist die Öffentlichkeit auszuschließen.

(4) In öffentlichen Sitzungen sind Bildaufnahmen zulässig, wenn sie die Ordnung der Sitzung nicht gefährden. Film- und Tonaufnahmen von den Ratsmitgliedern mit dem Ziel der Veröffentlichung sind in öffentlicher Sitzung nur zulässig, soweit die Hauptsatzung dies bestimmt.

(5) Mitglieder der Bezirksvertretungen und der Ausschüsse können nach Maßgabe der Geschäftsordnung an den nichtöffentlichen Sitzungen des Rates als Zuhörer teilnehmen, soweit deren Aufgaben-

bereich durch den Beratungsgegenstand berührt wird. Die Teilnahme als Zuhörer begründet keinen Anspruch auf Ersatz des Verdienstausfalls und auf Zahlung von Sitzungsgeld.

§ 49
Beschlußfähigkeit des Rates

(1) Der Rat ist beschlußfähig, wenn mehr als die Hälfte der gesetzlichen Mitgliederzahl anwesend ist. Er gilt als beschlußfähig, solange seine Beschlußunfähigkeit nicht festgestellt ist.

(2) Ist eine Angelegenheit wegen Beschlußunfähigkeit zurückgestellt worden und wird der Rat zur Verhandlung über denselben Gegenstand einberufen, so ist er ohne Rücksicht auf die Zahl der Erschienenen beschlußfähig. Bei der zweiten Ladung muß auf diese Bestimmung ausdrücklich hingewiesen werden.

§ 50
Abstimmungen

(1) Beschlüsse werden mit Stimmenmehrheit gefaßt, soweit das Gesetz nichts anderes vorschreibt. Bei Stimmengleichheit gilt ein Antrag als abgelehnt. Bei der Beschlußfassung wird offen abgestimmt. Auf Antrag einer in der Geschäftsordnung zu bestimmenden Zahl von Mitgliedern des Rates ist namentlich abzustimmen. Auf Antrag mindestens eines Fünftels der Mitglieder des Rates ist geheim abzustimmen. Zum selben Tagesordnungspunkt hat ein Antrag auf geheime Abstimmung Vorrang gegenüber einem Antrag auf namentliche Abstimmung. Die Geschäftsordnung kann weitere Regelungen treffen.

(2) Wahlen werden, wenn das Gesetz nichts anderes bestimmt oder wenn niemand widerspricht, durch offene Abstimmung, sonst durch Abgabe von Stimmzetteln, vollzogen. Gewählt ist die vorgeschlagene

Person, die mehr als die Hälfte der gültigen Stimmen erhalten hat. Nein- Stimmen gelten als gültige Stimmen. Erreicht niemand mehr als die Hälfte der Stimmen, so findet zwischen den Personen, welche die beiden höchsten Stimmenzahlen erreicht haben, eine engere Wahl statt. Gewählt ist, wer in dieser engeren Wahl die meisten Stimmen auf sich vereinigt. Bei Stimmengleichheit entscheidet das Los.

(3) Haben sich die Ratsmitglieder zur Besetzung der Ausschüsse auf einen einheitlichen Wahlvorschlag geeinigt, ist der einstimmige Beschluß der Ratsmitglieder über die Annahme dieses Wahlvorschlages ausreichend. Kommt ein einheitlicher Wahlvorschlag nicht zustande, so wird nach den Grundsätzen der Verhältniswahl in einem Wahlgang abgestimmt. Dabei sind die Wahlstellen auf die Wahlvorschläge der Fraktionen und Gruppen des Rates entsprechend dem Verhältnis der Stimmenzahlen, die auf die einzelnen Wahlvorschläge entfallen, zur Gesamtzahl der abgegebenen gültigen Stimmen zu verteilen. Jedem Wahlvorschlag werden zunächst so viele Sitze zugeteilt, wie sich für ihn ganze Zahlen ergeben. Sind danach noch Sitze zu vergeben, so sind sie in der Reihenfolge der höchsten Zahlenbruchteile zuzuteilen. Bei gleichen Zahlenbruchteilen entscheidet das Los. Scheidet jemand vorzeitig aus einem Ausschuß aus, wählen die Ratsmitglieder auf Vorschlag der Fraktion oder Gruppe, welcher das ausgeschiedene Mitglied bei seiner Wahl angehörte, einen Nachfolger.

(4) Hat der Rat zwei oder mehr Vertreter oder Mitglieder im Sinne der §§ 63 Abs. 2 und 113 zu bestellen oder vorzuschlagen, die nicht hauptberuflich tätig sind, ist das Verfahren nach Absatz 3 entsprechend anzuwenden. Dies gilt ebenso, wenn zwei oder mehr Personen vorzeitig aus dem Gremium ausgeschieden sind, für das sie bestellt oder vorgeschlagen worden waren und für diese mehrere Nachfolger zu wählen sind. Scheidet eine Person vorzeitig aus dem Gremium

aus, für das sie bestellt oder vorgeschlagen worden war, wählt der Rat den Nachfolger für die restliche Zeit nach Absatz 2.

(5) Bei Beschlüssen und Wahlen zählen Stimmenthaltungen und ungültige Stimmen zur Feststellung der Beschlußfähigkeit, nicht aber zur Berechnung der Mehrheit mit.

(6) Ein Mitglied, in dessen Person ein Ausschließungsgrund nach § 31 besteht, kann an der Beratung und Abstimmung nicht teilnehmen.

§ 51
Ordnung in den Sitzungen

(1) Der Bürgermeister leitet die Verhandlungen, eröffnet und schließt die Sitzungen, handhabt die Ordnung und übt das Hausrecht aus.

(2) In der Geschäftsordnung kann bestimmt werden, in welchen Fällen durch Beschluß des Rates einem Ratsmitglied bei Verstößen gegen die Ordnung die auf den Sitzungstag entfallenden Entschädigungen ganz oder teilweise entzogen werden und es für eine oder mehrere Sitzungen ausgeschlossen wird.

(3) Enthält die Geschäftsordnung eine Bestimmung gemäß Absatz 2, so kann der Bürgermeister, falls er es für erforderlich hält, den sofortigen Ausschluß des Ratsmitgliedes aus der Sitzung verhängen und durchführen. Der Rat befindet über die Berechtigung dieser Maßnahme in der nächsten Sitzung.

§ 52
Niederschrift der Ratsbeschlüsse

(1) Über die im Rat gefaßten Beschlüsse ist eine Niederschrift aufzunehmen. Diese wird vom Bürgermeister und einem vom Rat zu bestellenden Schriftführer unterzeichnet.

(2) Der wesentliche Inhalt der Beschlüsse soll in öffentlicher Sitzung oder in anderer geeigneter Weise der Öffentlichkeit zugänglich gemacht werden, soweit nicht im Einzelfall etwas anderes beschlossen wird.

§ 53
Behandlung der Ratsbeschlüsse

(1) Beschlüsse, die die Durchführung der Geschäftsordnung betreffen, führt der Bürgermeister aus. Wenn er persönlich betroffen ist, handelt der Stellvertreter.

(2) Beschlüsse, die

a) die Geltendmachung von Ansprüchen der Gemeinde gegen den Bürgermeister,

b) die Amtsführung des Bürgermeisters,

betreffen, führt der allgemeine Vertreter des Bürgermeisters aus.

§ 54
Widerspruch und Beanstandung

(1) Der Bürgermeister kann einem Beschluß des Rates spätestens am dritten Tag nach der Beschlußfassung unter schriftlicher Begründung widersprechen, wenn er der Auffassung ist, daß der Beschluß

das Wohl der Gemeinde gefährdet. Der Widerspruch hat aufschiebende Wirkung. Über die Angelegenheit ist in einer neuen Sitzung des Rates, die frühestens am dritten Tage und spätestens zwei Wochen nach dem Widerspruch stattzufinden hat, erneut zu beschließen. Ein weiterer Widerspruch ist unzulässig.

(2) Verletzt ein Beschluß des Rates das geltende Recht, so hat der Bürgermeister den Beschluß zu beanstanden. Die Beanstandung hat aufschiebende Wirkung. Sie ist schriftlich in Form einer begründeten Darlegung dem Rat mitzuteilen. Verbleibt der Rat bei seinem Beschluß, so hat der Bürgermeister unverzüglich die Entscheidung der Aufsichtsbehörde einzuholen. Die aufschiebende Wirkung bleibt bestehen.

(3) Verletzt der Beschluß eines Ausschusses, dem eine Angelegenheit zur Entscheidung übertragen ist, das geltende Recht, so findet Absatz 2 Satz 1 bis 3 entsprechende Anwendung. Verbleibt der Ausschuß bei seinem Beschluß, so hat der Rat über die Angelegenheit zu beschließen.

(4) Die Verletzung eines Mitwirkungsverbots nach § 43 Abs. 2 Satz 1 in Verbindung mit § 31 kann gegen den Beschluß des Rates oder eines Ausschusses, dem eine Angelegenheit zur Entscheidung übertragen ist, nach Ablauf von sechs Monaten seit der Beschlußfassung oder, wenn eine öffentliche Bekanntmachung erforderlich ist, sechs Monate nach dieser nicht mehr geltend gemacht werden, es sei denn, daß der Bürgermeister den Beschluß vorher beanstandet hat oder die Verletzung des Mitwirkungsverbots vorher gegenüber der Gemeinde gerügt und dabei die Tatsache bezeichnet worden ist, die die Verletzung ergibt.

§ 55
Kontrolle der Verwaltung

(1) Der Rat ist durch den Bürgermeister über alle wichtigen Angelegenheiten der Gemeindeverwaltung zu unterrichten. Der Bürgermeister ist verpflichtet, einem Ratsmitglied auf Verlangen Auskunft zu erteilen oder zu einem Tagesordnungspunkt Stellung zu nehmen. In Angelegenheiten einer Bezirksvertretung ist dessen Mitglied in gleicher Weise berechtigt und der Bürgermeister verpflichtet.

(2) Bezirksvorsteher und Ausschußvorsitzende können vom Bürgermeister jederzeit Auskunft und Akteneinsicht über Angelegenheiten verlangen, die zum Aufgabenbereich ihrer Bezirksvertretung bzw. ihres Ausschusses gehören.

(3) Der Rat überwacht die Durchführung seiner Beschlüsse und der Beschlüsse der Bezirksvertretungen und Ausschüsse sowie den Ablauf der Verwaltungsangelegenheiten. Zu diesem Zweck kann der Rat mit der Mehrheit der Ratsmitglieder vom Bürgermeister Einsicht in die Akten durch einen von ihm bestimmten Ausschuss oder einzelne von ihm beauftragte Mitglieder verlangen.

(4) In Einzelfällen muss auf Beschluss des Rates mit der Mehrheit der Ratsmitglieder oder auf Verlangen eines Fünftels der Ratsmitglieder oder einer Fraktion auch einem einzelnen, von den Antragstellern jeweils zu benennenden Ratsmitglied Akteneinsicht gewährt werden. Einem einzelnen, von den Antragstellern zu benennenden Mitglied einer Bezirksvertretung oder eines Ausschusses steht ein Akteneinsichtsrecht nur aufgrund eines Beschlusses der Bezirksvertretung beziehungsweise des Ausschusses zu. Dritte sind von der Teilnahme an der Akteneinsicht ausgeschlossen. Akteneinsicht darf einem Ratsmitglied oder einem Mitglied der Bezirksvertretung nicht gewährt werden,

das wegen Interessenwiderstreits von der Beratung und Entscheidung der Angelegenheit ausgeschlossen ist.

(5) Jedem Ratsmitglied oder jedem Mitglied einer Bezirksvertretung ist vom Bürgermeister auf Verlangen Akteneinsicht zu gewähren, soweit die Akten der Vorbereitung oder der Kontrolle von Beschlüssen des Rates, des Ausschusses oder der Bezirksvertretung dienen, der es angehört. Dritte sind von der Teilnahme an der Akteneinsicht ausgeschlossen. Die Akteneinsicht darf nur verweigert werden, soweit ihr schutzwürdige Belange Betroffener oder Dritter entgegenstehen. Die ablehnende Entscheidung ist in Textform zu begründen. Akteneinsicht darf einem Ratsmitglied oder einem Mitglied der Bezirksvertretung nicht gewährt werden, das wegen Interessenwiderstreits von der Beratung und Entscheidung der Angelegenheit ausgeschlossen ist.

§ 56
Fraktionen

(1) Fraktionen sind freiwillige Vereinigungen von Ratsmitgliedern oder von Mitgliedern einer Bezirksvertretung, die sich auf der Grundlage grundsätzlicher politischer Übereinstimmung zu möglichst gleichgerichtetem Wirken zusammengeschlossen haben. Im Rat einer kreisangehörigen Gemeinde muss eine Fraktion aus mindestens zwei Mitgliedern, im Rat einer kreisfreien Stadt aus mindestens drei Mitgliedern, in einer Bezirksvertretung aus mindestens zwei Mitgliedern bestehen. Satz 1 gilt für Gruppen ohne Fraktionsstatus im Rat oder einer Bezirksvertretung entsprechend. Eine Gruppe im Rat oder in einer Bezirksvertretung besteht aus mindestens zwei Mitgliedern.

(2) Die Fraktionen wirken bei der Willensbildung und Entscheidungsfindung in der Vertretung mit; sie können insoweit ihre Auffassung öffentlich darstellen. Ihre innere Ordnung muß demokratischen und rechtsstaatlichen Grundsätzen entsprechen. Sie geben sich ein

Statut, in dem das Abstimmungsverfahren, die Aufnahme und der Ausschluß aus der Fraktion geregelt werden.

(3) Die Gemeinde gewährt den Fraktionen und Gruppen aus Haushaltsmitteln Zuwendungen zu den sächlichen und personellen Aufwendungen für die Geschäftsführung. Die Zuwendungen an die Fraktionen und Gruppen sind in einer besonderen Anlage zum Haushaltsplan darzustellen. Über die Verwendung der Zuwendungen ist ein Nachweis in einfacher Form zu führen, der unmittelbar dem Bürgermeister zuzuleiten ist. Eine Gruppe erhält mindestens 90 Prozent einer proportionalen Ausstattung, die zwei Dritteln der Zuwendungen entspricht, die die kleinste Fraktion nach Absatz 1 Satz 2 erhält oder erhalten würde. Einem Ratsmitglied, das keiner Fraktion oder Gruppe angehört, stellt die Gemeinde in angemessenem Umfang Sachmittel und Kommunikationsmittel zum Zwecke seiner Vorbereitung auf die Ratssitzung zur Verfügung. Der Rat kann stattdessen beschließen, dass ein Ratsmitglied aus Haushaltsmitteln finanzielle Zuwendungen erhält, die die Hälfte des Betrages nicht übersteigen dürfen, die eine Gruppe mit zwei Mitgliedern erhielte. In diesem Fall ist nach den Sätzen 2 und 3 zu verfahren.

(4) Ein hauptberuflich tätiger Mitarbeiter einer Fraktion kann Ratsmitglied sein. Nähere Einzelheiten über die Bildung der Fraktionen, ihre Rechte und Pflichten sowie den Umgang mit personenbezogenen Daten regelt die Geschäftsordnung. Die Geschäftsordnung bestimmt auch, ob eine Fraktion ein Ratsmitglied, das keiner Fraktion angehört, als Hospitant aufnehmen kann. Bei der Feststellung der Mindeststärke einer Fraktion zählen Hospitanten nicht mit.

(5) Soweit personenbezogene Daten an Ratsmitglieder oder Mitglieder einer Bezirksvertretung übermittelt werden dürfen, ist ihre Übermittlung auch an Mitarbeiter einer Fraktion oder einer Gruppe oder

eines einzelnen Ratsmitgliedes nach Absatz 3 Satz 4 zulässig, wenn diese zur Verschwiegenheit verpflichtet sind.

§ 57
Bildung von Ausschüssen

(1) Der Rat kann Ausschüsse bilden.

(2) In jeder Gemeinde müssen ein Hauptausschuß, ein Finanzausschuß und ein Rechnungsprüfungsausschuß gebildet werden. Der Rat kann beschließen, daß die Aufgaben des Finanzausschusses vom Hauptausschuß wahrgenommen werden.

(3) Den Vorsitz im Hauptausschuß führt der Bürgermeister. Er hat Stimmrecht im Hauptausschuß. Der Hauptausschuß wählt aus seiner Mitte einen oder mehrere Vertreter des Vorsitzenden.

(4) Der Rat kann für die Arbeit der Ausschüsse allgemeine Richtlinien aufstellen. Beschlüsse von Ausschüssen mit Entscheidungsbefugnis können erst durchgeführt werden, wenn innerhalb einer in der Geschäftsordnung zu bestimmenden Frist weder vom Bürgermeister noch von einem Fünftel der Ausschußmitglieder Einspruch eingelegt worden ist. Über den Einspruch entscheidet der Rat. § 54 Abs. 3 bleibt unberührt.

§ 58
Zusammensetzung der Ausschüsse und ihr Verfahren

(1) Der Rat regelt mit der Mehrheit der Stimmen der Ratsmitglieder die Zusammensetzung der Ausschüsse und ihre Befugnisse. Soweit er stellvertretende Ausschußmitglieder bestellt, ist die Reihenfolge der Vertretung zu regeln. Der Bürgermeister hat das Recht, mit bera-

tender Stimme an den Sitzungen der Ausschüsse teilzunehmen; ihm ist auf Verlangen jederzeit das Wort zu erteilen. An nichtöffentlichen Sitzungen eines Ausschusses können die stellvertretenden Ausschußmitglieder sowie alle Ratsmitglieder als Zuhörer teilnehmen; nach Maßgabe der Geschäftsordnung können auch die Mitglieder der Bezirksvertretungen als Zuhörer teilnehmen, ebenso die Mitglieder anderer Ausschüsse, soweit deren Aufgabenbereich durch den Beratungsgegenstand berührt wird. Die Teilnahme als Zuhörer begründet keinen Anspruch auf Ersatz des Verdienstausfalls und auf Zahlung von Sitzungsgeld. Wird in einer Ausschußsitzung ein Antrag beraten, den ein Ratsmitglied gestellt hat, das dem Ausschuß nicht angehört, so kann es sich an der Beratung beteiligen. Fraktionen, die in einem Ausschuß nicht vertreten sind, sind berechtigt, für diesen Ausschuß ein Ratsmitglied oder einen sachkundigen Bürger, der dem Rat angehören kann, zu benennen. Das benannte Ratsmitglied oder der benannte sachkundige Bürger wird vom Rat zum Mitglied des Ausschusses bestellt. Sie wirken in dem Ausschuß mit beratender Stimme mit. Bei der Zusammensetzung und der Berechnung der Beschlußfähigkeit des Ausschusses werden sie nicht mitgezählt. Ein Ratsmitglied hat das Recht, mindestens einem der Ausschüsse als Mitglied mit beratender Stimme anzugehören. Die Sätze 8 bis 10 gelten entsprechend.

(2) Auf die Ausschußmitglieder und das Verfahren in den Ausschüssen finden die für den Rat geltenden Vorschriften entsprechende Anwendung. Der Ausschußvorsitzende setzt die Tagesordnung im Benehmen mit dem Bürgermeister fest. Auf Verlangen des Bürgermeisters ist der Ausschussvorsitzende verpflichtet, einen Gegenstand in die Tagesordnung aufzunehmen. Der Ausschussvorsitzende ist in gleicher Weise verpflichtet, wenn eine Fraktion dies beantragt. Abweichend von § 48 Abs. 1 Satz 4 brauchen Zeit und Ort der Ausschußsitzungen sowie die Tagesordnung nicht öffentlich bekanntgemacht

zu werden; der Bürgermeister soll die Öffentlichkeit hierüber vorher in geeigneter Weise unterrichten.

(3) Zu Mitgliedern der Ausschüsse, mit Ausnahme des Hauptausschusses, können neben Ratsmitgliedern auch sachkundige Bürger, die dem Rat angehören können, bestellt werden. Zur Übernahme der Tätigkeit als sachkundiger Bürger ist niemand verpflichtet. Die Zahl der sachkundigen Bürger darf die Zahl der Ratsmitglieder in den einzelnen Ausschüssen nicht erreichen. Die Ausschüsse sind nur beschlußfähig, wenn die Zahl der anwesenden Ratsmitglieder die Zahl der anwesenden sachkundigen Bürger übersteigt. Sie gelten auch insoweit als beschlußfähig, solange ihre Beschlußunfähigkeit nicht festgestellt ist. Die Ausschüsse können Vertreter derjenigen Bevölkerungsgruppen, die von ihrer Entscheidung vorwiegend betroffen werden und Sachverständige zu den Beratungen zuziehen.

(4) Als Mitglieder mit beratender Stimme können den Ausschüssen volljährige sachkundige Einwohner angehören, die in entsprechender Anwendung des § 50 Abs. 3 zu wählen sind. Im übrigen gilt Absatz 3 Satz 1 und 2 entsprechend.

(5) Haben sich die Fraktionen über die Verteilung der Ausschußvorsitze geeinigt und wird dieser Einigung nicht von einem Fünftel der Ratsmitglieder widersprochen, so bestimmen die Fraktionen die Ausschußvorsitzenden aus der Mitte der den Ausschüssen angehörenden stimmberechtigten Ratsmitglieder. Soweit eine Einigung nicht zustande kommt, werden den Fraktionen die Ausschußvorsitze in der Reihenfolge der Höchstzahlen zugeteilt, die sich durch Teilung der Mitgliederzahlender Fraktionen durch 1, 2, 3 usw. ergeben; mehrere Fraktionen können sich zusammenschließen. Bei gleichen Höchstzahlen entscheidet das Los, das der Bürgermeister zu ziehen hat. Die Fraktionen benennen die Ausschüsse, deren Vorsitz sie beanspruchen, in der Reihenfolge der Höchstzahlen und bestimmen die Vor-

sitzenden. Scheidet ein Ausschußvorsitzender während der Wahlperiode aus, bestimmt die Fraktion, der er angehört, ein Ratsmitglied zum Nachfolger. Die Sätze 1 bis 5 gelten für stellvertretende Vorsitzende entsprechend.

(6) Werden Ausschüsse während der Wahlperiode neu gebildet, aufgelöst oder ihre Aufgaben wesentlich verändert, ist das Verfahren nach Absatz 5 zu wiederholen.

(7) Über die Beschlüsse der Ausschüsse ist eine Niederschrift aufzunehmen. Diese ist dem Bürgermeister und den Ausschußmitgliedern zuzuleiten.

§ 58a
Hybride Sitzungen der Ausschüsse

In der Hauptsatzung kann bestimmt werden, dass Ausschüsse des Rates auch außerhalb der besonderen Ausnahmefälle nach § 47a Absatz 1 hybride Sitzungen durchführen dürfen. Von diesem Recht ausgenommen sind die in § 57 Absatz 2 genannten Ausschüsse. Dem jeweiligen Ausschuss bleibt die Entscheidung darüber vorbehalten. Der Beschluss darüber, ob eine Sitzung des Ausschusses als hybride Sitzung durchgeführt werden soll, ist mit einfacher Mehrheit zu fassen. Die Beschlussfassung soll so rechtzeitig gefasst werden, dass § 47 Absatz 2 gewahrt werden kann. § 47a Absatz 2 Satz 3 und Absatz 4 gilt entsprechend.

§ 59
Hauptausschuß, Finanzausschuß und Rechnungsprüfungsausschuß

(1) Der Hauptausschuß hat die Arbeiten aller Ausschüsse aufeinander abzustimmen.

(2) Der Finanzausschuß bereitet die Haushaltssatzung der Gemeinde vor und trifft die für die Ausführung des Haushaltsplans erforderlichen Entscheidungen, soweit hierfür nicht andere Ausschüsse zuständig sind.

(3) Der Rechnungsprüfungsausschuss prüft den Jahresabschluss und den Lagebericht der Gemeinde unter Einbezug des Prüfungsberichtes. Er bedient sich hierbei der örtlichen Rechnungsprüfung oder eines Dritten gemäß § 102 Absatz 2. Die Verantwortlichen nach Satz 2 haben an der Beratung über diese Vorlagen im Rechnungsprüfungsausschuss teilzunehmen und über die wesentlichen Ergebnisse ihrer Prüfung, insbesondere wesentliche Schwächen des internen Kontrollsystems bezogen auf den Rechnungslegungsprozess, zu berichten. Der Rechnungsprüfungsausschuss hat zu dem Ergebnis der Jahresabschlussprüfung schriftlich gegenüber dem Rat Stellung zu nehmen. Am Schluss dieses Berichtes hat der Rechnungs-prüfungsausschuss zu erklären, ob nach dem abschließenden Ergebnis seiner Prüfung Einwendungen zu erheben sind und ob er den vom Bürgermeister aufgestellten Jahresabschluss und Lagebericht billigt. Sofern ein Gesamtabschluss und Gesamtlagebericht erstellt wird, finden die Sätze 1 bis 5 entsprechende Anwendung auf den Gesamtabschluss.

(4) Werden der Jahresabschluss, der Gesamtabschluss, der Lagebericht oder der Gesamtlagebericht nach Vorlage des Prüfungsberichts geändert, so hat der Rechnungsprüfungsausschuss diese Unterlagen erneut zu prüfen, soweit es die Änderung erfordert. Über das Ergebnis der Prüfung ist dem Rat gemäß Absatz 3 Satz 4 und 5 zu berichten.

§ 60
Eil- und Dringlichkeitsentscheidungen

(1) Der Hauptausschuss entscheidet in Angelegenheiten, die der Beschlussfassung des Rates unterliegen, falls eine Einberufung des Rates nicht rechtzeitig möglich ist (Eilentscheidung). Ist auch die Einberufung des Hauptausschusses nicht rechtzeitig möglich und kann die Entscheidung nicht aufgeschoben werden, weil sonst erhebliche Nachteile oder Gefahren entstehen können, kann die Bürgermeisterin oder der Bürgermeister und im Falle ihrer oder seiner Verhinderung die allgemeine Vertreterin oder der allgemeine Vertreter mit einem Ratsmitglied entscheiden (Dringlichkeitsentscheidung). Die nach Satz 1 oder nach Satz 2 getroffenen Entscheidungen sind dem Rat in der nächsten Sitzung zur Genehmigung vorzulegen. Er kann die Entscheidungen aufheben, soweit nicht schon Rechte anderer durch die Ausführung des Beschlusses entstanden sind.

(2) Der Hauptausschuss entscheidet ferner in Angelegenheiten, die der Beschlussfassung des Rates unterliegen, wenn und solange nach § 14 des Infektionsschutz- und Befugnisgesetzes vom 14. April 2020 (GV.NRW. S. 218b), das zuletzt durch Gesetz vom 4. Mai 2021 (GV.NRW. S. 566) geändert worden ist, eine epidemische Lage von landesweiter Tragweite festgestellt ist und wenn zwei Drittel der Mitglieder des Rates einer Delegierung an den Hauptausschuss zugestimmt haben. Die Stimmabgaben können in Textform erfolgen.

(3) Ist die Einberufung eines Ausschusses, dem eine Angelegenheit zur Entscheidung übertragen ist, nicht rechtzeitig möglich, kann die Bürgermeisterin oder der Bürgermeister und im Falle ihrer oder seiner Verhinderung die allgemeine Vertreterin oder der allgemeine Vertreter mit der oder dem Ausschussvorsitzenden oder einem anderen dem Ausschuss angehörenden Ratsmitglied entscheiden. Die Ent-

scheidung ist dem Ausschuss in der nächsten Sitzung zur Genehmigung vorzulegen. Absatz 1 Satz 4 gilt entsprechend.

§ 61
Planung der Verwaltungsaufgaben

Im Rahmen der vom Rat festgelegten allgemeinen Richtlinien entscheidet der Hauptausschuß über die Planung der Verwaltungsaufgaben von besonderer Bedeutung. Zu diesem Zweck hat der Bürgermeister den Hauptausschuß regelmäßig und frühzeitig über solche Planungsvorhaben zu unterrichten.

6. Teil
Bürgermeister

§ 62
Aufgaben und Stellung des Bürgermeisters

(1) Der Bürgermeister ist kommunaler Wahlbeamter. Der Bürgermeister ist verantwortlich für die Leitung und Beaufsichtigung des Geschäftsgangs der gesamten Verwaltung. Er leitet und verteilt die Geschäfte. Dabei kann er sich bestimmte Aufgaben vorbehalten und die Bearbeitung einzelner Angelegenheiten selbst übernehmen.

(2) Der Bürgermeister bereitet die Beschlüsse des Rates, der Bezirksvertretungen und der Ausschüsse vor. Er führt diese Beschlüsse und Entscheidungen nach § 60 Absatz 1 Satz 2 und Absatz 3 Satz 1 sowie Weisungen, die im Rahmen des § 3 Abs. 2 und des § 132 ergehen, unter der Kontrolle des Rates und in Verantwortung ihm gegenüber durch. Der Bürgermeister entscheidet ferner in Angelegenheiten, die ihm vom Rat oder von den Ausschüssen zur Entscheidung übertragen sind.

(3) Dem Bürgermeister obliegt die Erledigung aller Aufgaben, die ihm aufgrund gesetzlicher Vorschriften übertragen sind.

(4) Der Bürgermeister hat die Gemeindevertretung über alle wichtigen Gemeindeangelegenheiten zu unterrichten.

§ 63
Vertretung der Gemeinde

(1) Unbeschadet der dem Rat und seinen Ausschüssen zustehenden Entscheidungsbefugnisse ist der Bürgermeister der gesetzliche Vertreter der Gemeinde in Rechts- und Verwaltungsgeschäften. § 74 Abs. 3 und § 64 bleiben unberührt.

(2) Für die Vertretung der Gemeinde in Organen von juristischen Personen oder Personenvereinigungen gilt § 113.

§ 64
Abgabe von Erklärungen

(1) Erklärungen, durch welche die Gemeinde verpflichtet werden soll, bedürfen der Schriftform. Sie sind vom Bürgermeister oder dem allgemeinen Vertreter zu unterzeichnen, soweit nicht dieses Gesetz etwas anderes bestimmt.

(2) Absatz 1 gilt nicht für Geschäfte der laufenden Verwaltung.

(3) Geschäfte, die ein für ein bestimmtes Geschäft oder einen Kreis von Geschäften ausdrücklich Bevollmächtigter abschließt, bedürfen nicht der Form des Absatzes 1, wenn die Vollmacht in der Form dieses Absatzes erteilt ist.

(4) Erklärungen, die nicht den Formvorschriften dieses Gesetzes entsprechen, binden die Gemeinde nicht.

§ 65
Wahl des Bürgermeisters

(1) Der Bürgermeister wird von den Bürgern in allgemeiner, unmittelbarer, freier, gleicher und geheimer Wahl auf die Dauer von fünf Jahren nach den Grundsätzen der Mehrheitswahl zugleich mit dem Rat gewählt. Scheidet der Bürgermeister durch Tod, Eintritt in den Ruhestand oder aus sonstigen Gründen vor Ablauf seiner Amtszeit aus dem Amt aus oder ist die Wahl eines Bürgermeisters aus anderen Gründen während der Wahlperiode des Rates erforderlich, so findet die Wahl des Nachfolgers spätestens sechs Monate nach Ausscheiden des Bürgermeisters aus dem Amt statt. Die näheren Vorschriften trifft das Kommunalwahlgesetz.

(2) Wählbar ist, wer am Wahltag Deutscher im Sinne von Artikel 116 Abs. 1 des Grundgesetzes ist oder wer die Staatsangehörigkeit eines Mitgliedstaates der Europäischen Union besitzt und eine Wohnung in der Bundesrepublik Deutschland innehat, das 23. Lebensjahr vollendet hat und nicht vom Wahlrecht ausgeschlossen ist sowie die Gewähr dafür bietet, daß er jederzeit für die freiheitlich demokratische Grundordnung im Sinne des Grundgesetzes eintritt. Nicht wählbar ist, wer am Wahltag infolge Richterspruchs in der Bundesrepublik Deutschland die Wählbarkeit oder die Fähigkeit zur Bekleidung öffentlicher Ämter nicht besitzt.

(3) Der Bürgermeister wird vom Vorsitzenden (ehrenamtlicher Stellvertreter oder Altersvorsitzender) in einer Sitzung des Rates vereidigt und in sein Amt eingeführt.

(4) Für die dienstrechtliche Stellung gelten die beamtenrechtlichen Vorschriften.

(5) Endet das Beamtenverhältnis des Bürgermeisters vor Ablauf seiner Amtszeit, wird der Nachfolger bis zum Ende der nächsten Wahlperiode des Rates gewählt, es sei denn, die Amtszeit des Nachfolgers beginnt innerhalb der ersten zwei Jahre der Wahlperiode des Rates. In diesem Fall endet sie mit dem Ende der laufenden Wahlperiode.

(6) Eine Wahl findet nach Ablauf des 51. Monats nach der allgemeinen Kommunalwahl nicht mehr statt.

§ 66
Abwahl des Bürgermeisters

(1) Der Bürgermeister kann von den Bürgern der Gemeinde vor Ablauf seiner Amtszeit abgewählt werden. Zur Einleitung des Abwahlverfahrens bedarf es

1. eines von mindestens der Hälfte der gesetzlichen Zahl der Ratsmitglieder gestellten Antrags und eines mit einer Mehrheit von zwei Dritteln der gesetzlichen Zahl der Ratsmitglieder zu fassenden Beschlusses. Zwischen dem Eingang des Antrags und dem Beschluss des Rates muss eine Frist von mindestens zwei Wochen liegen. Über den Antrag auf Einleitung des Abwahlverfahrens ist ohne Aussprache namentlich abzustimmen;

oder

2. eines in Gemeinden

    a) mit bis zu 50.000 Einwohnern von mindestens 20 Prozent der wahlberechtigten Bürger der Gemeinde,

b) mit über 50.000 bis zu 100.000 Einwohnern von mindestens 17,5 Prozent der wahlberechtigten Bürger der Gemeinde

und

c) mit mehr als 100.000 Einwohnern von mindestens 15 Prozent der wahlberechtigten Bürger der Gemeinde

gestellten Antrags; § 26 Absatz 4 Sätze 2 und 3 gelten entsprechend.

Der Bürgermeister ist abgewählt, wenn sich für die Abwahl eine Mehrheit der abgegebenen gültigen Stimmen der wahlberechtigten Bürger ergibt, sofern diese Mehrheit mindestens 25 Prozent der Wahlberechtigten beträgt. Für das weitere Verfahren gelten die Vorschriften des Kommunalwahlgesetzes entsprechend. Der Bürgermeister scheidet mit dem Ablauf des Tages, an dem der Wahlausschuss die Abwahl feststellt, aus seinem Amt. Die Aufsichtsbehörde kann für die Dauer des Abwahlverfahrens das Ruhen der Amtsgeschäfte des Bürgermeisters anordnen, wenn der Rat dies mit einer Mehrheit von zwei Dritteln der gesetzlichen Zahl der Ratsmitglieder beantragt.

(2) Der Bürgermeister kann binnen einer Woche

1. nach dem Beschluss gemäß Absatz 1 Satz 2 Nummer 1

oder

2. nach Feststellung der Zulässigkeit des Antrags nach Absatz 1 Satz 2 Nummer 2 durch den Rat

auf die Entscheidung der Bürger über seine Abwahl verzichten. Der Verzicht ist schriftlich gegenüber dem ehrenamtlichen Stellvertreter zu erklären. Mit dem Ablauf des Tages, an dem dieser Verzicht dem ehrenamtlichen Stellvertreter zugeht, gilt die Abwahl als erfolgt.

(3) Der Antrag nach Absatz 1 Satz 2 Nummer 2 ist schriftlich beim Rat einzureichen und muss das Begehren zweifelsfrei erkennen lassen. Er muss bis zu drei Bürger benennen, die berechtigt sind, die Unterzeichnenden zu vertreten. § 25 Absatz 4 gilt entsprechend. Die Unterzeichnenden müssen an dem von ihnen anzugebenden Tag ihrer Unterschrift wahlberechtigt sein. Die Unterschriften dürfen bei Eingang des Antrags nicht älter als vier Monate sein. Nach Antragseingang eingereichte Unterschriftslisten werden nicht mehr berücksichtigt. Der Rat stellt unverzüglich fest, ob der Antrag zulässig ist. Gegen die ablehnende Entscheidung des Rates können nur die Vertreter des Antrags nach Satz 2 Klage erheben.

§ 67
Wahl der Stellvertreter des Bürgermeisters

(1) Der Rat wählt für die Dauer seiner Wahlperiode aus seiner Mitte ohne Aussprache ehrenamtliche Stellvertreter des Bürgermeisters. Sie vertreten den Bürgermeister bei der Leitung der Ratssitzungen und bei der Repräsentation.

(2) Bei der Wahl der Stellvertreter des Bürgermeisters wird nach den Grundsätzen der Verhältniswahl in einem Wahlgang geheim abgestimmt. Dabei sind die Wahlstellen auf die Wahlvorschläge der Fraktionen und Gruppen des Rates nach der Reihenfolge der Höchstzahlen zu verteilen, die sich durch Teilung der auf die Wahlvorschläge entfallenden Stimmenzahlen durch 1, 2, 3 usw. ergeben. Erster Stellvertreter des Bürgermeisters ist, wer an erster Stelle des Wahlvorschlags steht, auf den die erste Höchstzahl entfällt, zweiter Stellvertreter, wer an vorderster noch nicht in Anspruch genommener Stelle des Wahlvorschlags steht, auf den die zweite Höchstzahl entfällt, dritter Stellvertreter, wer an vorderster noch nicht in Anspruch genommener Stelle des Wahlvorschlags steht, auf den die dritte Höchstzahl

entfällt usw. Zwischen Wahlvorschlägen mit gleichen Höchstzahlen findet eine Stichwahl statt; bei Stimmengleichheit entscheidet das vom Bürgermeister zu ziehende Los. Nimmt ein gewählter Bewerber die Wahl nicht an, so ist gewählt, wer an nächster Stelle desselben Wahlvorschlags steht. Ist ein Wahlvorschlag erschöpft, tritt an seine Stelle der Wahlvorschlag mit der nächsten Höchstzahl. Scheidet ein stellvertretender Bürgermeister während der Wahlperiode aus, ist der Nachfolger für den Rest der Wahlperiode ohne Aussprache in geheimer Abstimmung nach § 50 Abs. 2 zu wählen.

(3) Die Stellvertreter des Bürgermeisters und die übrigen Ratsmitglieder werden von dem Bürgermeister eingeführt und in feierlicher Form zur gesetzmäßigen und gewissenhaften Wahrnehmung ihrer Aufgaben verpflichtet.

(4) Der Rat kann die Stellvertreter des Bürgermeisters abberufen. Der Antrag kann nur mit der Mehrheit der gesetzlichen Zahl der Mitglieder gestellt werden. Zwischen dem Eingang des Antrags und der Sitzung des Rates muß eine Frist von wenigstens zwei Tagen liegen. Über den Antrag ist ohne Aussprache abzustimmen. Der Beschluß über die Abberufung bedarf einer Mehrheit von zwei Dritteln der gesetzlichen Zahl der Mitglieder. Der Nachfolger ist innerhalb einer Frist von zwei Wochen ohne Aussprache in geheimer Abstimmung nach § 50 Abs. 2 zu wählen.

(5) Der Bürgermeister – im Falle seiner Verhinderung der Altersvorsitzende – leitet die Sitzung bei der Wahl der Stellvertreter des Bürgermeisters sowie bei Entscheidungen, die vorher getroffen werden müssen. Dies gilt auch für die Abberufung der Stellvertreter des Bürgermeisters.

§ 68
Vertretung im Amt

(1) Der Rat bestellt einen Beigeordneten zum allgemeinen Vertreter des Bürgermeisters. Die übrigen Beigeordneten sind zur allgemeinen Vertretung des Bürgermeisters nur berufen, wenn der zur allgemeinen Vertretung bestellte Beigeordnete verhindert ist. Die Reihenfolge bestimmt der Rat. Ist ein Beigeordneter nicht vorhanden, so bestellt der Rat den allgemeinen Vertreter.

(2) Die Beigeordneten vertreten den Bürgermeister in ihrem Arbeitsgebiet.

(3) Der Bürgermeister kann andere Bedienstete mit der auftragsweisen Erledigung bestimmter Angelegenheiten betrauen. Er kann die Befugnis auf Beigeordnete für deren Arbeitsgebiet übertragen.

§ 69
Teilnahme an Sitzungen

(1) Der Bürgermeister und die Beigeordneten nehmen an den Sitzungen des Rates teil. Der Bürgermeister ist berechtigt und auf Verlangen eines Ratsmitgliedes verpflichtet, zu einem Punkt der Tagesordnung vor dem Rat Stellung zu nehmen. Auch Beigeordnete sind hierzu verpflichtet, falls es der Rat oder der Bürgermeister verlangt.

(2) Der Bürgermeister und die Beigeordneten sind berechtigt und auf Verlangen eines Ausschusses in Angelegenheiten ihres Geschäftsbereichs verpflichtet, an dessen Sitzungen teilzunehmen. Absatz 1 Satz 2 gilt entsprechend.

7. Teil
Verwaltungsvorstand und Gemeindebedienstete

§ 70
Verwaltungsvorstand

(1) Sind Beigeordnete bestellt, bilden sie zusammen mit dem Bürgermeister und Kämmerer den Verwaltungsvorstand. Der Bürgermeister führt den Vorsitz.

(2) Der Verwaltungsvorstand wirkt insbesondere mit bei

a) den Grundsätzen der Organisation und der Verwaltungsführung,

b) der Planung von Verwaltungsaufgaben mit besonderer Bedeutung,

c) der Aufstellung des Haushaltsplans, unbeschadet der Rechte des Kämmerers,

d) den Grundsätzen der Personalführung und Personalverwaltung,

e) der Konzeption der Kosten- und Leistungsrechnung.

(3) Der Bürgermeister ist verpflichtet, zur Erhaltung der Einheitlichkeit der Verwaltungsführung regelmäßig den Verwaltungsvorstand zur gemeinsamen Beratung einzuberufen. Die Mitglieder des Verwaltungsvorstandes sind verpflichtet, sich im Interesse der Einheitlichkeit der Verwaltungsführung gegenseitig zu unterrichten und zu beraten.

(4) Bei Meinungsverschiedenheiten entscheidet der Bürgermeister. Die Beigeordneten sind berechtigt, ihre abweichenden Meinungen in

Angelegenheiten ihres Geschäftsbereichs dem Hauptausschuß vorzutragen. Dieses haben sie dem Bürgermeister vorab mitzuteilen.

§ 71
Wahl der Beigeordneten

(1) Die Zahl der Beigeordneten wird durch die Hauptsatzung festgelegt. Die Beigeordneten sind kommunale Wahlbeamte. Sie werden vom Rat für die Dauer von acht Jahren gewählt.

(2) Die Wahl oder Wiederwahl darf frühestens sechs Monate vor Freiwerden der Stelle erfolgen. Die Stellen der Beigeordneten sind auszuschreiben, bei Wiederwahl kann hiervon abgesehen werden.

(3) Die Beigeordneten müssen die für ihr Amt erforderlichen fachlichen Voraussetzungen erfüllen und eine ausreichende Erfahrung für dieses Amt nachweisen. In kreisfreien Städten und Großen kreisangehörigen Städten muss mindestens einer der Beigeordneten die Befähigung zum Richteramt oder zur Laufbahn des allgemeinen Verwaltungsdienstes im Land Nordrhein-Westfalen in der Laufbahngruppe 2, zweites Einstiegsamt, besitzen. In den übrigen Gemeinden muss mindestens einer der Beigeordneten mindestens die Befähigung für die Laufbahn des allgemeinen Verwaltungsdienstes im Land Nordrhein-Westfalen in der Laufbahngruppe 2, erstes Einstiegsamt, besitzen.

(4) In kreisfreien Städten muß ein Beigeordneter als Stadtkämmerer bestellt werden.

(5) Die Beigeordneten sind verpflichtet, eine erste und zweite Wiederwahl anzunehmen, wenn sie spätestens drei Monate vor Ablauf der Amtszeit wiedergewählt werden. Lehnt ein Beigeordneter die Weiterführung des Amtes ohne wichtigen Grund ab, so ist er mit Ablauf der

Amtszeit zu entlassen. Ob ein wichtiger Grund vorliegt, entscheidet der Rat. Ein wichtiger Grund liegt vor, wenn die Anstellungsbedingungen gegenüber denen der davor liegenden Amtszeit verschlechtert werden.

(6) Die Beigeordneten werden vom Bürgermeister vereidigt.

(7) Der Rat kann Beigeordnete abberufen. Der Antrag kann nur von der Mehrheit der gesetzlichen Zahl der Mitglieder gestellt werden. Zwischen dem Eingang des Antrags und der Sitzung des Rates muß eine Frist von mindestens sechs Wochen liegen. Über den Antrag ist ohne Aussprache abzustimmen. Der Beschluß über die Abberufung bedarf einer Mehrheit von zwei Dritteln der gesetzlichen Zahl der Mitglieder. Ein Nachfolger ist innerhalb einer Frist von sechs Monaten zu wählen.

§ 72
Gründe der Ausschließung vom Amt

Die Beigeordneten dürfen untereinander nicht Angehörige sein.

§ 73
Geschäftsverteilung und Dienstaufsicht

(1) Der Rat kann die Geschäftskreise der Beigeordneten im Einvernehmen mit dem Bürgermeister festlegen. Kommt ein Einvernehmen nicht zu Stande, kann der Rat den Geschäftskreis der Beigeordneten mit der Mehrheit der gesetzlichen Zahl der Ratsmitglieder festlegen. Bei Entscheidungen des Rates nach Satz 1 und 2 stimmt der Bürgermeister nicht mit. Erfolgt keine Entscheidung nach Satz 1 oder 2 gilt § 62 Abs. 1 Satz 3 und 4.

(2) Der Bürgermeister ist Dienstvorgesetzter der Bediensteten der Gemeinde.

(3) Der Bürgermeister trifft die dienstrechtlichen und arbeitsrechtlichen Entscheidungen, soweit gesetzlich nichts anderes bestimmt ist. Die Hauptsatzung kann bestimmen, dass für Bedienstete in Führungsfunktionen Entscheidungen, die das beamtenrechtliche Grundverhältnis oder das Arbeitsverhältnis eines Bediensteten zur Gemeinde verändern, durch den Rat oder den Hauptausschuss im Einvernehmen mit dem Bürgermeister zu treffen sind, soweit gesetzlich nichts anderes bestimmt ist. Kommt ein Einvernehmen nicht zu Stande, kann der Rat die Entscheidung mit einer Mehrheit von zwei Dritteln der gesetzlichen Zahl der Ratsmitglieder treffen. Bei Entscheidungen des Rates nach Satz 2 und 3 stimmt der Bürgermeister nicht mit. Erfolgt keine Entscheidung nach Satz 2 oder 3, gilt Satz 1. Bedienstete in Führungsfunktionen sind Leiter von Organisationseinheiten, die dem Hauptverwaltungsbeamten oder einem anderen Wahlbeamten oder diesem in der Führungsfunktion vergleichbaren Bediensteten unmittelbar unterstehen, mit Ausnahme von Bediensteten mit Aufgaben eines persönlichen Referenten oder Pressereferenten.

§ 74
Bedienstete der Gemeinde

(1) Die Bediensteten der Gemeinde müssen die für ihren Arbeitsbereich erforderlichen fachlichen Voraussetzungen erfüllen, insbesondere die Ablegung der vorgeschriebenen Prüfungen nachweisen.

(2) Der Stellenplan ist einzuhalten; Abweichungen sind nur zulässig, soweit sie aufgrund des Besoldungs- oder Tarifrechts zwingend erforderlich sind.

(3) Die nach geltendem Recht auszustellenden Urkunden für Beamte sowie Arbeitsverträge und sonstige schriftliche Erklärungen zur Regelung der Rechtsverhältnisse von Bediensteten bedürfen der Unterzeichnung durch den Bürgermeister oder seinen allgemeinen Vertreter. Der Bürgermeister kann die Unterschriftsbefugnis durch Dienstanweisung übertragen.

8. Teil
Haushaltswirtschaft

§ 75
Allgemeine Haushaltsgrundsätze

(1) Die Gemeinde hat ihre Haushaltswirtschaft so zu planen und zu führen, dass die stetige Erfüllung ihrer Aufgaben gesichert ist. Die Haushaltswirtschaft ist wirtschaftlich, effizient und sparsam zu führen. Dabei ist den Erfordernissen des gesamtwirtschaftlichen Gleichgewichts Rechnung zu tragen.

(2) Der Haushalt muss in jedem Jahr in Planung und Rechnung ausgeglichen sein. Er ist ausgeglichen, wenn der Gesamtbetrag der Erträge die Höhe des Gesamtbetrages der Aufwendungen erreicht oder übersteigt. Die Verpflichtung des Satzes 1 gilt als erfüllt, wenn der Fehlbedarf im Ergebnisplan und der Fehlbetrag in der Ergebnisrechnung durch Inanspruchnahme der Ausgleichsrücklage gedeckt werden können. Anstelle einer bestehenden oder fehlenden Ausgleichsrücklage oder zusätzlich zur Verwendung der Ausgleichsrücklage kann im Ergebnisplan auch eine pauschale Kürzung von Aufwendungen bis zu einem Betrag von 1 Prozent der Summe der ordentlichen Aufwendungen unter Angabe der zu kürzenden Teilpläne veranschlagt werden (globaler Minderaufwand).

(3) In der Bilanz ist eine Ausgleichsrücklage zusätzlich zur allgemeinen Rücklage als gesonderter Posten des Eigenkapitals anzusetzen. Der Ausgleichsrücklage können Jahresüberschüsse durch Beschluss nach § 96 Absatz 1 Satz 2 zugeführt werden, soweit die allgemeine Rücklage einen Bestand in Höhe von mindestens 3 Prozent der Bilanzsumme des Jahresabschlusses der Gemeinde aufweist.

(4) Wird bei der Aufstellung der Haushaltssatzung eine Verringerung der allgemeinen Rücklage vorgesehen, bedarf dies der Genehmigung der Aufsichtsbehörde. Die Genehmigung gilt als erteilt, wenn die Aufsichtsbehörde nicht innerhalb eines Monats nach Eingang des Antrages der Gemeinde eine andere Entscheidung trifft. Die Genehmigung kann unter Bedingungen und mit Auflagen erteilt werden. Sie ist mit der Verpflichtung, ein Haushaltssicherungskonzept nach § 76 aufzustellen, zu verbinden, wenn die Voraussetzungen des § 76 Abs. 1 vorliegen.

(5) Weist die Ergebnisrechnung bei der Bestätigung des Jahresabschlusses gem. § 95 Abs. 3 trotz eines ursprünglich ausgeglichenen Ergebnisplans einen Fehlbetrag oder einen höheren Fehlbetrag als im Ergebnisplan ausgewiesen aus, so hat die Gemeinde dies der Aufsichtsbehörde unverzüglich anzuzeigen. Die Aufsichtsbehörde kann in diesem Fall Anordnungen treffen, erforderlichenfalls diese Anordnungen selbst durchführen oder – wenn und solange diese Befugnisse nicht ausreichen – einen Beauftragten bestellen, um eine geordnete Haushaltswirtschaft wieder herzustellen. §§123 und 124 gelten sinngemäß.

(6) Die Liquidität der Gemeinde einschließlich der Finanzierung der Investitionen ist sicherzustellen.

(7) Die Gemeinde darf sich nicht überschulden. Sie ist überschuldet, wenn nach der Bilanz das Eigenkapital aufgebraucht ist.

§ 76
Haushaltssicherungskonzept

(1) Die Gemeinde hat zur Sicherung ihrer dauerhaften Leistungsfähigkeit ein Haushaltssicherungskonzept aufzustellen und darin den nächstmöglichen Zeitpunkt zu bestimmen, bis zu dem der Haushaltsausgleich wieder hergestellt ist, wenn bei der Aufstellung der Haushaltssatzung

1. durch Veränderungen des Haushalts innerhalb eines Haushaltsjahres der in der Schlussbilanz des Vorjahres auszuweisende Ansatz der allgemeinen Rücklage um mehr als ein Viertel verringert wird oder

2. in zwei aufeinanderfolgenden Haushaltsjahren geplant ist, den in der Schlussbilanz des Vorjahres auszuweisenden Ansatz der allgemeinen Rücklage jeweils um mehr als ein Zwanzigstel zu verringern oder

3. innerhalb des Zeitraumes der mittelfristigen Ergebnis- und Finanzplanung die allgemeine Rücklage aufgebraucht wird.

Dies gilt entsprechend bei der Bestätigung über den Jahresabschluss gemäß § 95 Absatz 3.

(2) Das Haushaltsicherungskonzept dient dem Ziel, im Rahmen einer geordneten Haushaltswirtschaft die künftige, dauernde Leistungsfähigkeit der Gemeinde zu erreichen. Es bedarf der Genehmigung der Aufsichtsbehörde. Die Genehmigung soll nur erteilt werden, wenn aus dem Haushaltssicherungskonzept hervorgeht, dass spätestens im zehnten auf das Haushaltsjahr folgende Jahr der Haushaltsausgleich nach § 75 Absatz 2 wieder erreicht wird. Im Einzelfall kann durch Genehmigung der Bezirksregierung auf der Grundlage eines individuel-

len Sanierungskonzeptes von diesem Konsolidierungszeitraum abgewichen werden. Die Genehmigung des Haushaltssicherungskonzeptes kann unter Bedingungen und mit Auflagen erteilt werden.

§ 77
Grundsätze der Finanzmittelbeschaffung

(1) Die Gemeinde erhebt Abgaben nach den gesetzlichen Vorschriften.

(2) Sie hat die zur Erfüllung ihrer Aufgaben erforderlichen Finanzmittel

1. soweit vertretbar und geboten, aus selbst zu bestimmenden Entgelten für die von ihr erbrachten Leistungen, sowie

2. im Übrigen aus Steuern

zu beschaffen, soweit die sonstigen Finanzmittel nicht ausreichen.

(3) Die Gemeinde hat bei der Finanzmittelbeschaffung auf die wirtschaftlichen Kräfte ihrer Abgabepflichtigen Rücksicht zu nehmen.

(4) Die Gemeinde darf Kredite nur aufnehmen, wenn eine andere Finanzierung nicht möglich ist oder wirtschaftlich unzweckmäßig wäre.

§ 78
Haushaltssatzung

(1) Die Gemeinde hat für jedes Haushaltsjahr eine Haushaltssatzung zu erlassen.

(2) Die Haushaltssatzung enthält die Festsetzung

1. des Haushaltsplans

a) im Ergebnisplan unter Angabe des Gesamtbetrages der Erträge und der Aufwendungen des Haushaltsjahres,

b) im Finanzplan unter Angabe des Gesamtbetrages der Einzahlungen und Auszahlungen aus laufender Verwaltungstätigkeit, des Gesamtbetrages der Einzahlungen und Auszahlungen aus der Investitionstätigkeit und aus der Finanzierungstätigkeit des Haushaltsjahres,

c) unter Angabe der vorgesehenen Kreditaufnahmen für Investitionen (Kreditermächtigung),

d) unter Angabe der vorgesehenen Ermächtigungen zum Eingehen von Verpflichtungen, die künftige Haushaltsjahre mit Auszahlungen für Investitionen belasten (Verpflichtungsermächtigungen),

2. der Inanspruchnahme der Ausgleichsrücklage und der Verringerung der allgemeinen Rücklage,

3. des Höchstbetrages der Kredite zur Liquiditätssicherung,

4. der Steuersätze, die für jedes Haushaltsjahr neu festzusetzen sind,

5. des Jahres, in dem der Haushaltsausgleich wieder hergestellt ist.

Sie kann weitere Vorschriften enthalten, die sich auf die Erträge und die Aufwendungen, Einzahlungen und Auszahlungen, den Stellenplan des Haushaltsjahres und das Haushaltssicherungskonzept beziehen.

(3) Die Haushaltssatzung tritt mit Beginn des Haushaltsjahres in Kraft und gilt für das Haushaltsjahr. Sie kann Festsetzungen für zwei Haushaltsjahre, nach Jahren getrennt, enthalten.

(4) Haushaltsjahr ist das Kalenderjahr, soweit für einzelne Bereiche durch Gesetz oder Rechtsverordnung nichts anderes bestimmt ist.

§ 79
Haushaltsplan

(1) Der Haushaltsplan enthält alle im Haushaltsjahr für die Erfüllung der Aufgaben der Gemeinde voraussichtlich

1. anfallenden Erträge und eingehenden Einzahlungen,
2. entstehenden Aufwendungen und zu leistenden Auszahlungen,
3. notwendigen Verpflichtungsermächtigungen.

Die Vorschriften über die Sondervermögen der Gemeinde bleiben unberührt.

(2) Der Haushaltsplan ist in einen Ergebnisplan und einen Finanzplan sowie in Teilpläne zu gliedern. Das Haushaltssicherungskonzept gemäß § 76 ist Teil des Haushaltsplans; der Stellenplan für die Bediensteten ist Anlage des Haushaltsplans.

(3) Der Haushaltsplan ist Grundlage für die Haushaltswirtschaft der Gemeinde. Er ist nach Maßgabe dieses Gesetzes und der aufgrund dieses Gesetzes erlassenen Vorschriften für die Haushaltsführung verbindlich. Ansprüche und Verbindlichkeiten Dritter werden durch ihn weder begründet noch aufgehoben.

§ 80
Erlass der Haushaltssatzung

(1) Der Entwurf der Haushaltssatzung mit ihren Anlagen wird vom Kämmerer aufgestellt und dem Bürgermeister zur Bestätigung vorgelegt.

(2) Der Bürgermeister leitet den von ihm bestätigten Entwurf dem Rat zu. Soweit er von dem ihm vorgelegten Entwurf abweicht, kann der Kämmerer dazu eine Stellungnahme abgeben. Wird von diesem Recht Gebrauch gemacht, hat der Bürgermeister die Stellungnahme mit dem Entwurf dem Rat vorzulegen.

(3) Nach Zuleitung des Entwurfs der Haushaltssatzung mit ihren Anlagen an den Rat ist dieser unverzüglich bekannt zu geben und während der Dauer des Beratungsverfahrens im Rat zur Einsichtnahme verfügbar zu halten. In der öffentlichen Bekanntgabe ist eine Frist von mindestens vierzehn Tagen festzulegen, in der Einwohner oder Abgabepflichtige gegen den Entwurf Einwendungen erheben können und die Stelle anzugeben, bei der die Einwendungen zu erheben sind. Die Frist für die Erhebung von Einwendungen ist so festzusetzen, dass der Rat vor der Beschlussfassung über die Haushaltssatzung mit ihren Anlagen in öffentlicher Sitzung darüber beschließen kann.

(4) Der Entwurf der Haushaltssatzung mit ihren Anlagen ist vom Rat in öffentlicher Sitzung zu beraten und zu beschließen. In der Beratung des Rates kann der Kämmerer seine abweichende Auffassung vertreten.

(5) Die vom Rat beschlossene Haushaltssatzung mit ihren Anlagen ist der Aufsichtsbehörde anzuzeigen. Die Anzeige soll spätestens einen Monat vor Beginn des Haushaltsjahres erfolgen. Die Haushaltssatzung darf frühestens einen Monat nach der Anzeige bei der Auf-

sichtsbehörde öffentlich bekannt gemacht werden. Die Anzeigefrist beginnt erst zu laufen, wenn die gemäß Satz 1 anzuzeigenden Unterlagen der Aufsichtsbehörde vollständig vorgelegt wurden. Die Aufsichtsbehörde kann im Einzelfall aus besonderem Grund die Anzeigefrist verkürzen oder verlängern. Ist ein Haushaltssicherungskonzept nach § 76 aufzustellen, so darf die Haushaltssatzung erst nach Erteilung der Genehmigung bekannt gemacht werden.

(6) Die Haushaltssatzung mit ihren Anlagen ist im Anschluss an die öffentliche Bekanntmachung bis zum Ende der in § 96 Abs. 2 benannten Frist zur Einsichtnahme verfügbar zu halten.

§ 81
Nachtragssatzung

(1) Die Haushaltssatzung kann nur durch Nachtragssatzung geändert werden, die spätestens bis zum Ablauf des Haushaltsjahres zu beschließen ist. Für die Nachtragssatzung gelten die Vorschriften für die Haushaltssatzung entsprechend.

(2) Die Gemeinde hat unverzüglich eine Nachtragssatzung zu erlassen, wenn

1. sich zeigt, dass trotz Ausnutzung jeder Sparmöglichkeit

   a) ein erheblicher Jahresfehlbetrag entstehen wird und der Haushaltsausgleich nur durch eine Änderung der Haushaltssatzung erreicht werden kann oder

   b) ein erheblich höherer Jahresfehlbetrag als geplant entstehen wird und der höhere Fehlbetrag nur durch eine Änderung der Haushaltssatzung vermieden werden kann,

2. bisher nicht veranschlagte oder zusätzliche Aufwendungen oder Auszahlungen bei einzelnen Haushaltspositionen in einem im Verhältnis zu den Gesamtaufwendungen oder Gesamtauszahlungen erheblichen Umfang geleistet werden müssen,

3. Auszahlungen für bisher nicht veranschlagte Investitionen geleistet werden sollen.

Dies gilt nicht für überplanmäßige Auszahlungen im Sinne des § 83 Abs. 3.

(3) Absatz 2 Nrn. 2 und 3 findet keine Anwendung auf

1. geringfügige Investitionen und Instandsetzungen an Bauten, die unabweisbar sind,

2. Umschuldung von Krediten für Investitionen.

(4) Im Übrigen kann, wenn die Entwicklung der Erträge oder der Aufwendungen oder die Erhaltung der Liquidität es erfordert, der Rat die Inanspruchnahme von Ermächtigungen sperren. Er kann seine Sperre und die des Kämmerers oder des Bürgermeisters aufheben.

(5) Im Zuge der Ausbreitung der COVID-19-Pandemie findet im Haushaltsjahr 2020 Absatz 4 keine Anwendung.

§ 82
Vorläufige Haushaltsführung

(1) Ist die Haushaltssatzung bei Beginn des Haushaltsjahres noch nicht bekannt gemacht, so darf die Gemeinde ausschließlich

1. Aufwendungen entstehen lassen und Auszahlungen leisten, zu denen sie rechtlich verpflichtet ist oder die für die Weiterführung notwendiger Aufgaben unaufschiebbar sind; sie darf insbeson-

dere Bauten, Beschaffungen und sonstige Investitionsleistungen, für die im Haushaltsplan des Vorjahres Finanzpositionen oder Verpflichtungsermächtigungen vorgesehen waren, fortsetzen,

2. Realsteuern nach den Sätzen des Vorjahres erheben,

3. Kredite umschulden.

(2) Reichen die Finanzmittel für die Fortsetzung der Bauten, der Beschaffungen und der sonstigen Leistungen des Finanzplans nach Absatz 1 Nr. 1 nicht aus, so darf die Gemeinde mit Genehmigung der Aufsichtsbehörde Kredite für Investitionen bis zu einem Viertel des Gesamtbetrages der in der Haushaltssatzung des Vorjahres festgesetzten Kredite aufnehmen. Die Gemeinde hat dem Antrag auf Genehmigung eine nach Dringlichkeit geordnete Aufstellung der vorgesehenen unaufschiebbaren Investitionen beizufügen. Die Genehmigung soll unter dem Gesichtspunkt einer geordneten Haushaltswirtschaft erteilt oder versagt werden; sie kann unter Bedingungen und mit Auflagen erteilt werden. Sie ist in der Regel zu versagen, wenn die Kreditverpflichtungen mit der dauernden Leistungsfähigkeit der Gemeinde nicht in Einklang stehen.

(3) Ist im Fall des § 76 Abs. 1 die Haushaltssatzung bei Beginn des Haushaltsjahres noch nicht bekannt gemacht, gelten ergänzend zu den Regelungen der Absätze 1 und 2 die nachfolgenden Bestimmungen vom Beginn des Haushaltsjahres – bei späterer Beschlussfassung über die Haushaltssatzung vom Zeitpunkt der Beschlussfassung – bis zur Genehmigung des Haushaltssicherungskonzeptes:

1. Die Gemeinde hat weitergehende haushaltswirtschaftliche Beschränkungen für die Besetzung von Stellen, andere personalwirtschaftliche Maßnahmen und das höchstzulässige Aufwandsvolumen des Ergebnishaushalts sowie die Regelungen

zur Nachweisführung gegenüber der Aufsichtsbehörde zu beachten, die durch Rechtsverordnung des für Kommunales zuständigen Ministeriums im Einvernehmen mit dem für Finanzen zuständigen Ministerium festgelegt werden.

2. Der in Absatz 2 festgelegte Kreditrahmen kann mit Genehmigung der Aufsichtsbehörde überschritten werden, wenn das Verbot der Kreditaufnahme anderenfalls zu einem nicht auflösbaren Konflikt zwischen verschiedenen gleichrangigen Rechtspflichten der Gemeinde führen würde. Die Genehmigung kann unter Bedingungen und mit Auflagen erteilt werden.

(4) Die Bestimmungen des Absatzes 3 gelten ab dem 1. April des Haushaltsjahres bis zur Beschlussfassung über einen ausgeglichenen Haushalt oder bis zur Erteilung der Genehmigung für ein Haushaltssicherungskonzept auch dann, wenn bis zu dem Termin kein ausgeglichener Haushalt beschlossen worden ist.

§ 83
Überplanmäßige und außerplanmäßige Aufwendungen und Auszahlungen

(1) Überplanmäßige und außerplanmäßige Aufwendungen und Auszahlungen sind nur zulässig, wenn sie unabweisbar sind. Die Deckung soll jeweils im laufenden Haushaltsjahr gewährleistet sein. Über die Leistung dieser Aufwendungen und Auszahlungen entscheidet der Kämmerer, soweit der Rat keine andere Regelung trifft. Der Kämmerer kann mit Zustimmung des Bürgermeisters und des Rates die Entscheidungsbefugnis auf andere Bedienstete übertragen.

(2) Sind die überplanmäßigen und außerplanmäßigen Aufwendungen und Auszahlungen erheblich, bedürfen sie der vorherigen Zustim-

mung des Rates; im Übrigen sind sie dem Rat zur Kenntnis zu bringen. § 81 Abs. 2 bleibt unberührt.

(3) Für Investitionen, die im folgenden Jahr fortgesetzt werden, sind überplanmäßige Auszahlungen auch dann zulässig, wenn ihre Deckung erst im folgenden Jahr gewährleistet ist. Absatz 1 Sätze 3 und 4 und Absatz 2 gelten sinngemäß.

(4) Die Absätze 1 bis 3 finden entsprechende Anwendung auf Maßnahmen, durch die später über- oder außerplanmäßige Aufwendungen und Auszahlungen entstehen können.

§ 84
Mittelfristige Ergebnis- und Finanzplanung

Die Gemeinde hat ihrer Haushaltswirtschaft eine fünfjährige Ergebnis- und Finanzplanung zu Grunde zu legen und in den Haushaltsplan einzubeziehen. Das erste Planungsjahr ist das laufende Haushaltsjahr. Die Ergebnis- und Finanzplanung für die dem Haushaltsjahr folgenden drei Planungsjahre soll in den einzelnen Jahren ausgeglichen sein. Sie ist mit der Haushaltssatzung der Entwicklung anzupassen und fortzuführen.

§ 85
Verpflichtungsermächtigungen

(1) Verpflichtungen zur Leistung von Auszahlungen für Investitionen in künftigen Jahren dürfen grundsätzlich nur eingegangen werden, wenn der Haushaltsplan hierzu ermächtigt. Sie dürfen ausnahmsweise auch überplanmäßig oder außerplanmäßig eingegangen werden, wenn sie unabweisbar sind und der in der Haushaltssatzung fest-

gesetzte Gesamtbetrag der Verpflichtungsermächtigungen nicht überschritten wird. § 83 Abs. 1 Sätze 3 und 4 gelten sinngemäß.

(2) Die Verpflichtungsermächtigungen gelten bis zum Ende des auf das Haushaltsjahr folgenden Jahres und, wenn die Haushaltssatzung für das übernächste Jahr nicht rechtzeitig öffentlich bekannt gemacht wird, bis zum Erlass dieser Haushaltssatzung.

§ 86
Kredite

(1) Kredite dürfen nur für Investitionen unter der Voraussetzung des § 77 Absatz 4 und zur Umschuldung aufgenommen werden. Die daraus übernommenen Verpflichtungen müssen mit der dauernden Leistungsfähigkeit der Gemeinde in Einklang stehen. Die Kreditaufnahme erfolgt grundsätzlich in Euro. In anderen Währungen ist die Kreditaufnahme nur in Verbindung mit einem Währungssicherungsgeschäft zulässig.

(2) Die Kreditermächtigung gilt bis zum Ende des auf das Haushaltsjahr folgenden Jahres und, wenn die Haushaltssatzung für das übernächste Jahr nicht rechtzeitig öffentlich bekannt gemacht wird, bis zum Erlass dieser Haushaltssatzung.

(3) Die Aufnahme einzelner Kredite bedarf der Genehmigung der Aufsichtsbehörde, sobald die Kreditaufnahme nach § 19 des Gesetzes zur Förderung der Stabilität und des Wachstums der Wirtschaft beschränkt worden ist. Die Einzelgenehmigung kann nach Maßgabe der Kreditbeschränkungen versagt werden.

(4) Entscheidungen der Gemeinde über die Begründung einer Zahlungsverpflichtung, die wirtschaftlich einer Kreditverpflichtung gleichkommt, sind der Aufsichtsbehörde unverzüglich, spätestens einen

Monat vor der rechtsverbindlichen Eingehung der Verpflichtung, anzuzeigen. Absatz 1 Satz 2 gilt sinngemäß. Eine Anzeige ist nicht erforderlich für die Begründung von Zahlungsverpflichtungen im Rahmen der laufenden Verwaltung.

(5) Die Gemeinde darf zur Sicherung des Kredits keine Sicherheiten bestellen. Die Aufsichtsbehörde kann Ausnahmen zulassen, wenn die Bestellung von Sicherheiten der Verkehrsübung entspricht.

§ 87
Sicherheiten und Gewährleistung für Dritte

(1) Die Gemeinde darf keine Sicherheiten zugunsten Dritter bestellen. Die Aufsichtsbehörde kann Ausnahmen zulassen. Für die Bestellung von Sicherheiten zur Finanzierung des Erwerbs von Grundstücken der Gemeinde durch Dritte finden die Sätze 1 und 2 keine Anwendung.

(2) Die Gemeinde darf Bürgschaften und Verpflichtungen aus Gewährverträgen nur im Rahmen der Erfüllung ihrer Aufgaben übernehmen. Die Entscheidung der Gemeinde zur Übernahme ist der Aufsichtsbehörde unverzüglich, spätestens einen Monat vor der rechtsverbindlichen Übernahme, anzuzeigen.

(3) Absatz 2 gilt sinngemäß für Rechtsgeschäfte, die den in Absatz 2 genannten Rechtsgeschäften wirtschaftlich gleichkommen, insbesondere für die Zustimmung zu Rechtsgeschäften Dritter, aus denen der Gemeinde in künftigen Haushaltsjahren Verpflichtungen zu Leistungen erwachsen können.

§ 88
Rückstellungen

(1) Rückstellungen sind für ungewisse Verbindlichkeiten, für drohende Verluste aus schwebenden Geschäften und für hinsichtlich ihrer Höhe oder des Zeitpunktes ihres Eintritts unbestimmte Aufwendungen in angemessener Höhe zu bilden.

(2) Rückstellungen dürfen nur aufgelöst werden, soweit der Grund hierfür entfallen ist.

§ 89
Liquidität

(1) Die Gemeinde hat ihre Zahlungsfähigkeit durch eine angemessene Liquiditätsplanung sicherzustellen.

(2) Zur rechtzeitigen Leistung ihrer Auszahlungen kann die Gemeinde Kredite zur Liquiditätssicherung bis zu dem in der Haushaltssatzung festgesetzten Höchstbetrag aufnehmen, soweit dafür keine anderen Mittel zur Verfügung stehen. Diese Ermächtigung gilt über das Haushaltsjahr hinaus bis zum Erlass der neuen Haushaltssatzung.

§ 90
Vermögensgegenstände

(1) Die Gemeinde soll Vermögensgegenstände nur erwerben, soweit dies zur Erfüllung ihrer Aufgaben erforderlich ist oder wird.

(2) Die Vermögensgegenstände sind pfleglich und wirtschaftlich zu verwalten. Bei Geldanlagen ist auf eine ausreichende Sicherheit zu achten; sie sollen einen angemessenen Ertrag erbringen.

(3) Die Gemeinde darf Vermögensgegenstände, die sie zur Erfüllung ihrer Aufgaben in absehbarer Zeit nicht braucht, veräußern. Vermögensgegenstände dürfen in der Regel nur zu ihrem vollen Wert veräußert werden. Ausnahmen sind im besonderen öffentlichen Interesse zulässig. Dies gilt insbesondere für Veräußerungen zur Förderung von sozialen Einrichtungen, des sozialen Wohnungsbaus, des Denkmalschutzes und der Bildung privaten Eigentums unter sozialen Gesichtspunkten. Vor dem Unterwertverkauf eines Grundstücks an Unternehmen ist die Vereinbarkeit der Vergünstigung mit dem Binnenmarkt sicherzustellen.

(4) Für die Überlassung der Nutzung eines Vermögensgegenstandes gilt Absatz 3 sinngemäß.

(5) Für die Verwaltung und Bewirtschaftung von Gemeindewaldungen gelten die Vorschriften dieses Gesetzes und des Landesforstgesetzes.

§ 91
Inventur, Inventar und Vermögensbewertung

(1) Die Gemeinde hat zum Schluss eines jeden Haushaltsjahres ihre Grundstücke und grundstücksgleichen Rechte, ihre Forderungen und Schulden, den Betrag des baren Geldes sowie ihre sonstigen Vermögensgegenstände genau zu verzeichnen und dabei den Wert der einzelnen Vermögensgegenstände und Schulden anzugeben (Inventar).

(2) Körperliche Vermögensgegenstände sind durch eine körperliche Bestandsaufnahme zu erfassen, soweit durch Gesetz oder Rechtsverordnung nichts anderes bestimmt ist.

(3) Das Inventar ist innerhalb der einem ordnungsgemäßen Geschäftsgang entsprechenden Zeit aufzustellen.

(4) Die Bewertung des in der Bilanz auszuweisenden Vermögens, der Sonderposten, der Rückstellungen, der Verbindlichkeiten und der Rechnungsabgrenzungsposten richtet sich nach den Grundsätzen ordnungsmäßiger Buchführung. Dabei gilt insbesondere:

1. Die Wertansätze in der Eröffnungsbilanz des Haushaltsjahres müssen mit denen der Schlussbilanz des vorhergehenden Haushaltsjahres übereinstimmen;

2. die Vermögensgegenstände, Sonderposten, Rückstellungen, Verbindlichkeiten und Rechnungsabgrenzungsposten sind zum Abschlussstichtag einzeln zu bewerten;

3. es ist wirklichkeitsgetreu zu bewerten; vorhersehbare Risiken und Verluste, die bis zum Abschlussstichtag entstanden sind, sind zu berücksichtigen, selbst wenn diese erst zwischen dem Abschlussstichtag und dem Tag der Aufstellung des Jahresabschlusses bekannt geworden sind; Gewinne sind nur zu berücksichtigen, sofern sie am Abschlussstichtag realisiert sind;

4. Aufwendungen und Erträge des Haushaltsjahres sind unabhängig von den Zeitpunkten der entsprechenden Zahlungen im Jahresabschluss zu berücksichtigen und

5. die auf den vorhergehenden Jahresabschluss angewandten Bewertungsmethoden sollen beibehalten werden.

(5) Von den Grundsätzen des Absatzes 4 darf nur in begründeten Ausnahmefällen abgewichen werden.

§ 92
Eröffnungsbilanz

(1) Die Gemeinde hat zu Beginn des Haushaltsjahres, in dem sie erstmals ihre Geschäftsvorfälle nach dem System der doppelten Buchführung erfasst, eine Eröffnungsbilanz aufzustellen. Auf die Eröffnungsbilanz sind die für den Jahresabschluss geltenden Vorschriften mit Ausnahme des § 95 Absatz 2 Satz 1 Nummern 1 bis 3 entsprechend anzuwenden. Die Vorschriften der § 95 Absatz 3 und § 96 sind entsprechend anzuwenden.

(2) Die Ermittlung der Wertansätze für die Eröffnungsbilanz ist auf der Grundlage von vorsichtig geschätzten Zeitwerten vorzunehmen. Die in der Eröffnungsbilanz angesetzten Werte für die Vermögensgegenstände gelten für die künftigen Haushaltsjahre als Anschaffungs- oder Herstellungskosten, soweit nicht Wertberichtigungen nach Absatz 5 vorgenommen werden.

(3) Die Eröffnungsbilanz einschließlich des Anhangs mit allen Anlagen unterliegt der örtlichen Prüfung nach §§ 101 bis 104, § 59 Absatz 3 gilt entsprechend.

(4) Die Eröffnungsbilanz einschließlich des Anhangs mit allen Anlagen unterliegt der überörtlichen Prüfung nach § 105.

(5) Ergibt sich bei der Aufstellung späterer Jahresabschlüsse, dass in der Eröffnungsbilanz Vermögensgegenstände oder Sonderposten oder Schulden fehlerhaft angesetzt worden sind, so ist der Wertansatz zu berichtigen oder nachzuholen. Die Eröffnungsbilanz gilt dann als geändert. Eine Berichtigung kann letztmals im vierten der Eröffnungsbilanz folgenden Jahresabschluss vorgenommen werden. Vorherige Jahresabschlüsse sind nicht zu berichtigen.

§ 93
Finanzbuchhaltung

(1) Die Finanzbuchhaltung hat die Buchführung und die Zahlungsabwicklung der Gemeinde zu erledigen. Die Buchführung muss unter Beachtung der Grundsätze ordnungsmäßiger Buchführung so beschaffen sein, dass innerhalb einer angemessenen Zeit ein Überblick über die wirtschaftliche Lage der Gemeinde gegeben werden kann. Die Zahlungsabwicklung ist ordnungsgemäß und sicher zu erledigen.

(2) Die Gemeinde hat, wenn sie ihre Finanzbuchhaltung nicht nach § 94 durch eine Stelle außerhalb der Gemeindeverwaltung besorgen lässt, dafür einen Verantwortlichen und einen Stellvertreter zu bestellen.

(3) Soweit die ordnungsgemäße Erledigung und die Prüfung gewährleistet sind, kann die Finanzbuchhaltung für funktional begrenzte Aufgabenbereiche auch durch mehrere Stellen der Verwaltung erfolgen. Absatz 2 bleibt unberührt.

(4) Die mit der Prüfung und Feststellung des Zahlungsanspruches und der Zahlungsverpflichtung beauftragten Bediensteten dürfen nicht die Zahlungen der Gemeinde abwickeln. Das Gleiche gilt für die mit der Rechnungsprüfung beauftragten Bediensteten.

(5) Der Verantwortliche für die Zahlungsabwicklung und sein Stellvertreter dürfen nicht Angehörige des Bürgermeisters, des Kämmerers, der Leitung und der Prüfer der örtlichen Rechnungsprüfung sowie mit der Prüfung beauftragter Dritter sein.

(6) Die Geschäftsvorfälle der Sondervermögen und der Treuhandvermögen sind gesondert abzuwickeln, wenn für diese gesonderte Jahresabschlüsse aufgestellt werden.

§ 94
Übertragung der Finanzbuchhaltung

(1) Soweit die Gemeinde die Erfüllung ihrer Verpflichtungen im Rahmen der Finanzbuchhaltung nach § 93 nicht selbst besorgt, hat sie diese auf eine andere juristische Person des öffentlichen Rechts zu übertragen. Die ordnungsgemäße Erledigung und die Prüfung nach den für die Gemeinde geltenden Vorschriften ist zu gewährleisten. Der Beschluss über die Besorgung ist der Aufsichtsbehörde anzuzeigen.

(2) Für die automatisierte Ausführung der Geschäfte der kommunalen Haushaltswirtschaft dürfen nur Fachprogramme verwendet werden, die von der Gemeindeprüfungsanstalt Nordrhein-Westfalen zugelassen sind. Gleiches gilt für die Verwendung dieser Fachprogramme nach wesentlichen Programmänderungen. Die Gültigkeit der Zulassung soll befristet werden. Bei Programmen, die für mehrere Gemeinden Anwendung finden sollen, genügt eine Zulassung. Die technischen Standards, die erforderlich sind, um die gesetzlichen Voraussetzungen für die Programmzulassung zu erfüllen, werden von der Gemeindeprüfungsanstalt Nordrhein-Westfalen im Benehmen mit dem für Kommunales zuständigen Ministerium im Rahmen einer Verwaltungsvorschrift als Prüfhandbuch niedergelegt.

§ 95
Jahresabschluss

(1) Die Gemeinde hat zum Schluss eines jeden Haushaltsjahres einen Jahresabschluss aufzustellen. Der Jahresabschluss muss klar und übersichtlich sein. Der Jahresabschluss hat sämtliche Vermögensgegenstände, Schulden, Rechnungsabgrenzungsposten, Erträge, Auf-

wendungen, Einzahlungen und Auszahlungen zu enthalten, soweit nichts anderes bestimmt ist. Er hat unter Beachtung der Grundsätze ordnungsmäßiger Buchführung ein den tatsächlichen Verhältnissen entsprechendes Bild der Vermögens-, Finanz- und Ertragslage der Gemeinde zu vermitteln.

(2) Der Jahresabschluss besteht aus

1. der Ergebnisrechnung,

2. der Finanzrechnung,

3. den Teilrechnungen und

4. der Bilanz.

Der Jahresabschluss ist um einen Anhang zu erweitern, der mit den Bestandteilen des Jahresabschlusses nach Satz 1 eine Einheit bildet. Darüber hinaus hat die Gemeinde einen Lagebericht aufzustellen.

(3) Am Schluss des Anhangs sind für die Mitglieder des Verwaltungsvorstands nach § 70, soweit dieser nicht zu bilden ist für den Bürgermeister und den Kämmerer, sowie für die Ratsmitglieder, auch wenn die Personen im Haushaltsjahr ausgeschieden sind, anzugeben,

1. Familienname mit mindestens einem ausgeschriebenen Vornamen,

2. der ausgeübte Beruf,

3. die Mitgliedschaft in Aufsichtsräten und anderen Kontrollgremien im Sinne des § 125 Absatz 1 Satz 5 des Aktiengesetzes vom 6. September 1965 (BGBl. I S. 1089), das zuletzt durch Artikel 9 des Gesetzes vom 17. Juli 2017 (BGBl. I S. 2446) geändert worden ist,

4. die Mitgliedschaft in Organen von verselbstständigten Aufgabenbereichen der Gemeinde in öffentlich-rechtlicher oder privatrechtlicher Form,

5. die Mitgliedschaft in Organen sonstiger privatrechtlicher Unternehmen.

§ 43 Abs. 2 Nrn. 5 und 6 gelten entsprechend.

(4) Dem Anhang sind als Anlagen beizufügen

1. ein Anlagenspiegel,

2. ein Forderungsspiegel,

3. ein Eigenkapitalspiegel,

4. ein Verbindlichkeitenspiegel und

5. eine Übersicht über die in das folgende Jahr übertragenen Haushaltsermächtigungen.

(5) Der Entwurf des Jahresabschlusses und des Lageberichtes wird vom Kämmerer aufgestellt und dem Bürgermeister zur Bestätigung vorgelegt. Der Bürgermeister leitet den von ihm bestätigten Entwurf innerhalb von drei Monaten nach Ablauf des Haushaltsjahres dem Rat zur Feststellung zu. Soweit er von dem ihm vorgelegten Entwurf abweicht, kann der Kämmerer dazu eine Stellungnahme abgeben. Wird von diesem Recht Gebrauch gemacht, hat der Bürgermeister die Stellungnahme mit dem Entwurf dem Rat vorzulegen.

§ 96
Feststellung des Jahresabschlusses und Entlastung

(1) Der Rat stellt bis spätestens 31. Dezember des auf das Haushaltsjahr folgenden Jahres den vom Rechnungsprüfungsausschuss geprüften Jahresabschluss durch Beschluss fest. Zugleich beschließt er über die Verwendung des Jahresüberschusses oder die Behandlung des Jahresfehlbetrages. Soweit in den Jahresabschlüssen der letzten drei vorhergehenden Haushaltsjahre aufgrund entstandener Fehlbeträge der Ergebnisrechnung die allgemeine Rücklage reduziert wurde, ist ein Jahresüberschuss insoweit zunächst der allgemeinen Rücklage zuzuführen. In der Beratung des Rates über den Jahresabschluss kann der Kämmerer seine abweichende Auffassung vertreten. Die Ratsmitglieder entscheiden über die Entlastung des Bürgermeisters. Verweigern sie die Entlastung oder sprechen sie diese mit Einschränkungen aus, so haben sie dafür die Gründe anzugeben. Wird die Feststellung des Jahresabschlusses vom Rat verweigert, so sind die Gründe dafür gegenüber dem Bürgermeister anzugeben.

(2) Der vom Rat festgestellte Jahresabschluss ist der Aufsichtsbehörde unverzüglich anzuzeigen. Der Jahresabschluss ist öffentlich bekannt zu machen und danach bis zur Feststellung des folgenden Jahresabschlusses zur Einsichtnahme verfügbar zu halten.

§ 96a
Abweichungsbefugnis in besonderen Ausnahmefällen

Das für Kommunales zuständige Ministerium wird ermächtigt, in Ausnahmefällen wie Katastrophen, einer epidemischen Lage von landesweiter Tragweite oder eines außergewöhnlichen Notstandes nach Artikel 115 des Grundgesetzes durch Rechtsverordnung, die mit Zustimmung des Landtags erlassen wird, Abweichendes zum Achten Teil dieses Gesetzes zu regeln.

9. Teil
Sondervermögen, Treuhandvermögen

§ 97
Sondervermögen

(1) Sondervermögen der Gemeinde sind

1. das Gemeindegliedervermögen,
2. das Vermögen der rechtlich unselbstständigen örtlichen Stiftungen,
3. wirtschaftliche Unternehmen (§ 114) und organisatorisch verselbstständigte Einrichtungen (§ 107 Abs. 2) ohne eigene Rechtspersönlichkeit,
4. rechtlich unselbstständige Versorgungs- und Versicherungseinrichtungen.

(2) Sondervermögen nach Absatz 1 Nrn. 1 und 2 unterliegen den Vorschriften über die Haushaltswirtschaft. Sie sind im Haushaltsplan und im Jahresabschluss der Gemeinde gesondert nachzuweisen.

(3) Für Sondervermögen nach Absatz 1 Nr. 3 sind die Vorschriften des § 75 Abs. 1, Abs. 2 Sätze 1 und 2, Abs. 6 und 7, der §§ 84 bis 90, des § 92 Abs. 3 und 7 und der §§ 93, 94 und 96 sinngemäß anzuwenden.

(4) Für Sondervermögen nach Absatz 1 Nr. 4 können die für die Wirtschaftsführung und das Rechnungswesen der Eigenbetriebe gelten-

den Vorschriften sinngemäß angewendet werden. Absatz 3 gilt sinngemäß.

§ 98
Treuhandvermögen

(1) Für rechtlich selbständige örtliche Stiftungen sowie Vermögen, die die Gemeinde nach besonderem Recht treuhänderisch zu verwalten hat, sind besondere Haushaltspläne aufzustellen und Sonderrechnungen zu führen. Die Vorschriften des § 75 Abs. 1, Abs. 2 Sätze 1 und 2, Abs. 6 und 7, der §§ 78 bis 80, 82 bis 87, 89, 90, 93 und 94 sowie § 96 Abs. 1 sind sinngemäß anzuwenden, soweit nicht Vorschriften des Stiftungsgesetzes entgegenstehen. Die §§ 78 und 80 sind mit der Maßgabe sinngemäß anzuwenden, dass an die Stelle der Haushaltssatzung der Beschluss über den Haushaltsplan tritt und von der öffentlichen Bekanntgabe und dem Verfügbarhalten zur Einsichtnahme nach § 80 Abs. 3 und 6 abgesehen werden kann.

(2) Unbedeutendes Treuhandvermögen kann im Haushalt der Gemeinde gesondert nachgewiesen werden.

(3) Mündelvermögen sind abweichend von den Absätzen 1 und 2 nur im Jahresabschluss gesondert nachzuweisen.

(4) Besondere gesetzliche Vorschriften oder Bestimmungen des Stifters bleiben unberührt.

§ 99
Gemeindegliedervermögen

(1) Für die Nutzung des Gemeindevermögens, dessen Ertrag nach bisherigem Recht nicht der Gemeinde, sondern sonstigen Berechtig-

ten zusteht (Gemeindegliedervermögen), bleiben die bisherigen Vorschriften und Gewohnheiten unberührt.

(2) Gemeindegliedervermögen darf nicht in Privatvermögen der Nutzungsberechtigten umgewandelt werden. Es kann in freies Gemeindevermögen umgewandelt werden, wenn die Umwandlung aus Gründen des Gemeinwohls geboten ist. Den bisher Berechtigten ist ein Einkaufsgeld zurückzuzahlen, durch welches sie das Recht zur Teilnahme an der Nutzung des Gemeindegliedervermögens erworben haben. Soweit nach den bisher geltenden rechtlichen Vorschriften Nutzungsrechte am Gemeindegliedervermögen den Berechtigten gegen ihren Willen nicht entzogen oder geschmälert werden dürfen, muß von der Gemeinde bei der Umwandlung eine angemessene Entschädigung gezahlt werden. Handelt es sich um Nutzungsrechte an landwirtschaftlich genutzten Grundstücken, so kann die Entschädigung auch durch Hergabe eines Teils derjenigen Grundstücke gewährt werden, an denen die Nutzungsrechte bestehen.

(3) Gemeindevermögen darf nicht in Gemeindegliedervermögen umgewandelt werden.

§ 100
Örtliche Stiftungen

(1) Örtliche Stiftungen sind die Stiftungen des privaten Rechts, die nach dem Willen des Stifters von einer Gemeinde verwaltet werden und die überwiegend örtlichen Zwecken dienen. Die Gemeinde hat die örtlichen Stiftungen nach den Vorschriften dieses Gesetzes zu verwalten, soweit nicht durch Gesetz oder Stifter anderes bestimmt ist. Das Stiftungsvermögen ist von dem übrigen Gemeindevermögen getrennt zu halten und so anzulegen, daß es für seinen Verwendungszweck greifbar ist.

(2) Die Umwandlung des Stiftungszwecks, die Zusammenlegung und die Aufhebung von rechtlich unselbständigen Stiftungen stehen der Gemeinde zu; sie bedürfen der Genehmigung der Aufsichtsbehörde.

(3) Gemeindevermögen darf nur im Rahmen der Aufgabenerfüllung der Gemeinde und nur dann in Stiftungsvermögen eingebracht werden, wenn der mit der Stiftung verfolgte Zweck auf andere Weise nicht erreicht werden kann.

10. Teil
Rechnungsprüfung

§ 101
Örtliche Rechnungsprüfung

(1) Kreisfreie Städte, Große und Mittlere kreisangehörige Städte haben eine örtliche Rechnungsprüfung einzurichten. Große und Mittlere kreisangehörige Städte können sich durch eine öffentlich-rechtliche Vereinbarung zur Erfüllung dieser Pflicht einer anderen örtlichen Rechnungsprüfung bedienen. Gemeinden ohne örtliche Rechnungsprüfung können einen geeigneten Bediensteten als Rechnungsprüferin oder als Rechnungsprüfer bestellen oder sich eines anderen kommunalen Rechnungsprüfers oder eines Wirtschaftsprüfers oder einer Wirtschaftsprüfungsgesellschaft bedienen. Die Vorschriften des Gesetzes über kommunale Gemeinschaftsarbeit gelten entsprechend. Für den Rechnungsprüfer gelten Absätze 2, 5 und 6 sowie §§ 102 bis 104, für den Wirtschaftsprüfer und die Wirtschaftsprüfungsgesellschaft Absätze 2 und 6 sowie §§ 102 bis 104 mit Ausnahme von § 104 Absatz 2 Satz 1 entsprechend.

(2) Die örtliche Rechnungsprüfung ist bei der Erfüllung der ihr zugewiesenen Prüfungsaufgaben unabhängig und an Weisungen nicht gebunden. Im Übrigen ist die örtliche Rechnungsprüfung dem Rat unmit-

telbar verantwortlich und in ihrer sachlichen Tätigkeit ihm unmittelbar unterstellt.

(3) Die Leiterin oder der Leiter der örtlichen Rechnungsprüfung muss hauptamtlich bei der Gemeinde bedienstet sein. Sie oder er muss die für das Amt erforderliche Vorbildung, Erfahrung und Eignung besitzen.

(4) Der Rat bestellt die Leitung der örtlichen Rechnungsprüfung sowie die Prüfer und beruft sie ab. Die Leitung und die Prüfer können nicht Mitglieder des Rates sein und dürfen eine andere Stellung in der Gemeinde nur innehaben, wenn dies mit ihren Prüfungsaufgaben vereinbar ist.

(5) Die Leitung der örtlichen Rechnungsprüfung kann nur durch Beschluss des Gemeinderats und nur dann abberufen werden, wenn die ordnungsgemäße Erfüllung der Aufgaben nicht mehr gewährleistet ist. Der Beschluss muss mit einer Mehrheit von zwei Dritteln der Stimmen aller Mitglieder des Gemeinderates gefasst werden und ist der Aufsichtsbehörde anzuzeigen.

(6) Die Leitung und die Prüfer der örtlichen Rechnungsprüfung dürfen zum Bürgermeister, zu einem Beigeordneten, einem Stellvertreter des Bürgermeisters, zum Kämmerer und zu anderen Bediensteten der Finanzbuchhaltung nicht in einem die Befangenheit begründenden Verhältnis nach § 31 Absatz 1 und 2 stehen. Sofern von der Möglichkeit des § 102 Absatz 2 und 10, des § 103 Absatz 2 Satz 2 oder des § 103 Absatz 5 Gebrauch gemacht wird, erstreckt sich Satz 1 auch auf die jeweiligen Leitungen sowie auf die Bediensteten der Finanzbuchhaltung der dort genannten Sondervermögen, Eigenbetriebe oder Einrichtungen. Sie dürfen eine andere Stellung in der Gemeinde nur innehaben, wenn dies mit der Unabhängigkeit und den Aufgaben der

Rechnungsprüfung vereinbar ist. Sie dürfen Zahlungen für die Gemeinde weder anordnen noch ausführen.

§ 102
Örtliche Prüfung des Jahresabschlusses und des Gesamtabschlusses

(1) Der Jahresabschluss und der Lagebericht sind, vor Feststellung durch den Rat, durch die örtliche Rechnungsprüfung zu prüfen (Jahresabschlussprüfung). Hat keine Prüfung stattgefunden, so kann der Jahresabschluss nicht festgestellt werden. Wird der Jahresabschluss oder der Lagebericht nach Vorlage des Prüfberichtes geändert, so sind diese Unterlagen erneut zu prüfen, soweit es die Änderung erfordert. Über das Ergebnis der Prüfung ist zu berichten, der Bestätigungsvermerk ist entsprechend zu ergänzen.

(2) Die Gemeinde kann mit der Durchführung der Jahresabschlussprüfung einen Wirtschaftsprüfer, eine Wirtschaftsprüfungsgesellschaft oder die Gemeindeprüfungsanstalt nach vorheriger Beschlussfassung durch den Rechnungsprüfungsausschuss beauftragen. Gemeinden ohne eigene Rechnungsprüfung können sich zudem für die Durchführung der Jahresabschlussprüfung einer anderen örtlichen Rechnungsprüfung bedienen.

(3) In die Prüfung des Jahresabschlusses ist die Buchführung einzubeziehen. Die Prüfung des Jahresabschlusses hat sich darauf zu erstrecken, ob die gesetzlichen Vorschriften und sie ergänzenden ortsrechtlichen Bestimmungen oder sonstigen Satzungen beachtet worden sind. Die Prüfung ist so anzulegen, dass Unrichtigkeiten und Verstöße gegen die in Satz 2 aufgeführten Bestimmungen, die sich auf die Darstellung des sich nach § 95 Absatz 1 Satz 4 ergebenden Bildes

der Vermögens-, Finanz- und Ertragslage der Gemeinde wesentlich auswirken, bei gewissenhafter Berufsausübung erkannt werden.

(4) In die Prüfung des Jahresabschlusses sind die Entscheidungen und Verwaltungsvorgänge aus delegierten Aufgaben auch dann einzubeziehen, wenn die Zahlungsvorgänge selbst durch den Träger der Aufgabe vorgenommen werden und insgesamt finanziell von erheblicher Bedeutung sind.

(5) Der Lagebericht ist darauf zu prüfen, ob er mit dem Jahresabschluss sowie mit den bei der Prüfung gewonnenen Erkenntnissen in Einklang steht und ob er insgesamt ein zutreffendes Bild von der Lage der Gemeinde vermittelt. Dabei ist auch zu prüfen, ob die Chancen und Risiken der künftigen Entwicklung zutreffend dargestellt sind. Die Prüfung des Lageberichts hat sich auch darauf zu erstrecken, ob die gesetzlichen Vorschriften zu seiner Aufstellung beachtet worden sind.

(6) Die Bürgermeisterin oder der Bürgermeister haben dafür Sorge zu tragen, dass den mit der Jahresabschlussprüfung Beauftragten die Entwürfe des Jahresabschlusses und des Lageberichtes unverzüglich nach der Bestätigung vorgelegt werden. Sie haben den Beauftragten zu gestatten, die Bücher und Schriften der Gemeinde sowie die Vermögensgegenstände und Schulden zu prüfen.

(7) Die mit der Jahresabschlussprüfung Beauftragten können von der Bürgermeisterin oder dem Bürgermeister alle Aufklärungen und Nachweise verlangen, die für eine sorgfältige Prüfung notwendig sind. Soweit es die Vorbereitung der Jahresabschlussprüfung erfordert, haben die mit der Jahresabschlussprüfung Beauftragten die Rechte auch schon vor Aufstellung des Jahresabschlusses. Soweit es für eine sorgfältige Prüfung erforderlich ist, haben die mit der Jahresabschlussprüfung Beauftragten die Rechte auch gegenüber Mutter- und Tochterunternehmen.

(8) Die mit der Jahresabschlussprüfung Beauftragten haben über Art und Umfang sowie über das Ergebnis der Prüfung zu berichten. §§ 321 und 322 des Handelsgesetzbuches in der im Bundesgesetzblatt Teil III, Gliederungsnummer 4100-1, veröffentlichten bereinigten Fassung, das zuletzt durch Artikel 11 Absatz 28 des Gesetzes vom 18. Juli 2017 (BGBl. I S. 2745) geändert worden ist, gelten entsprechend.

(9) Die mit der Jahresabschlussprüfung Beauftragten dürfen an der Führung der Bücher und an der Aufstellung des Jahresabschlusses und des Lageberichtes nicht mitgewirkt haben.

(10) Für die Prüfung der Jahresabschlüsse der in § 97 Absatz 1 Nummer 1, 2 und 4 benannten Sondervermögen finden die Absätze 1 bis 9 entsprechende Anwendung, § 101 Absatz 6 ist zu beachten.

(11) Sofern ein Gesamtabschluss und ein Gesamtlagebericht aufgestellt werden, finden die Absätze 1 bis 9 entsprechende Anwendung.

§ 103
Örtliche Prüfung der Eigenbetriebe

(1) Zur Vorbereitung der Beschlussfassung des Rates über den Jahresabschluss und den Lagebericht ist der Jahresabschluss und der Lagebericht zu prüfen (Jahresabschlussprüfung).

(2) Die Betriebsleitung kann mit der Durchführung der Jahresabschlussprüfung einen Wirtschaftsprüfer, eine Wirtschaftsprüfungsgesellschaft oder die Gemeindeprüfungsanstalt nach vorheriger Beschlussfassung durch den Betriebsausschuss beauftragen. Wird die Buchführung des Eigenbetriebs nach den für Gemeinden geltenden Vorschriften geführt, so kann abweichend dazu auch die örtliche Rechnungsprüfung mit der Prüfung nach Absatz 1 beauftragt werden.

(3) Für die Prüfung nach Absatz 1 gilt § 102 entsprechend. Im Rahmen der Jahresabschlussprüfung ist in entsprechender Anwendung des § 53 Absatz 1 Nummer 1 und 2 des Haushaltsgrundsätzegesetzes vom 19. August 1969 (BGBl. I S. 1273), das zuletzt durch Artikel 10 des Gesetzes vom 14. August 2017 (BGBl. I S. 3122) geändert worden ist, ferner die Ordnungsmäßigkeit der Geschäftsführung zu prüfen und über die wirtschaftlich bedeutsamen Sachverhalte zu berichten. Die Kosten der Jahresabschlussprüfung trägt der Betrieb.

(4) In dem Bericht über die Prüfung des Jahresabschlusses und des Lageberichtes ist ferner darauf einzugehen, ob das von der Gemeinde zur Verfügung gestellte Eigenkapital angemessen verzinst wird.

(5) Die Absätze 1 bis 4 gelten entsprechend für Einrichtungen, die gemäß § 107 Absatz 2 entsprechend den Vorschriften über das Rechnungswesen der Eigenbetriebe geführt werden, § 101 Absatz 6 ist zu beachten.

§ 104
Weitere Aufgaben der örtlichen Rechnungsprüfung

(1) Weitere Aufgaben der örtlichen Rechnungsprüfung sind:

1. die laufende Prüfung der Vorgänge in der Finanzbuchhaltung zur Vorbereitung der Prüfung des Jahresabschlusses,

2. die dauernde Überwachung der Zahlungsabwicklung der Gemeinde und ihrer Sondervermögen sowie die Vornahme der Prüfungen,

3. bei Durchführung der Finanzbuchhaltung mit Hilfe automatisierter Datenverarbeitung (DV-Buchführung) der Gemeinde und

ihrer Sondervermögen die Prüfung der Programme vor ihrer Anwendung,

4. die Prüfung der Finanzvorfälle gemäß § 100 Absatz 4 der Landeshaushaltsordnung in der Fassung der Bekanntmachung vom 26. April 1999 (GV.NRW. S. 158) in der jeweils geltenden Fassung,

5. die Prüfung von Vergaben und

6. die Wirksamkeit interner Kontrollen im Rahmen des internen Kontrollsystems.

(2) Die örtliche Rechnungsprüfung kann ferner folgende Aufgaben wahrnehmen:

1. die Prüfung der Zweckmäßigkeit und der Wirtschaftlichkeit der Verwaltung,

2. die Prüfung der Wirtschaftsführung und des Rechnungswesens der Eigenbetriebe und anderer Einrichtungen der Gemeinde nach § 107 Absatz 2,

3. die Prüfung der Betätigung der Gemeinde als Gesellschafterin, Aktionärin oder Mitglied in Gesellschaften und anderen Vereinigungen des privaten Rechts oder in der Rechtsform der Anstalt des öffentlichen Rechts gemäß § 114a sowie die Buch- und Betriebsprüfung, die sich die Gemeinde bei einer Beteiligung, bei der Hingabe eines Darlehens oder sonst vorbehalten hat.

(3) Der Rat kann der örtlichen Rechnungsprüfung weitere Aufgaben übertragen.

(4) Der Bürgermeister kann innerhalb seines Amtsbereichs unter Mitteilung an den Rechnungsprüfungsausschuss der örtlichen Rechnungsprüfung Aufträge zur Prüfung erteilen.

(5) Der Prüfer kann für die Durchführung seiner Prüfung nach den Absätzen 1 bis 4 Aufklärung und Nachweise verlangen, die für eine sorgfältige Prüfung notwendig sind. Der Prüfer hat die Rechte nach Satz 1 auch gegenüber den Abschlussprüfern der verselbstständigten Aufgabenbereiche.

(6) Die örtliche Rechnungsprüfung kann sich mit Zustimmung des Rechnungsprüfungsausschusses Dritter als Prüfer bedienen.

(7) Ein Dritter darf nicht Prüfer sein,

1. wenn er Mitglied des Rates, Angehöriger des Bürgermeisters, des Kämmerers oder des Verantwortlichen für die Zahlungsabwicklung oder seines Stellvertreters ist,

2. wenn er Beschäftigter der verselbstständigten Aufgabenbereiche der Gemeinde ist, die in öffentlich-rechtlicher oder privatrechtlicher Form geführt werden, oder diesen in den letzten drei Jahren vor der Bestellung als Prüfer angehört hat,

3. wenn er in den letzten fünf Jahren mehr als 30 Prozent der Gesamteinnahmen aus seiner beruflichen Tätigkeit aus der Prüfung und Beratung der zu prüfenden Gemeinde und der verselbstständigten Aufgabenbereiche der Gemeinde, die in öffentlich-rechtlicher oder in privatrechtlicher Form geführt werden, bezogen hat und dies auch im laufenden Jahr zu erwarten ist; verselbstständigte Aufgabenbereiche der Gemeinde in privatrechtlicher Form müssen nur einbezogen werden, wenn die Gemeinde mehr als 20 Prozent der Anteile daran besitzt.

§ 102 Absatz 9 gilt entsprechend.

§ 105
Überörtliche Prüfung

(1) Die überörtliche Prüfung als Teil der allgemeinen Aufsicht des Landes über die Gemeinden ist Aufgabe der Gemeindeprüfungsanstalt.

(2) Die Gemeindeprüfungsanstalt ist bei der Durchführung ihrer Aufgaben unabhängig und an Weisungen nicht gebunden.

(3) Die überörtliche Prüfung erstreckt sich darauf, ob

1. bei der Haushaltswirtschaft der Gemeinden sowie ihrer Sondervermögen die Gesetze und die zur Erfüllung von Aufgaben ergangenen Weisungen (§ 3 Absatz 2) eingehalten worden sind und

2. die zweckgebundenen Staatszuweisungen bestimmungsgemäß verwendet worden sind.

Die überörtliche Prüfung stellt zudem fest, ob die Gemeinde sachgerecht und wirtschaftlich verwaltet wird. Dies kann auch auf vergleichender Grundlage geschehen. Bei der Prüfung sind vorhandene Ergebnisse der Prüfung des Jahresabschlusses und des Lageberichtes, des Gesamtabschlusses und des Gesamtlageberichtes, der Jahresabschlüsse der Eigenbetriebe, Sonder- und Treuhandvermögen sowie, wenn eine Befreiung für die Erstellung eines Gesamtabschlusses und eines Gesamtlageberichtes vorliegen, der Beteiligungsbericht und Ergebnisse der örtlichen Rechnungsprüfung aus der Aufgabenwahrnehmung nach § 103 zu berücksichtigen.

(4) Die überörtliche Prüfung soll in jeder Gemeinde alle fünf Jahre unter Einbeziehung sämtlicher vorliegender Jahresabschlüsse und

Lageberichte, Gesamtabschlüsse und Gesamtlageberichte, Beteiligungsberichte sowie Jahresabschlüssen der Sondervermögen, Treuhandvermögen, Unternehmen und Beteiligungen stattfinden.

(5) Die Gemeindeprüfungsanstalt teilt das Prüfungsergebnis in Form eines Prüfungsberichts

1. der geprüften Gemeinde,

2. den Aufsichtsbehörden und

3. den Fachaufsichtsbehörden, soweit ihre Zuständigkeit berührt ist,

mit.

(6) Der Bürgermeister legt den Prüfungsbericht dem Rechnungsprüfungsausschuss zur Beratung vor. Die Bürgermeisterin oder der Bürgermeister hat zu den Feststellungen und Empfehlungen, die im Prüfungsbericht gegenständlich sind, Stellung zu nehmen. Der Rechnungsprüfungsausschuss unterrichtet den Rat über das Ergebnis seiner Beratungen.

(7) Der Rat beschließt über die gegenüber der Gemeindeprüfungsanstalt und der Aufsichtsbehörde abzugebende Stellungnahme in Bezug auf die im Prüfungsbericht enthaltenen Feststellungen und Empfehlungen in öffentlicher Sitzung innerhalb einer dafür bestimmten Frist, das Ergebnis aus der Vorberatung im Rechnungsprüfungsausschuss kann einbezogen werden.

(8) Die Gemeindeprüfungsanstalt soll Gemeinden, Körperschaften, Anstalten, Stiftungen, Verbände und Einrichtungen des öffentlichen Rechts auf Antrag in Fragen

1. der Organisation und Wirtschaftlichkeit der Verwaltung,

2. der Rechnungslegung und der Rechnungsprüfung und

3. solchen, die mit der Ausschreibung, Vergabe und Abrechnung von baulichen Maßnahmen zusammenhängen,

beraten. Sonstige im öffentlichen Interesse tätige juristische Personen kann sie in diesen Fragen auf Antrag beraten.

(9) Werden Prüfungsaufgaben nach § 92 Absatz 3 oder nach § 102 Absatz 1, § 103 Absatz 1 durch die Gemeindeprüfungsanstalt bei den Gemeinden durchgeführt, dürfen die mit diesen Aufgaben befassten Prüfer nicht gleichzeitig in diesen Gemeinden die überörtliche Prüfung nach Absatz 3 oder Beratungstätigkeiten nach Absatz 8 wahrnehmen. Die Gemeindeprüfungsanstalt hat insofern ein geeignetes Rotationsverfahren zur Anwendung zu bringen.

§ 106
Jahresabschlussprüfung der Eigenbetriebe
(weggefallen)

(aufgehoben mit Wirkung vom 01.01.2019 durch Gesetz v. 18.12. 2018 - GV.NRW. 759)

11. Teil
Wirtschaftliche Betätigung
und nichtwirtschaftliche Betätigung

§ 107
Zulässigkeit wirtschaftlicher Betätigung

(1) Die Gemeinde darf sich zur Erfüllung ihrer Aufgaben wirtschaftlich betätigen, wenn

1. ein öffentlicher Zweck die Betätigung erfordert,

2. die Betätigung nach Art und Umfang in einem angemessenen Verhältnis zu der Leistungsfähigkeit der Gemeinde steht und

3. bei einem Tätigwerden außerhalb der Wasserversorgung, des öffentlichen Verkehrs sowie des Betriebes von Telekommunikationsleitungsnetzen einschließlich der Telekommunikationsdienstleistungen der öffentliche Zweck durch andere Unternehmen nicht besser und wirtschaftlicher erfüllt werden kann.

Das Betreiben eines Telekommunikationsnetzes umfasst nicht den Vertrieb und/oder die Installation von Endgeräten von Telekommunikationsanlagen. Als wirtschaftliche Betätigung ist der Betrieb von Unternehmen zu verstehen, die als Hersteller, Anbieter oder Verteiler von Gütern oder Dienstleistungen am Markt tätig werden, sofern die Leistung ihrer Art nach auch von einem Privaten mit der Absicht der Gewinnerzielung erbracht werden könnte.

(2) Als wirtschaftliche Betätigung im Sinne dieses Abschnitts gilt nicht der Betrieb von

1. Einrichtungen, zu denen die Gemeinde gesetzlich verpflichtet ist,

2. öffentlichen Einrichtungen, die für die soziale und kulturelle Betreuung der Einwohner erforderlich sind, insbesondere Einrichtungen auf den Gebieten

   - Erziehung, Bildung oder Kultur (Schulen, Volkshochschulen, Tageseinrichtungen für Kinder und sonstige Einrichtungen der Jugendhilfe, Bibliotheken, Museen, Ausstellungen, Opern, Theater, Kinos, Bühnen, Orchester, Stadthallen, Begegnungsstätten),

- Sport oder Erholung (Sportanlagen, zoologische und botanische Gärten, Wald-, Park- und Gartenanlagen, Herbergen, Erholungsheime, Bäder, Einrichtungen zur Veranstaltung von Volksfesten),
- Gesundheits- oder Sozialwesen (Krankenhäuser, Bestattungseinrichtungen, Sanatorien, Kurparks, Senioren- und Behindertenheime, Frauenhäuser, soziale und medizinische Beratungsstellen),

3. Einrichtungen, die der Straßenreinigung, der Wirtschaftsförderung, der Fremdenverkehrsförderung oder der Wohnraumversorgung dienen,
4. Einrichtungen des Umweltschutzes, insbesondere der Abfallentsorgung oder Abwasserbeseitigung sowie des Messe- und Ausstellungswesens,
5. Einrichtungen, die ausschließlich der Deckung des Eigenbedarfs von Gemeinden und Gemeindeverbänden dienen.

Auch diese Einrichtungen sind, soweit es mit ihrem öffentlichen Zweck vereinbar ist, nach wirtschaftlichen Gesichtspunkten zu verwalten und können entsprechend den Vorschriften über die Eigenbetriebe geführt werden. Das für Kommunales zuständige Ministerium kann durch Rechtsverordnung bestimmen, dass Einrichtungen, die nach Art und Umfang eine selbständige Betriebsführung erfordern, ganz oder teilweise nach den für die Eigenbetriebe geltenden Vorschriften zu führen sind; hierbei können auch Regelungen getroffen werden, die von einzelnen der für die Eigenbetriebe geltenden Vorschriften abweichen.

(3) Die wirtschaftliche Betätigung außerhalb des Gemeindegebiets ist nur zulässig, wenn die Voraussetzungen des Absatzes 1 vorliegen

und die berechtigten Interessen der betroffenen kommunalen Gebietskörperschaften gewahrt sind. Die Aufnahme einer wirtschaftlichen Betätigung auf ausländischen Märkten ist nur zulässig, wenn die Voraussetzungen des Absatzes 1 Satz 1 Nr. 1 und Nr. 2 vorliegen. Die Aufnahme einer solchen Betätigung bedarf der Genehmigung.

(4) Die nichtwirtschaftliche Betätigung außerhalb des Gemeindegebiets ist nur zulässig, wenn die Voraussetzungen des Absatzes 1 Satz 1 Nr. 1 und Nr. 2 vorliegen und die berechtigten Interessen der betroffenen kommunalen Gebietskörperschaften gewahrt sind. Diese Voraussetzungen gelten bei in den Krankenhausplan des Landes aufgenommenen Krankenhäusern als erfüllt. Die Aufnahme einer nichtwirtschaftlichen Betätigung auf ausländischen Märkten ist nur zulässig, wenn die Voraussetzungen des Absatzes 1 Satz 1 Nr. 1 und Nr. 2 vorliegen. Die Aufnahme einer solchen Betätigung bedarf der Genehmigung.

(5) Vor der Entscheidung über die Gründung von bzw. die unmittelbare oder mittelbare Beteiligung an Unternehmen im Sinne des Absatzes 1 ist der Rat auf der Grundlage einer Marktanalyse über die Chancen und Risiken des beabsichtigten wirtschaftlichen Engagements und über die Auswirkungen auf das Handwerk und die mittelständische Wirtschaft zu unterrichten. Den örtlichen Selbstverwaltungsorganisationen von Handwerk, Industrie und Handel und den für die Beschäftigten der jeweiligen Branchen handelnden Gewerkschaften ist Gelegenheit zur Stellungnahme zu den Marktanalysen zu geben.

(6) Bankunternehmen darf die Gemeinde nicht errichten, übernehmen oder betreiben.

(7) Für das öffentliche Sparkassenwesen gelten die dafür erlassenen besonderen Vorschriften.

§ 107a
Zulässigkeit energiewirtschaftlicher Betätigung

(1) Die wirtschaftliche Betätigung in den Bereichen der Strom-, Gas- und Wärmeversorgung dient einem öffentlichen Zweck und ist zulässig, wenn sie nach Art und Umfang in einem angemessenen Verhältnis zu der Leistungsfähigkeit der Gemeinde steht.

(2) Mit den Bereichen Strom-, Gas- und Wärmeversorgung unmittelbar verbundene Dienstleistungen sind zulässig, wenn sie den Hauptzweck fördern. Die Gemeinde stellt sicher, dass bei der Erbringung dieser Dienstleistungen die Belange kleinerer Unternehmen, insbesondere des Handwerks, berücksichtigt werden.

(3) Die Aufnahme einer überörtlichen energiewirtschaftlichen Betätigung ist zulässig, wenn die Voraussetzung des Absatzes 1 vorliegt und die berechtigten Interessen der betroffenen kommunalen Gebietskörperschaften gewahrt sind. Bei der Versorgung mit Strom und Gas gelten nur die Interessen als berechtigt, die nach den Vorschriften des Energiewirtschaftsgesetzes eine Einschränkung des Wettbewerbs zulassen. Die Aufnahme einer energiewirtschaftlichen Betätigung auf ausländischen Märkten ist zulässig, wenn die Voraussetzung des Absatzes 1 vorliegt. Die Aufnahme einer solchen Betätigung bedarf der Genehmigung.

(4) Vor der Entscheidung über die Gründung von bzw. die unmittelbare Beteiligung an Unternehmen im Sinne des Absatzes 1 ist der Rat über die Chancen und Risiken des beabsichtigten wirtschaftlichen Engagements zu unterrichten. Den örtlichen Selbstverwaltungsorganisationen von Handwerk, Industrie und Handel und den für die Beschäftigten der jeweiligen Branchen handelnden Gewerkschaften ist

Gelegenheit zur Stellungnahme zu geben, sofern die Entscheidung die Erbringung verbundener Dienstleistungen betrifft.

§ 108
Unternehmen und Einrichtungen des privaten Rechts

(1) Die Gemeinde darf Unternehmen und Einrichtungen in einer Rechtsform des privaten Rechts nur gründen oder sich daran beteiligen, wenn

1. bei Unternehmen (§ 107 Abs. 1) die Voraussetzungen des § 107 Abs. 1 Satz 1 gegeben sind und bei Unternehmen im Bereich der energiewirtschaftlichen Betätigung die Voraussetzung des § 107 a Abs. 1 gegeben ist,

2. bei Einrichtungen (§ 107 Abs. 2) ein wichtiges Interesse der Gemeinde an der Gründung oder der Beteiligung vorliegt,

3. eine Rechtsform gewählt wird, welche die Haftung der Gemeinde auf einen bestimmten Betrag begrenzt,

4. die Einzahlungsverpflichtung der Gemeinde in einem angemessenen Verhältnis zu ihrer Leistungsfähigkeit steht,

5. die Gemeinde sich nicht zur Übernahme von Verlusten in unbestimmter oder unangemessener Höhe verpflichtet,

6. die Gemeinde einen angemessenen Einfluß, insbesondere in einem Überwachungsorgan, erhält und dieser durch Gesellschaftsvertrag, Satzung oder in anderer Weise gesichert wird,

7. das Unternehmen oder die Einrichtung durch Gesellschaftsvertrag, Satzung oder sonstiges Organisationsstatut auf den öffentlichen Zweck ausgerichtet wird,

8. bei Unternehmen und Einrichtungen in Gesellschaftsform gewährleistet ist, daß der Jahresabschluß und der Lagebericht, soweit nicht weitergehende gesetzliche Vorschriften gelten oder andere gesetzliche Vorschriften entgegenstehen, aufgrund des Gesellschaftsvertrages oder der Satzung in entsprechender Anwendung der Vorschriften des Dritten Buches des Handelsgesetzbuches für große Kapitalgesellschaften aufgestellt und geprüft werden,

9. bei Unternehmen und Einrichtungen in Gesellschaftsform, vorbehaltlich weitergehender oder entgegenstehender gesetzlicher Vorschriften, durch Gesellschaftsvertrag oder Satzung gewährleistet ist, dass die für die Tätigkeit im Geschäftsjahr gewährten Gesamtbezüge im Sinne des § 285 Nummer 9 des Handelsgesetzbuches der Mitglieder der Geschäftsführung, des Aufsichtsrates, des Beirates oder einer ähnlichen Einrichtung im Anhang zum Jahresabschluss jeweils für jede Personengruppe sowie zusätzlich unter Namensnennung die Bezüge jedes einzelnen Mitglieds dieser Personengruppen unter Aufgliederung nach Komponenten im Sinne des § 285 Nummer 9 Buchstabe a des Handelsgesetzbuches angegeben werden. Die individualisierte Ausweisungspflicht gilt auch für:

   a) Leistungen, die den genannten Mitgliedern für den Fall einer vorzeitigen Beendigung ihrer Tätigkeit zugesagt worden sind,

   b) Leistungen, die den genannten Mitgliedern für den Fall der regulären Beendigung ihrer Tätigkeit zugesagt worden sind, mit ihrem Barwert sowie den von der Gesellschaft während des Geschäftsjahres hierfür aufgewandten oder zurückgestellten Betrag,

c) während des Geschäftsjahres vereinbarte Änderungen dieser Zusagen und

d) Leistungen, die einem früheren Mitglied, das seine Tätigkeit im Laufe des Geschäftsjahres beendet hat, in diesem Zusammenhang zugesagt und im Laufe des Geschäftsjahres gewährt worden sind.

Eine Gewährleistung für die individualisierte Ausweisung von Bezügen und Leistungszusagen ist im Falle der Beteiligung an einer bestehenden Gesellschaft auch dann gegeben, wenn in Gesellschaftsvertrag oder Satzung die erstmalige individualisierte Ausweisung spätestens für das zweite Geschäftsjahr nach Erwerb der Beteiligung festgelegt ist.

10. bei Unternehmen der Telekommunikation einschließlich von Telefondienstleistungen nach § 107 Abs. 1 Satz 1 Nr. 3 im Gesellschaftsvertrag die unmittelbare oder im Rahmen einer Schachtelbeteiligung die mittelbare Haftung der Gemeinde auf den Anteil der Gemeinde bzw. des kommunalen Unternehmens am Stammkapital beschränkt ist. Zur Wahrnehmung gleicher Wettbewerbschancen darf die Gemeinde für diese Unternehmen weder Kredite nach Maßgabe kommunalwirtschaftlicher Vorzugskonditionen in Anspruch nehmen noch Bürgschaften und Sicherheiten i.S. von § 87 leisten.

Die Aufsichtsbehörde kann von den Vorschriften der Nummern 3, 5 und 8 in begründeten Fällen Ausnahmen zulassen. Wird von Satz 1 Nummer 8 eine Ausnahme zugelassen, kann auch von Satz 1 Nummer 9 eine Ausnahme zugelassen werden.

(2) Absatz 1 Satz 1 Nummer 9 gilt für die erstmalige unmittelbare oder mittelbare Beteiligung an einer Gesellschaft einschließlich der Gründung einer Gesellschaft, wenn den beteiligten Gemeinden oder Ge-

meindeverbänden alleine oder zusammen oder zusammen mit einer Beteiligung des Landes mehr als 50 vom Hundert der Anteile gehören. Bei bestehenden Gesellschaften, an denen Gemeinden oder Gemeindeverbände unmittelbar oder mittelbar alleine oder zusammen oder zusammen mit dem Land mit mehr als 50 vom Hundert beteiligt sind, trifft die Gemeinden und Gemeindeverbände eine Hinwirkungspflicht zur Anpassung an die Vorgaben des Absatzes 1 Satz 1 Nummer 9. Die Hinwirkungspflicht nach Satz 2 bezieht sich sowohl auf die Anpassung von Gesellschaftsvertrag oder Satzung als auch auf die mit Absatz 1 Satz 1 Nummer 9 verfolgte Zielsetzung der individualisierten Ausweisung der dort genannten Bezüge und Leistungszusagen.

(3) Gehören einer Gemeinde mehr als 50 vom Hundert der Anteile an einem Unternehmen oder einer Einrichtung in Gesellschaftsform, muß sie darauf hinwirken, daß

1. in sinngemäßer Anwendung der für die Eigenbetriebe geltenden Vorschriften

   a) für jedes Wirtschaftsjahr ein Wirtschaftsplan aufgestellt wird,

   b) der Wirtschaftsführung eine fünfjährige Finanzplanung zugrunde gelegt und der Gemeinde zur Kenntnis gebracht wird,

   c) die Feststellung des Jahresabschlusses, die Verwendung des Ergebnisses sowie das Ergebnis der Prüfung des Jahresabschlusses und des Lageberichts unbeschadet der bestehenden gesetzlichen Offenlegungspflichten öffentlich bekannt gemacht werden und der Jahresabschluss und der Lagebericht bis zur Feststellung des folgenden Jahresabschlusses zur Einsichtnahme verfügbar gehalten werden,

2. in dem Lagebericht oder in Zusammenhang damit zur Einhaltung der öffentlichen Zwecksetzung und zur Zweckerreichung Stellung genommen wird,

3. nach den Wirtschaftsgrundsätzen (§ 109) verfahren wird, wenn die Gesellschaft ein Unternehmen betreibt.

Gehört der Gemeinde zusammen mit anderen Gemeinden oder Gemeindeverbänden die Mehrheit der Anteile an einem Unternehmen oder an einer Einrichtung, soll sie auf eine Wirtschaftsführung nach Maßgabe des Satzes 1 Nr. 1 a) und b) sowie Nr. 2 und Nr. 3 hinwirken.

(4) Die Gemeinde darf unbeschadet des Absatzes 1 Unternehmen und Einrichtungen in der Rechtsform einer Aktiengesellschaft nur gründen, übernehmen, wesentlich erweitern oder sich daran beteiligen, wenn der öffentliche Zweck nicht ebenso gut in einer anderen Rechtsform erfüllt wird oder erfüllt werden kann.

(5) Die Gemeinde darf unbeschadet des Absatzes 1 Unternehmen und Einrichtungen in der Rechtsform einer Gesellschaft mit beschränkter Haftung nur gründen oder sich daran beteiligen, wenn durch die Ausgestaltung des Gesellschaftsvertrags sichergestellt ist, dass

1. die Gesellschafterversammlung auch beschließt über

   a) den Abschluss und die Änderungen von Unternehmensverträgen im Sinne der §§ 291 und 292 Abs. 1 des Aktiengesetzes,

   b) den Erwerb und die Veräußerung von Unternehmen und Beteiligungen,

   c) den Wirtschaftsplan, die Feststellung des Jahresabschlusses und die Verwendung des Ergebnisses sowie

d) die Bestellung und die Abberufung der Geschäftsführer, soweit dies nicht der Gemeinde vorbehalten ist, und

2. der Rat den von der Gemeinde bestellten oder auf Vorschlag der Gemeinde gewählten Mitgliedern des Aufsichtsrats Weisungen erteilen kann, soweit die Bestellung eines Aufsichtsrates gesetzlich nicht vorgeschrieben ist.

(6) Vertreter der Gemeinde in einer Gesellschaft, an der Gemeinden, Gemeindeverbände oder Zweckverbände unmittelbar oder mittelbar mit mehr als 25 vom Hundert beteiligt sind, dürfen

a) der Gründung einer anderen Gesellschaft oder einer anderen Vereinigung in einer Rechtsform des privaten Rechts, einer Beteiligung sowie der Erhöhung einer Beteiligung der Gesellschaft an einer anderen Gesellschaft oder einer anderen Vereinigung in einer Rechtsform des privaten Rechts nur zustimmen, wenn

- die vorherige Entscheidung des Rates vorliegt,
- für die Gemeinde selbst die Gründungs- bzw. Beteiligungsvoraussetzungen vorliegen und
- sowohl die Haftung der gründenden Gesellschaft als auch die Haftung der zu gründenden Gesellschaft oder Vereinigung durch ihre Rechtsform auf einen bestimmten Betrag begrenzt sind oder
- sowohl die Haftung der sich beteiligenden Gesellschaft als auch die Haftung der Gesellschaft oder Vereinigung, an der eine Beteiligung erfolgt, durch ihre Rechtsform auf einen bestimmten Betrag begrenzt sind;

b) einem Beschluss der Gesellschaft zu einer wesentlichen Änderung des Gesellschaftszwecks oder sonstiger wesentlicher

Änderungen des Gesellschaftsvertrages nur nach vorheriger Entscheidung des Rates zustimmen.

In den Fällen von Satz 1 Buchstabe a) gilt Absatz 1 Satz 2 und 3 entsprechend. Als Vertreter der Gemeinde im Sinne von Satz 1 gelten auch Geschäftsführer, Vorstandsmitglieder und Mitglieder von sonstigen Organen und ähnlichen Gremien der Gesellschaft, die von der Gemeinde oder auf ihre Veranlassung oder ihren Vorschlag in das Organ oder Gremium entsandt oder gewählt worden sind. Beruht die Entsendung oder Wahl auf der Veranlassung oder dem Vorschlag mehrerer Gemeinden, Gemeindeverbände oder Zweckverbände, so bedarf es der Entscheidung nur des Organs, auf das sich die beteiligten Gemeinden und Gemeindeverbände oder Zweckverbände geeinigt haben. Die Sätze 1 bis 4 gelten nicht, soweit ihnen zwingende Vorschriften des Gesellschaftsrechts entgegenstehen.

(7) Die Gemeinde kann einen einzelnen Geschäftsanteil an einer eingetragenen Kreditgenossenschaft erwerben, wenn eine Nachschußpflicht ausgeschlossen oder die Haftungssumme auf einen bestimmten Betrag beschränkt ist.

§ 108a
Arbeitnehmermitbestimmung in fakultativen Aufsichtsräten

(1) Soweit im Gesellschaftsvertrag eines Unternehmens (§ 107 Absatz 1, § 107a Absatz 1) oder einer Einrichtung (§ 107 Absatz 2) in Privatrechtsform, an der die Gemeinde unmittelbar oder mittelbar mit mehr als 50 Prozent der Anteile beteiligt ist, ein fakultativer Aufsichtsrat vorgesehen ist, können diesem Arbeitnehmervertreter angehören. Arbeitnehmervertreter können von der Gemeinde in den fakultativen Aufsichtsrat entsandt werden, wenn diese mehr als zwei Aufsichtsratsmandate besetzt. In diesem Fall ist ein angemessener Einfluss

der Gemeinde im Sinne des § 108 Absatz 1 Satz 1 Nummer 6 gegeben, wenn bei mehr als zwei von der Gemeinde in den Aufsichtsrat zu entsendenden Vertretern nicht mehr als ein Drittel der auf die Gemeinde entfallenden Aufsichtsratsmandate durch Arbeitnehmervertreter des Unternehmens oder der Einrichtung nach Maßgabe der folgenden Absätze besetzt werden.

(2) Wird ein Aufsichtsratsmandat oder werden zwei Aufsichtsratsmandate mit Arbeitnehmervertretern besetzt, so müssen diese als Arbeitnehmer im Unternehmen oder in der Einrichtung beschäftigt sein. Werden mehr als zwei Aufsichtsratsmandate mit Arbeitnehmervertretern besetzt, so müssen mindestens zwei Aufsichtsratsmandate mit Arbeitnehmern besetzt werden, die im Unternehmen oder in der Einrichtung beschäftigt sind.

(3) Der Rat der Gemeinde bestellt aus einer von den Beschäftigten des Unternehmens oder der Einrichtung gewählten Vorschlagsliste die in den fakultativen Aufsichtsrat zu entsendenden Arbeitnehmervertreter. Die Bestellung bedarf eines Beschlusses der Mehrheit der gesetzlichen Zahl der Mitglieder des Rates. Die Vorschlagsliste muss mindestens die doppelte Zahl der zu entsendenden Arbeitnehmervertreter enthalten. Der Rat hat das Recht, mit der Mehrheit der gesetzlichen Zahl seiner Mitglieder sämtliche Vorschläge der Liste zurückzuweisen und eine Neuwahl zu verlangen. In diesem Fall können die Beschäftigten eine neue Vorschlagsliste wählen; Sätze 1 bis 4 gelten entsprechend. Im Falle einer erneuten Zurückweisung der Vorschläge durch den Rat bleiben die für die Arbeitnehmervertreter vorgesehenen Aufsichtsratsmandate unbesetzt.

(4) § 113 Absatz 1 Satz 2 und 3 und Absatz 6 sowie § 9 des Drittelbeteiligungsgesetzes vom 18. Mai 2004 (BGBl. I S. 974), das zuletzt durch Artikel 2 Absatz 114 des Gesetzes vom 22. Dezember 2011 (BGBl. I S. 3044) geändert worden ist, gelten für die nach Absatz 3

für den fakultativen Aufsichtsrat vom Rat bestellten Arbeitnehmervertreter entsprechend. Verliert ein vom Rat bestellter Arbeitnehmervertreter, der als Arbeitnehmer im Unternehmen oder in der Einrichtung beschäftigt ist, die Beschäftigteneigenschaft in dem Unternehmen oder der Einrichtung, muss der Rat ihn entsprechend § 113 Absatz 1 Satz 3 aus seinem Amt im fakultativen Aufsichtsrat abberufen.

(5) Zur Wahl der Vorschlagsliste nach Absatz 3 sind alle Beschäftigten des Unternehmens beziehungsweise der Einrichtung wahlberechtigt, die am Tage der Wahl das 18. Lebensjahr vollendet haben. Nicht wahlberechtigt und nicht wählbar sind Geschäftsführer und Vorstände des Unternehmens beziehungsweise der Einrichtung. In die Vorschlagsliste können nur Personen aufgenommen werden, die das 18. Lebensjahr vollendet haben. Im Gesellschaftsvertrag, der Satzung oder dem Organisationsstatut des Unternehmens beziehungsweise der Einrichtung ist die Amtsdauer der Arbeitnehmervertreter zu regeln. Sie soll die regelmäßige Amtsdauer der nach § 113 Absatz 2 Satz 2 neben dem Bürgermeister oder dem von ihm benannten Bediensteten der Gemeinde in den fakultativen Aufsichtsrat bestellten weiteren Vertreter nicht überschreiten.

(6) Die Wahl der Vorschlagsliste erfolgt auf Grund von Wahlvorschlägen des Betriebsrats und der Beschäftigten. Die Wahlvorschläge der Beschäftigten müssen von mindestens einem Zehntel der Wahlberechtigten, jedoch mindestens von drei Wahlberechtigten unterzeichnet sein. Sieht der Gesellschaftsvertrag des Unternehmens oder der Einrichtung die Stellvertretung eines verhinderten Aufsichtsratsmitglieds vor, kann in jedem Wahlvorschlag zusammen mit jedem Bewerber für diesen ein stellvertretendes Mitglied vorgeschlagen werden. Ein Bewerber kann nicht zugleich als stellvertretendes Mitglied vorgeschlagen werden. Wird ein Bewerber gemäß Absatz 3 als Aufsichtsratsmitglied bestimmt, so ist auch das zusammen mit ihm vor-

geschlagene stellvertretende Mitglied bestimmt. Das für Kommunales zuständige Ministerium bestimmt durch Rechtsverordnung das Verfahren für die Wahl der Vorschlagsliste, insbesondere die Vorbereitung der Wahl und die Aufstellung der Wählerlisten, die Frist für die Einsichtnahme in die Wählerlisten und die Erhebung von Einsprüchen gegen sie, die Wahlvorschläge und die Frist für ihre Einreichung, das Wahlausschreiben und die Frist für seine Bekanntmachung, die Stimmabgabe, die Feststellung des Wahlergebnisses und die Fristen für seine Bekanntmachung, die Anfechtung der Wahl und die Aufbewahrung der Wahlakten.

(7) Der Bürgermeister teilt dem zur gesetzlichen Vertretung berufenen Organ des Unternehmens oder der Einrichtung die Namen der vom Rat für den Aufsichtsrat bestellten Arbeitnehmervertreter und ihrer im Falle des Absatzes 6 Satz 5 bestimmten stellvertretenden Mitglieder mit. Gleichzeitig informiert er die für den Aufsichtsrat bestellten Arbeitnehmervertreter und die im Falle des Absatzes 6 Satz 5 bestimmten stellvertretenden Mitglieder.

(8) Wird ein Arbeitnehmervertreter von seinem Amt gemäß § 113 Absatz 1 Satz 3 abberufen oder scheidet er aus anderen Gründen aus dem Aufsichtsrat aus, ist gleichzeitig auch das zusammen mit ihm nach Absatz 6 Satz 5 bestimmte stellvertretende Mitglied abberufen oder ausgeschieden. Wird ein stellvertretendes Mitglied von seinem Amt gemäß § 113 Absatz 1 Satz 3 abberufen oder scheidet es aus anderen Gründen als stellvertretendes Mitglied aus dem Aufsichtsrat aus, bleibt die Position des stellvertretenden Mitglieds unbesetzt. Für den abberufenen oder ausgeschiedenen Arbeitnehmervertreter bestellt der Rat mit der Mehrheit der gesetzlichen Zahl seiner Mitglieder aus dem noch nicht in Anspruch genommenen Teil der Vorschlagsliste nach Absatz 3 einen Nachfolger. Kommt eine solche Mehrheit nicht zustande, können die Beschäftigten den noch nicht in Anspruch

genommenen Teil der Vorschlagsliste um neue Vorschläge ergänzen. Für die Ergänzung der Vorschlagsliste gelten die Absätze 5 und 6 entsprechend. Kommt auch dann keine Mehrheit der gesetzlichen Zahl der Mitglieder des Rates für die Bestellung eines Nachfolgers zustande, bleibt das Aufsichtsratsmandat unbesetzt.

(9) Die Absätze 1 bis 8 gelten mit folgenden Maßgaben entsprechend in den Fällen, in denen an einem Unternehmen oder einer Einrichtung in Privatrechtsform zwei oder mehr Gemeinden unmittelbar oder mittelbar mit insgesamt mehr als 50 Prozent der Anteile beteiligt sind:

1. Die Bestellung der in den fakultativen Aufsichtsrat zu entsendenden Arbeitnehmervertreter bedarf übereinstimmender, mit der Mehrheit der gesetzlichen Zahl der Mitglieder zustande gekommener Beschlüsse der Räte mindestens so vieler beteiligter Gemeinden, dass hierdurch insgesamt mehr als die Hälfte der kommunalen Beteiligung an dem Unternehmen oder der Einrichtung repräsentiert wird. Kommen solche übereinstimmenden Beschlüsse nicht oder nicht im erforderlichen Umfang zustande, kann eine neue Vorschlagsliste gewählt werden. Kommen auch hierzu entsprechende übereinstimmende Beschlüsse der beteiligten Räte nicht oder nicht im erforderlichen Umfang zustande, bleiben die für die Arbeitnehmervertreter vorgesehenen Aufsichtsratsmandate unbesetzt.

2. Für die Bestellung eines Nachfolgers im Sinne des Absatzes 8 gilt Nummer 1 Satz 1 entsprechend. Kommen danach übereinstimmende Beschlüsse der beteiligten Räte nicht oder nicht im erforderlichen Umfang zustande, können die Beschäftigten den noch nicht in Anspruch genommenen Teil der Vorschlagsliste um neue Vorschläge ergänzen. Für die Ergänzung der Vorschlagsliste gelten die Absätze 5 und 6 entsprechend. Kommen auch dann übereinstimmende Beschlüsse der beteiligten Räte

nicht oder nicht im erforderlichen Umfang zustande, bleibt das Aufsichtsratsmandat unbesetzt.

3. Für die nach § 113 Absatz 1 Satz 2 und 3 zu treffenden Entscheidungen bedarf es übereinstimmender Beschlüsse der Räte mindestens so vieler beteiligter Gemeinden, dass hierdurch insgesamt mehr als die Hälfte der kommunalen Beteiligung an dem Unternehmen oder der Einrichtung repräsentiert wird.

§ 108b
Regelung zur Vollparität

(1) Nach Maßgabe der folgenden Regelungen kann für die fakultativen Aufsichtsräte kommunal beherrschter Gesellschaften, die von den bis zum 31. Oktober 2025 amtierenden kommunalen Vertretungen zu bestellen sind, auf Antrag eine Ausnahme von der in § 108a geregelten Drittelparität zugelassen werden.

(2) Die Ausnahme ist von der Gemeinde, die die Gesellschaft beherrscht, bei der zuständigen Aufsichtsbehörde unter Beifügung eines entsprechenden Ratsbeschlusses und des vorgesehenen Gesellschaftsvertrages zu beantragen. Sind an der kommunal beherrschten Gesellschaft zwei oder mehr Gemeinden beteiligt, muss der Antrag von sämtlichen an der Gesellschaft beteiligten Gemeinden unter Beifügung der entsprechenden Ratsbeschlüsse gestellt werden.

(3) Die zuständige Aufsichtsbehörde hat die Ausnahme zuzulassen, wenn die in Absatz 2 genannten Unterlagen ordnungsgemäß vorliegen und der Gesellschaftsvertrag den sonstigen Anforderungen des § 108a und der nachfolgenden Absätze entspricht. Die Zulassung der Ausnahme durch die zuständige Aufsichtsbehörde bedarf vor ihrem

Wirksamwerden der Genehmigung des für Kommunales zuständigen Ministeriums.

(4) Sind sämtliche Aufsichtsratsmandate von der Gemeinde zu besetzen, können abweichend von § 108a Absatz 1 Satz 3 bis zur Hälfte der Aufsichtsratsmandate mit Arbeitnehmervertretern besetzt werden. Wird die Hälfte der Aufsichtsratsmandate mit Arbeitnehmervertretern besetzt, muss der Gesellschaftsvertrag vorsehen, dass der Aufsichtsratsvorsitzende nicht zu dem von der Arbeitnehmerseite vorgeschlagenen Personenkreis gehört. Außerdem muss der Gesellschaftsvertrag für den Fall, dass eine Abstimmung im Aufsichtsrat Stimmengleichheit ergibt, regeln, dass noch in derselben Sitzung des Aufsichtsrats eine erneute Abstimmung über denselben Gegenstand herbeigeführt wird, bei der der Aufsichtsratsvorsitzende zwei Stimmen hat.

(5) Ist ein Teil der Aufsichtsratsmandate von Gesellschaftern zu besetzen, die die Vorschriften des 11. Teils nicht unmittelbar, sinngemäß oder entsprechend anzuwenden haben, muss der Gesellschaftsvertrag vorsehen, dass die Mehrzahl der auf die Gemeinde entfallenden Aufsichtsratsmandate mit Personen besetzt wird, die nicht von der Arbeitnehmerseite vorgeschlagen werden.

(6) Im Übrigen gelten die Regelungen des § 108a. Das für Kommunales zuständige Ministerium bestimmt durch Rechtsverordnung das Verfahren für die Wahl der Vorschlagsliste, insbesondere die Vorbereitung der Wahl und die Aufstellung der Wählerlisten, die Frist für die Einsichtnahme in die Wählerlisten und die Erhebung von Einsprüchen gegen sie, die Wahlvorschläge und die Frist für ihre Einreichung, das Wahlausschreiben und die Frist für seine Bekanntmachung, die Stimmabgabe, die Feststellung des Wahlergebnisses und die Fristen für seine Bekanntmachung, die Anfechtung der Wahl und die Aufbewahrung der Wahlakten.

§ 109
Wirtschaftsgrundsätze

(1) Die Unternehmen und Einrichtungen sind so zu führen, zu steuern und zu kontrollieren, daß der öffentliche Zweck nachhaltig erfüllt wird. Unternehmen sollen einen Ertrag für den Haushalt der Gemeinde abwerfen, soweit dadurch die Erfüllung des öffentlichen Zwecks nicht beeinträchtigt wird.

(2) Der Jahresgewinn der wirtschaftlichen Unternehmen als Unterschied der Erträge und Aufwendungen soll so hoch sein, daß außer den für die technische und wirtschaftliche Entwicklung des Unternehmens notwendigen Rücklagen mindestens eine marktübliche Verzinsung des Eigenkapitals erwirtschaftet wird.

§ 110
Verbot des Mißbrauchs wirtschaftlicher Machtstellung

Bei Unternehmen, für die kein Wettbewerb gleichartiger Unternehmen besteht, dürfen der Anschluß und die Belieferung nicht davon abhängig gemacht werden, daß auch andere Leistungen oder Lieferungen abgenommen werden.

§ 111
Veräußerung von Unternehmen, Einrichtungen und Beteiligungen

(1) Die teilweise oder vollständige Veräußerung eines Unternehmens oder einer Einrichtung oder einer Beteiligung an einer Gesellschaft sowie andere Rechtsgeschäfte, durch welche die Gemeinde ihren Einfluß auf das Unternehmen, die Einrichtung oder die Gesellschaft

verliert oder vermindert, sind nur zulässig, wenn die für die Betreuung der Einwohner erforderliche Erfüllung der Aufgaben der Gemeinde nicht beeinträchtigt wird.

(2) Vertreter der Gemeinde in einer Gesellschaft, an der Gemeinden, Gemeindeverbände oder Zweckverbände unmittelbar oder mittelbar mit mehr als 50 v.H. beteiligt sind, dürfen Veräußerungen oder anderen Rechtsgeschäften i.S. des Absatzes 1 nur nach vorheriger Entscheidung des Rates und nur dann zustimmen, wenn für die Gemeinde die Zulässigkeitsvoraussetzung des Absatzes 1 vorliegt.

§ 112
Informations- und Prüfungsrechte

(1) Gehören einer Gemeinde unmittelbar oder mittelbar Anteile an einem Unternehmen oder einer Einrichtung in einer Rechtsform des privaten Rechts in dem in § 53 des Haushaltsgrundsätzegesetzes bezeichneten Umfang, so soll sie

1. die Rechte nach § 53 Abs. 1 des Haushaltsgrundsätzegesetzes ausüben,

2. darauf hinwirken, daß ihr die in § 54 des Haushaltsgrundsätzegesetzes vorgesehenen Befugnisse eingeräumt werden.

(2) Ist eine Beteiligung der Gemeinde an einer Gesellschaft keine Mehrheitsbeteiligung im Sinne des § 53 des Haushaltsgrundsätzegesetzes, so soll die Gemeinde, so weit ihr Interesse dies erfordert, darauf hinwirken, daß ihr im Gesellschaftsvertrag oder in der Satzung die Befugnisse nach § 53 des Haushaltsgrundsätzegesetzes eingeräumt werden. Bei mittelbaren Minderheitsbeteiligungen gilt dies nur, wenn die Beteiligung den vierten Teil der Anteile übersteigt und einer Gesellschaft zusteht, an der die Gemeinde allein oder zusammen mit

anderen Gebietskörperschaften mit Mehrheit im Sinne des § 53 des Haushaltsgrundsätzegesetzes beteiligt ist.

§ 113
Vertretung der Gemeinde in Unternehmen oder Einrichtungen

(1) Die Vertreter der Gemeinde in Beiräten, Ausschüssen, Gesellschafterversammlungen, Aufsichtsräten oder entsprechenden Organen von juristischen Personen oder Personenvereinigungen, an denen die Gemeinde unmittelbar oder mittelbar beteiligt ist, haben die Interessen der Gemeinde zu verfolgen. Sie sind an die Beschlüsse des Rates und seiner Ausschüsse gebunden. Die vom Rat bestellten Vertreter haben ihr Amt auf Beschluß des Rates jederzeit niederzulegen. Die Sätze 1 bis 3 gelten nur, soweit durch Gesetz nichts anderes bestimmt ist.

(2) Bei unmittelbaren Beteiligungen vertritt ein vom Rat bestellter Vertreter die Gemeinde in den in Absatz 1 genannten Gremien. Sofern weitere Vertreter zu benennen sind, muss der Bürgermeister oder der von ihm vorgeschlagene Bedienstete der Gemeinde dazuzählen. Die Sätze 1 und 2 gelten für mittelbare Beteiligungen entsprechend, sofern nicht ähnlich wirksame Vorkehrungen zur Sicherung hinreichender gemeindlicher Einfluss- und Steuerungsmöglichkeiten getroffen werden.

(3) Die Gemeinde ist verpflichtet, bei der Ausgestaltung des Gesellschaftsvertrages einer Kapitalgesellschaft darauf hinzuwirken, daß ihr das Recht eingeräumt wird, Mitglieder in den Aufsichtsrat zu entsenden. Über die Entsendung entscheidet der Rat. Zu den entsandten Aufsichtsratsmitgliedern muß der Bürgermeister oder der von ihm vorgeschlagene Bedienstete der Gemeinde zählen, wenn diese mit mehr

als einem Mitglied im Aufsichtsrat vertreten ist. Dies gilt sowohl für unmittelbare als auch für mittelbare Beteiligungen.

(4) Ist der Gemeinde das Recht eingeräumt worden, Mitglieder des Vorstandes oder eines gleichartigen Organs zu bestellen oder vorzuschlagen, entscheidet der Rat.

(5) Die Vertreter der Gemeinde haben den Rat über alle Angelegenheiten von besonderer Bedeutung frühzeitig zu unterrichten. Die Unterrichtungspflicht besteht nur, soweit durch Gesetz nichts anderes bestimmt ist.

(6) Die Vertreterinnen und Vertreter der Gemeinde haben über die zur Wahrnehmung des Vertretungsamtes sowie die zur Beurteilung und Überwachung der Geschäfte, die das Unternehmen oder die Einrichtung betreibt, erforderliche betriebswirtschaftliche Erfahrung und Sachkunde zu verfügen. Die Gemeinde soll den nach Satz 1 entsandten Personen die Gelegenheit geben, regelmäßig an Fortbildungsveranstaltungen teilzunehmen, die der Wahrnehmung dieser Aufgaben dienlich sind. Die nach Satz 1 entsandten Personen haben sich regelmäßig zur Wahrnehmung dieser Aufgaben fortzubilden.

(7) Wird ein Vertreter der Gemeinde aus seiner Tätigkeit in einem Organ haftbar gemacht, so hat ihm die Gemeinde den Schaden zu ersetzen, es sei denn, daß er ihn vorsätzlich oder grob fahrlässig herbeigeführt hat. Auch in diesem Falle ist die Gemeinde schadensersatzpflichtig, wenn ihr Vertreter nach Weisung des Rates oder eines Ausschusses gehandelt hat.

§ 114
Eigenbetriebe

(1) Die gemeindlichen wirtschaftlichen Unternehmen ohne Rechtspersönlichkeit (Eigenbetriebe) werden nach den Vorschriften der Eigenbetriebsverordnung und der Betriebssatzung geführt.

(2) In den Angelegenheiten des Eigenbetriebes ist der Betriebsleitung ausreichende Selbständigkeit der Entschließung einzuräumen. Die Zuständigkeiten des Rates sollen soweit wie möglich dem Betriebsausschuss übertragen werden.

(3) Bei Eigenbetrieben mit mehr als 50 Beschäftigten besteht der Betriebsausschuss zu einem Drittel aus Beschäftigten des Eigenbetriebes. Die Gesamtzahl der Ausschußmitglieder muß in diesem Fall durch drei teilbar sein. Bei Eigenbetrieben mit weniger als 51, aber mehr als zehn Beschäftigten gehören dem Betriebsausschuss zwei Beschäftigte des Eigenbetriebes an. Die dem Betriebsausschuss angehörenden Beschäftigten werden aus einem Vorschlag der Versammlung der Beschäftigten des Eigenbetriebes gewählt, der mindestens die doppelte Zahl der zu wählenden Mitglieder und Stellvertreter enthält. Wird für mehrere Eigenbetriebe ein gemeinsamer Betriebsausschuss gebildet, ist die Gesamtzahl aller Beschäftigten dieser Eigenbetriebe maßgebend; Satz 4 gilt entsprechend. Die Zahl der sachkundigen Bürger darf zusammen mit der Zahl der Beschäftigten die der Ratsmitglieder im Betriebsausschuss nicht erreichen.

§ 114a
Rechtsfähige Anstalten des öffentlichen Rechts

(1) Die Gemeinde kann Unternehmen und Einrichtungen in der Rechtsform einer Anstalt des öffentlichen Rechts errichten oder bestehende Regie- und Eigenbetriebe sowie eigenbetriebsähnliche Einrichtungen im Wege der Gesamtrechtsnachfolge in rechtsfähige An-

stalten des öffentlichen Rechts umwandeln. §108 Abs. 1 Satz 1 Nr. 1 und Nr. 2 gilt entsprechend.

(2) Die Gemeinde regelt die Rechtsverhältnisse der Anstalt durch eine Satzung. Die Satzung muss Bestimmungen über den Namen und die Aufgaben der Anstalt, die Zahl der Mitglieder des Vorstands und des Verwaltungsrates, die Höhe des Stammkapitals, die Wirtschaftsführung, die Vermögensverwaltung und die Rechnungslegung enthalten.

(3) Die Gemeinde kann der Anstalt einzelne oder alle mit einem bestimmten Zweck zusammenhängende Aufgaben ganz oder teilweise übertragen. Sie kann zugunsten der Anstalt unter der Voraussetzung des § 9 durch Satzung einen Anschluss- und Benutzungszwang vorschreiben und der Anstalt das Recht einräumen, an ihrer Stelle Satzungen für das übertragene Aufgabengebiet zu erlassen; § 7 gilt entsprechend.

(4) Die Anstalt kann nach Maßgabe der Satzung andere Unternehmen oder Einrichtungen gründen oder sich an solchen beteiligen oder eine bestehende Beteiligung erhöhen, wenn das dem Anstaltszweck dient. Für die Gründung von und die Beteiligung an anderen Unternehmen und Einrichtungen in einer Rechtsform des privaten Rechts sowie deren Veräußerung und andere Rechtsgeschäfte im Sinne des § 111 gelten die §§ 108 bis 113 entsprechend. Für die in Satz 2 genannten Gründungen und Beteiligungen muss ein besonders wichtiges Interesse vorliegen.

(5) Die Gemeinde haftet für die Verbindlichkeiten der Anstalt unbeschränkt, soweit nicht Befriedigung aus deren Vermögen zu erlangen ist (Gewährträgerschaft). Rechtsgeschäfte im Sinne des § 87 dürfen von der Anstalt nicht getätigt werden.

(6) Die Anstalt wird von einem Vorstand in eigener Verantwortung geleitet, soweit nicht gesetzlich oder durch die Satzung der Gemeinde

etwas anderes bestimmt ist. Der Vorstand vertritt die Anstalt gerichtlich und außergerichtlich.

(7) Die Geschäftsführung des Vorstands wird von einem Verwaltungsrat überwacht. Der Verwaltungsrat bestellt den Vorstand auf höchstens 5 Jahre; eine erneute Bestellung ist zulässig. Er entscheidet außerdem über

1. den Erlass von Satzungen gemäß Absatz 3 Satz 2,
2. die Beteiligung oder Erhöhung einer Beteiligung der Anstalt an anderen Unternehmen oder Einrichtungen sowie deren Gründung,
3. die Feststellung des Wirtschaftsplans und des Jahresabschlusses,
4. die Festsetzung allgemein geltender Tarife und Entgelte für die Leistungsnehmer,
5. die Bestellung des Abschlussprüfers,
6. die Ergebnisverwendung,
7. Rechtsgeschäfte der Anstalt im Sinne des § 111.

Im Fall der Nummer 1 unterliegt der Verwaltungsrat den Weisungen des Rates und berät und beschließt in öffentlicher Sitzung. In den Fällen der Nummern 2 und 7 bedarf es der vorherigen Entscheidung des Rates. Dem Verwaltungsrat obliegt außerdem die Entscheidung in den durch die Satzung der Gemeinde bestimmten Angelegenheiten der Anstalt. In der Satzung kann ferner vorgesehen werden, dass bei Entscheidungen der Organe der Anstalt von grundsätzlicher Bedeutung die Zustimmung des Rates erforderlich ist.

(8) Der Verwaltungsrat besteht aus dem vorsitzenden Mitglied und den übrigen Mitgliedern. Den Vorsitz führt der Bürgermeister. Soweit Beigeordnete mit eigenem Geschäftsbereich bestellt sind, führt derjenige Beigeordnete den Vorsitz, zu dessen Geschäftsbereich die der Anstalt übertragenen Aufgaben gehören. Sind die übertragenen Aufgaben mehreren Geschäftsbereichen zuzuordnen, so entscheidet der Bürgermeister über den Vorsitz. Die übrigen Mitglieder des Verwaltungsrates werden vom Rat für die Dauer der Wahlperiode gewählt; für die Wahl gilt § 50 Absatz 4 sinngemäß. Die Amtszeit von Mitgliedern des Verwaltungsrats endet mit dem Ende der Wahlperiode oder bei Mitgliedern des Verwaltungsrats, die dem Rat angehören, mit dem vorzeitigen Ausscheiden aus dem Rat. Die Mitglieder des Rats üben ihr Amt bis zum Amtsantritt der neuen Mitglieder weiter aus. Mitglieder des Verwaltungsrats können nicht sein:

1. Bedienstete der Anstalt,
2. leitende Bedienstete von juristischen Personen oder sonstigen Organisationen des öffentlichen oder privaten Rechts, an denen die Anstalt mit mehr als 50 v.H. beteiligt ist; eine Beteiligung am Stimmrecht genügt,
3. Bedienstete der Aufsichtsbehörde, die unmittelbar mit Aufgaben der Aufsicht über die Anstalt befasst sind.

(9) Die Anstalt hat das Recht, Dienstherr von Beamten zu sein, wenn sie auf Grund einer Aufgabenübertragung nach Absatz 3 hoheitliche Befugnisse ausübt. Wird die Anstalt aufgelöst oder umgebildet, so gilt für die Rechtsstellung der Beamten und der Versorgungsempfänger Kapitel II Abschnitt III des Beamtenrechtsrahmengesetzes.

(10) Der Jahresabschluss und der Lagebericht der Anstalt werden nach den für große Kapitalgesellschaften geltenden Vorschriften des Handelsgesetzbuches aufgestellt und geprüft, sofern nicht weiter-

gehende gesetzliche Vorschriften gelten oder andere gesetzliche Vorschriften entgegenstehen. § 285 Nummer 9 Buchstabe a des Handelsgesetzbuches ist mit der Maßgabe anzuwenden, dass die für die Tätigkeit im Geschäftsjahr gewährten Gesamtbezüge der Mitglieder des Vorstands sowie die für die Tätigkeit im Geschäftsjahr gewährten Leistungen für die Mitglieder des Verwaltungsrates im Anhang des Jahresabschlusses für jede Personengruppe sowie zusätzlich unter Namensnennung die Bezüge und Leistungen für jedes einzelne Mitglied dieser Personengruppen unter Aufgliederung nach Komponenten im Sinne des § 285 Nummer 9 Buchstabe a des Handelsgesetzbuches angegeben werden, soweit es sich um Leistungen des Kommunalunternehmens handelt. Die individualisierte Ausweisungspflicht gilt auch für Leistungen entsprechend § 108 Absatz 1 Satz 1 Nummer 9 Satz 2.

(11) § 14 Abs. 1, § 31, § 74, § 75 Abs. 1, § 77, § 84 sowie die Bestimmungen des 13. Teils über die staatliche Aufsicht sind auf die Anstalt sinngemäß anzuwenden.

§ 115
Anzeige

(1) Entscheidungen der Gemeinde über

a) die Gründung oder wesentliche Erweiterung einer Gesellschaft oder eine wesentliche Änderung des Gesellschaftszwecks oder sonstiger wesentlicher Änderungen des Gesellschaftsvertrages,

b) die Beteiligung an einer Gesellschaft oder die Änderung der Beteiligung an einer Gesellschaft,

c) die gänzliche oder teilweise Veräußerung einer Gesellschaft oder der Beteiligung an einer Gesellschaft,

d) die Errichtung, die Übernahme oder die wesentliche Erweiterung eines Unternehmens, die Änderung der bisherigen Rechtsform oder eine wesentliche Änderung des Zwecks,

e) den Abschluß von Rechtsgeschäften, die ihrer Art nach geeignet sind, den Einfluß der Gemeinde auf das Unternehmen oder die Einrichtung zu mindern oder zu beseitigen oder die Ausübung von Rechten aus einer Beteiligung zu beschränken,

f) die Führung von Einrichtungen entsprechend den Vorschriften über die Eigenbetriebe,

g) den Erwerb eines Geschäftsanteils an einer eingetragenen Genossenschaft,

h) die Errichtung, wesentliche Erweiterung oder Auflösung einer rechtsfähigen Anstalt des öffentlichen Rechts gemäß § 114a, die Beteiligung oder Erhöhung einer Beteiligung der Anstalt an anderen Unternehmen oder Einrichtungen oder deren Gründung sowie Rechtsgeschäfte der Anstalt im Sinne des § 111

sind der Aufsichtsbehörde unverzüglich, spätestens sechs Wochen vor Beginn des Vollzugs, anzuzeigen. Aus der Anzeige muß zu ersehen sein, ob die gesetzlichen Voraussetzungen erfüllt sind. Die Aufsichtsbehörde kann im Einzelfall aus besonderem Grund die Frist verkürzen, verlängern oder ergänzende Unterlagen verlangen.

(2) Für die Entscheidung über die mittelbare Beteiligung an einer Gesellschaft gilt Entsprechendes, wenn ein Beschluß des Rates nach § 108 Abs. 6 oder § 111 Abs. 2 zu fassen ist.

12. Teil
Gesamtabschluss

§ 116
Gesamtabschluss

(1) Die Gemeinde hat in jedem Haushaltsjahr für den Abschlussstichtag 31. Dezember einen Gesamtabschluss aufzustellen. § 95 Absatz 1 gilt entsprechend.

(2) Der Gesamtabschluss besteht aus

1. der Gesamtergebnisrechnung,
2. der Gesamtbilanz,
3. dem Gesamtanhang,
4. der Kapitalflussrechnung und
5. dem Eigenkapitalspiegel.

Darüber hinaus hat die Gemeinde einen Gesamtlagebericht aufzustellen.

(3) Zum Zwecke der Aufstellung des Gesamtabschlusses sind die Jahresabschlüsse aller verselbständigten Aufgabenbereiche in öffentlich-rechtlicher oder privatrechtlicher Form mit dem Jahresabschluss der Gemeinde zu konsolidieren, sofern im Gesetz oder durch Rechtsverordnung nicht anderes bestimmt ist. Für mittelbare Beteiligungen gilt § 290 Absatz 3 des Handelsgesetzbuches entsprechend.

(4) Auf den Gesamtabschluss sind, soweit seine Eigenart keine Abweichung bedingt oder im Gesetz oder durch Rechtsverordnung nichts anderes bestimmt ist, die Vorschriften über den gemeindlichen Jahresabschluss entsprechend anzuwenden.

(5) Hat sich die Zusammensetzung der in den Gesamtabschluss einbezogenen verselbständigten Aufgabenbereiche gemäß Absatz 3 im Laufe des Haushaltsjahres wesentlich geändert, so sind in den Gesamtabschluss Angaben aufzunehmen, die es ermöglichen, die aufeinanderfolgenden Gesamtabschlüsse sinnvoll zu vergleichen.

(6) Die in den Gesamtabschluss einzubeziehenden verselbständigten Aufgabenbereiche nach Absatz 3 haben der Gemeinde ihre Jahresabschlüsse, Lageberichte, und wenn eine Abschlussprüfung stattgefunden hat, die Prüfungsberichte sowie, wenn ein Zwischenabschluss aufzustellen ist, einen auf den Stichtag des Gesamtabschlusses aufgestellten Abschluss unverzüglich einzureichen. Die Gemeinde kann von jedem verselbständigten Aufgabenbereich nach Absatz 3 alle Aufklärungen und Nachweise verlangen, welche die Aufstellung des Gesamtabschlusses und des Gesamtlageberichtes erfordert.

(7) Am Schluss des Gesamtanhangs sind für die Mitglieder des Verwaltungsvorstands nach § 70, soweit dieser nicht zu bilden ist für den Bürgermeister und den Kämmerer, sowie für die Ratsmitglieder, auch wenn die Personen im Haushaltsjahr ausgeschieden sind, anzugeben:

1. der Familienname mit mindestens einem ausgeschriebenen Vornamen,
2. der ausgeübte Beruf,
3. die Mitgliedschaften in Aufsichtsräten und anderen Kontrollgremien im Sinne des § 125 Absatz 1 Satz 5 des Aktiengesetzes,
4. die Mitgliedschaft in Organen von verselbstständigten Aufgabenbereichen der Gemeinde in öffentlich-rechtlicher oder privatrechtlicher Form,

5. die Mitgliedschaft in Organen sonstiger privatrechtlicher Unternehmen.

(8) Der Gesamtabschluss und der Gesamtlagebericht sind innerhalb der ersten neun Monate nach dem Abschlussstichtag aufzustellen, § 95 Absatz 5 findet für deren Aufstellung entsprechende Anwendung.

(9) Für die Prüfung des Gesamtabschlusses und des Gesamtlageberichtes gilt § 59 Absatz 3 entsprechend. Der Rat bestätigt den geprüften Gesamtabschluss durch Beschluss, § 96 Absatz 1 Sätze 1, 4 und 7 und Absatz 2 finden entsprechende Anwendung.

§ 116a
Größenabhängige Befreiungen

(1) Eine Gemeinde ist von der Pflicht, einen Gesamtabschluss und einen Gesamtlagebericht aufzustellen, befreit, wenn am Abschlussstichtag ihres Jahresabschlusses und am vorhergehenden Abschlussstichtag jeweils mindestens zwei der nachstehenden Merkmale zutreffen:

1. die Bilanzsummen in den Bilanzen der Gemeinde und der einzubeziehenden verselbständigten Aufgabenbereiche nach § 116 Absatz 3 übersteigen insgesamt nicht mehr als 1.500.000.000 Euro,

2. die der Gemeinde zuzurechnenden Erträge aller vollkonsolidierungspflichtigen verselbständigten Aufgabenbereiche nach § 116 Absatz 3 machen weniger als 50 Prozent der ordentlichen Erträge der Ergebnisrechnung der Gemeinde aus,

3. die der Gemeinde zuzurechnenden Bilanzsummen aller vollkonsolidierungspflichtigen verselbständigten Aufgabenbereiche nach § 116 Absatz 3 machen insgesamt weniger als 50 Prozent der Bilanzsumme der Gemeinde aus.

(2) Über das Vorliegen der Voraussetzungen für die Befreiung von der Pflicht zur Aufstellung eines Gesamtabschlusses entscheidet der Rat für jedes Haushaltsjahr bis zum 30. September des auf das Haushaltsjahr folgenden Jahres. Das Vorliegen der Voraussetzungen nach Absatz 1 ist gegenüber dem Rat anhand geeigneter Unterlagen nachzuweisen. Die Entscheidung des Rates ist der Aufsichtsbehörde jährlich mit der Anzeige des durch den Rat festgestellten Jahresabschlusses der Gemeinde vorzulegen.

(3) Sofern eine Gemeinde von der größenabhängigen Befreiung im Zusammenhang mit der Erstellung eines Gesamtabschlusses Gebrauch macht, ist ein Beteiligungsbericht gemäß § 117 zu erstellen.

§ 116b
Verzicht auf die Einbeziehung

In den Gesamtabschluss und den Gesamtlagebericht müssen verselbstständigte Aufgabenbereiche nach § 116 Absatz 3 nicht einbezogen werden, wenn sie für die Verpflichtung, ein den tatsächlichen Verhältnissen entsprechendes Bild der Vermögens-, Finanz- und Ertragslage der Gemeinde zu vermitteln, von untergeordneter Bedeutung sind. Die Anwendung des Satzes 1 ist im Gesamtanhang anzugeben und zu begründen. Aufgabenträger mit dem Zweck der unmittelbaren oder mittelbaren Trägerschaft an Sparkassen sind nicht im Gesamtabschluss zu konsolidieren.

§ 117
Beteiligungsbericht

(1) In den Fällen, in denen eine Gemeinde von der Aufstellung eines Gesamtabschlusses unter den Voraussetzungen des § 116a befreit ist, ist in dem Jahr ein Beteiligungsbericht zu erstellen. Für die Erstellung des Beteiligungsberichtes gilt § 116 Absatz 6 Satz 2 entsprechend. Über den Beteiligungsbericht ist ein gesonderter Beschluss des Rates in öffentlicher Sitzung herbeizuführen.

(2) Der Beteiligungsbericht hat folgende Informationen zu sämtlichen verselbständigten Aufgabenbereichen in öffentlich-rechtlicher und privatrechtlicher Form zu enthalten, sofern in diesem Gesetz oder in einer Rechtsverordnung nichts anderes bestimmt wird:

1. die Beteiligungsverhältnisse,
2. die Jahresergebnisse der verselbständigten Aufgabenbereiche,
3. eine Übersicht über den Stand der Verbindlichkeiten und die Entwicklung des Eigenkapitals jedes verselbständigten Aufgabenbereiches sowie
4. eine Darstellung der wesentlichen Finanz- und Leistungsbeziehungen der Beteiligungen untereinander und mit der Gemeinde.

§ 118
Vorlage- und Auskunftspflichten
(weggefallen)

(aufgehoben mit Wirkung vom 01.01.2019 durch Gesetz v. 18.12. 2018 (GV.NRW. 759)

13. Teil
Aufsicht

§ 119
Allgemeine Aufsicht und Sonderaufsicht

(1) Die Aufsicht des Landes (§ 11) erstreckt sich darauf, daß die Gemeinden im Einklang mit den Gesetzen verwaltet werden (allgemeine Aufsicht).

(2) Soweit die Gemeinden ihre Aufgaben nach Weisung erfüllen (§ 3 Abs. 2), richtet sich die Aufsicht nach den hierüber erlassenen Gesetzen (Sonderaufsicht).

§ 120
Aufsichtsbehörden

(1) Die allgemeine Aufsicht über die kreisangehörigen Gemeinden führt der Landrat als untere staatliche Verwaltungsbehörde; § 59 Kreisordnung bleibt unberührt.

(2) Die allgemeine Aufsicht über kreisfreie Städte führt die Bezirksregierung.

(3) Obere Aufsichtsbehörde ist für kreisangehörige Gemeinden die Bezirksregierung, für kreisfreie Städte das für Kommunales zuständige Ministerium.

(4) Oberste Aufsichtsbehörde ist das für Kommunales zuständige Ministerium.

(5) Sind an Angelegenheiten, die nach diesem Gesetz der Genehmigung oder der Entscheidung der Aufsichtsbehörde bedürfen, Gemeinden verschiedener Kreise oder Regierungsbezirke beteiligt, ist die

gemeinsame nächsthöhere Aufsichtsbehörde oder die von dieser bestimmte Aufsichtsbehörde zuständig.

§ 121
Unterrichtungsrecht

Die Aufsichtsbehörde kann sich jederzeit über die Angelegenheiten der Gemeinde unterrichten.

§ 122
Beanstandungs- und Aufhebungsrecht

(1) Die Aufsichtsbehörde kann den Bürgermeister anweisen, Beschlüsse des Rates und der Ausschüsse, die das geltende Recht verletzen, zu beanstanden (§ 54 Abs. 2 und 3). Sie kann solche Beschlüsse nach vorheriger Beanstandung durch den Bürgermeister und nochmaliger Beratung im Rat oder Ausschuß aufheben.

(2) Die Aufsichtsbehörde kann Anordnungen des Bürgermeisters, die das geltende Recht verletzen, beim Rat beanstanden. Die Beanstandung ist schriftlich in Form einer begründeten Darlegung dem Rat mitzuteilen. Sie hat aufschiebende Wirkung. Billigt der Rat die Anordnungen des Bürgermeisters, so kann die Aufsichtsbehörde die Anordnung aufheben.

§ 123
Anordnungsrecht und Ersatzvornahme

(1) Erfüllt die Gemeinde die ihr kraft Gesetzes obliegenden Pflichten oder Aufgaben nicht, so kann die Aufsichtsbehörde anordnen, daß sie innerhalb einer bestimmten Frist das Erforderliche veranlaßt.

(2) Kommt die Gemeinde der Anordnung der Aufsichtsbehörde nicht innerhalb der bestimmten Frist nach, so kann die Aufsichtsbehörde die Anordnung an Stelle und auf Kosten der Gemeinde selbst durchführen oder die Durchführung einem anderen übertragen.

§ 124
Bestellung eines Beauftragten

Wenn und solange die Befugnisse der Aufsichtsbehörde nach den §§ 121 bis 123 nicht ausreichen, kann das für Kommunales zuständige Ministerium einen Beauftragten bestellen, der alle oder einzelne Aufgaben der Gemeinde auf ihre Kosten wahrnimmt. Der Beauftragte hat die Stellung eines Organs der Gemeinde.

§ 125
Auflösung des Rates

Das für Kommunales zuständige Ministerium kann durch Beschluß der Landesregierung ermächtigt werden, einen Rat aufzulösen, wenn er dauernd beschlußunfähig ist oder wenn eine ordnungsgemäße Erledigung der Gemeindeaufgaben aus anderen Gründen nicht gesichert ist. Innerhalb von drei Monaten nach Bekanntgabe der Auflösung ist eine Neuwahl durchzuführen.

§ 126
Anfechtung von Aufsichtsmaßnahmen

Maßnahmen der Aufsichtsbehörde können unmittelbar mit der Klage im Verwaltungsstreitverfahren angefochten werden.

§ 127
Verbot von Eingriffen anderer Stellen

Andere Behörden und Stellen als die allgemeinen Aufsichtsbehörden sind zu Eingriffen in die Gemeindeverwaltung nach den §§ 121 ff. nicht befugt.

§ 128
Zwangsvollstreckung

(1) Zur Einleitung der Zwangsvollstreckung gegen die Gemeinde wegen einer Geldforderung bedarf der Gläubiger einer Zulassungsverfügung der Aufsichtsbehörde, es sei denn, daß es sich um die Verfolgung dinglicher Rechte handelt. In der Verfügung hat die Aufsichtsbehörde die Vermögensgegenstände zu bestimmen, in welche die Zwangsvollstreckung zugelassen wird, und über den Zeitpunkt zu befinden, in dem sie stattfinden soll. Die Zwangsvollstreckung wird nach den Vorschriften der Zivilprozeßordnung durchgeführt.

2) Ein Insolvenzverfahren über das Vermögen der Gemeinde ist nicht zulässig.

(3) Die Bestimmung des § 123 bleibt unberührt.

14. Teil
Übergangs- und Schlußvorschriften, Sondervorschriften

§ 129
Weiterentwicklung der kommunalen Selbstverwaltung (Experimentierklausel)

Zur Erprobung neuer Steuerungsmodelle und zur Weiterentwicklung der kommunalen Selbstverwaltung auch in der grenzüberschreitenden kommunalen Zusammenarbeit kann das für Kommunales zuständige Ministerium im Einzelfall zeitlich begrenzte Ausnahmen von organisations- und haushaltsrechtlichen Vorschriften des Gesetzes oder der zur Durchführung ergangenen Rechtsverordnungen zulassen. Darüber hinaus kann es durch Rechtsverordnung Ausnahmen von anderen Vorschriften des Gesetzes oder der zur Durchführung ergangenen Rechtsverordnungen zulassen. Die Rechtsverordnung kann Gemeinden auf Antrag und zeitlich befristet eine alternative Aufgabenerledigung ermöglichen, soweit die grundsätzliche Erfüllung des Gesetzauftrages sichergestellt ist. § 5 bleibt hiervon unberührt.

§ 130
Unwirksame Rechtsgeschäfte

(1) Rechtsgeschäfte, die ohne die aufgrund dieses Gesetzes erforderliche Genehmigung der Aufsichtsbehörde abgeschlossen werden, sind unwirksam.

(2) Rechtsgeschäfte, die gegen das Verbot des § 86 Abs. 5, des § 87 Abs. 1 oder des § 110 verstoßen, sind nichtig.

§ 131
Befreiung von der Genehmigungspflicht

Das für Kommunales zuständige Ministerium wird ermächtigt, durch Rechtsverordnung Rechtsgeschäfte, die nach den Vorschriften der

Teile 8 bis 11 der Genehmigung der Aufsichtsbehörde bedürfen, von der Genehmigung allgemein freizustellen und stattdessen die vorherige Anzeige an die Aufsichtsbehörde vorzuschreiben.

§ 132
Auftragsangelegenheiten

Bis zum Erlaß neuer Vorschriften sind die den Gemeinden zur Erfüllung nach Weisung übertragenen staatlichen Angelegenheiten (Auftragsangelegenheiten) nach den bisherigen Vorschriften durchzuführen.

§ 133
Ausführung des Gesetzes

(1) Das für Kommunales zuständige Ministerium wird ermächtigt, im Einvernehmen mit dem für Finanzen zuständigen Ministerium zur Durchführung dieses Gesetzes durch Rechtsverordnung zu regeln:

1. Inhalt und Gestaltung des Haushaltsplans, der mittelfristigen Ergebnis- und Finanzplanung sowie die Haushaltsführung und die Haushaltsüberwachung; dabei kann es bestimmen, dass Einzahlungen und Auszahlungen, für die ein Dritter Kostenträger ist oder die von einer zentralen Stelle ausgezahlt werden, nicht im Haushalt der Gemeinde abgewickelt werden,

2. die Veranschlagung von Erträgen, Aufwendungen sowie Einzahlungen und Auszahlungen und Verpflichtungsermächtigungen, die Bildung von Budgets sowie den Ausweis von Zielen und Kennzahlen,

3. Inhalt und Umfang von Abschreibungen, die Bildung von Rückstellungen und von Rücklagen sowie deren Mindesthöhe und Verwendung,

4. die Erfassung, den Nachweis, die Bewertung und die Fortschreibung der Vermögensgegenstände und der Schulden,

5. die Geldanlagen und ihre Sicherung,

6. die Ausschreibung von Lieferungen und Leistungen sowie die Vergabe von Aufträgen einschließlich des Abschlusses von Verträgen,

7. die Stundung, die Niederschlagung und den Erlass von Ansprüchen sowie die Behandlung von Kleinbeträgen,

8. Inhalt, Gestaltung, Prüfung und Aufbewahrung des Jahresabschlusses und des Gesamtabschlusses,

9. die Aufgaben und die Organisation der Finanzbuchhaltung, deren Beaufsichtigung und Prüfung sowie die ordnungsgemäße Abwicklung der Buchführung und des Zahlungsverkehrs, einschließlich ihrer Grundsätze und Verfahren,

10. die erstmalige Bewertung von Vermögen und Schulden und die Aufstellung, Prüfung und Aufbewahrung der Eröffnungsbilanz sowie die Vereinfachungsverfahren und Wertberichtigungen,

11. die zeitliche Aufbewahrung von Büchern, Belegen und sonstigen Unterlagen,

12. Aufbau und Verwaltung, Wirtschaftsführung, Rechnungswesen und Prüfung der Eigenbetriebe, deren Freistellung von diesen Vorschriften sowie das Wahlverfahren zur Aufstellung des Vorschlages der Versammlung der Beschäftigten für die Wahl von

Beschäftigten als Mitglieder des Betriebsausschusses und ihrer Stellvertreter, ferner das Verfahren zur Bestimmung der Nachfolger im Falle des Ausscheidens dieser Mitglieder oder Stellvertreter vor Ablauf der Wahlperiode des Rates,

13. das Verfahren bei der Errichtung der rechtsfähigen Anstalt des öffentlichen Rechts und deren Aufbau, die Verwaltung, die Wirtschaftsführung sowie das Rechnungs- und Prüfungswesen.

(2) Das für Kommunales zuständige Ministerium erlässt die erforderlichen Verwaltungsvorschriften, insbesondere für

1. die Gliederung des Haushaltsplans in Produktbereiche,
2. die Kontierung von Erträgen und Aufwendungen im Ergebnisplan und in der Ergebnisrechnung,
3. die Kontierung von Einzahlungen und Auszahlungen im Finanzplan und in der Finanzrechnung,
4. Verfahren zur Ermittlung von Wertansätzen und deren Kontierung in der Bilanz,
5. die Einrichtung und Zuordnung von Konten für die Finanzbuchhaltung,
6. die Ausgestaltung von Sicherheitsstandards für die Finanzbuchhaltung,
7. die Festlegung von Nutzungsdauern für Vermögensgegenstände,
8. Verfahren zur Ermittlung von Wertansätzen für Vermögen und Schulden in der Eröffnungsbilanz,
9. Inhalt und Gestaltung von Prüfungsberichten.

(3) Das für Kommunales zuständige Ministerium gibt, soweit es für die Vergleichbarkeit der Haushalte erforderlich ist, durch Verwaltungsvorschrift Muster insbesondere für

1. die Haushaltssatzung und ihre Bekanntmachung,

2. die Beschreibung und Gliederung der Produktbereiche und Produktgruppen sowie die Gestaltung des Haushaltsplanes und des Finanzplanes,

3. die Form des Haushaltsplanes und seiner Anlagen und des Finanzplanes,

4. die Form der Anlagenübersicht, der Forderungsübersicht, der Eigenkapitalübersicht und der Verbindlichkeitenübersicht,

5. die Zahlungsanordnungen, Buchführung, den Kontenrahmen, den Jahresabschluss und den Gesamtabschluss und ihren jeweiligen Anlagen und

6. den Beteiligungsbericht

im Ministerialblatt für das Land Nordrhein-Westfalen bekannt. Die Gemeinden sind verpflichtet, diese Muster zu verwenden. Die Bekanntgabe von Mustern nach Satz 1 Nummer 2 und 3 erfolgt im Benehmen mit dem für Finanzen zuständigen Ministerium.

(4) Das für Kommunales zuständige Ministerium wird ermächtigt, durch Rechtsverordnung im Benehmen mit dem für Kommunales zuständigen Ausschuss des Landtags und mit der oder dem Beauftragten der Landesregierung Nordrhein-Westfalen für Informationstechnik Vorschriften zur Verwirklichung der in § 47a Absatz 2 bis 5 bezeichneten Anforderungen zu erlassen. Dies betrifft insbesondere Vorgaben hinsichtlich der technischen und organisatorischen Umsetzung von Sitzungen in digitaler und in hybrider Form im Einzelnen, insbe-

sondere bei Verfahren nach § 48 Absatz 2 Satz 2 bis 5 sowie § 50 Absatz 1 und 2, einschließlich datenschutzrechtlicher und informationssicherheitsrechtlicher Standards. Die Rechtsverordnung kann ferner eine juristische Person des öffentlichen Rechts als zuständige Stelle für die Zertifizierung nach § 47a Absatz 4 Satz 2 bestimmen und die für sie maßgeblichen Verfahren und Anforderungen näher festlegen.

(5) Das für Kommunales zuständige Ministerium wird ermächtigt, durch Rechtsverordnung, nähere Vorschriften über die Voraussetzungen der Ansprüche nach § 45 Absatz 1 zu treffen und insbesondere die Höhe der zu gewährenden Aufwandsentschädigung durch Festlegung unter anderem von Regelstundensätzen, Höchstbeträgen, Monatspauschalen und Sitzungsgeldern festzusetzen.

§ 134
Übergangsregelungen

(1) Die in § 7 Absatz 6 Satz 1 genannte Frist gilt für alle ab dem 15. Dezember 2021 verkündeten Satzungen und ortsrechtlichen Bestimmungen. Für alle vorher verkündeten Satzungen und ortsrechtlichen Bestimmungen gelten die zum Zeitpunkt der Bekanntmachung geltenden Fristen.

(2) Die in § 54 Absatz 4 genannten Fristen gelten für alle ab dem 15. Dezember 2021 gefassten beziehungsweise öffentlich bekannt gemachten Beschlüsse. Für alle vorher gefassten beziehungsweise öffentlich bekannt gemachten Beschlüsse gelten die zum Zeitpunkt des Beschlusses beziehungsweise der Bekanntmachung geltenden Fristen.

§ 135
Inkrafttreten

Das Gesetz tritt am 17. Oktober 1994 in Kraft. § 108b tritt mit Ablauf des 28. Februar 2026 außer Kraft.

Zusatz:

(Artikel XI des Gesetzes zur Stärkung der kommunalen Selbstverwaltung – GO-Reformgesetz vom 9. Oktober 2007 – GV.NRW. S. 380)

Bestandsschutz- und Übergangsregelungen

§ 1
Bestandsschutz zu Artikel I

Wirtschaftliche und nichtwirtschaftliche Betätigungen, die vor dem 19. März 2007 auf der Grundlage der seinerzeit geltenden Gemeindeordnung aufgenommen wurden, dürfen unbeschadet der in diesem Gesetz erfolgten Änderungen des § 107 GO NRW fortgesetzt werden.

§ 2
Übergangsregelung zu Artikel I

Abweichend von § 56 Abs. 1 GO NRW kann im Rat einer kreisfreien Stadt, die auf der Grundlage des § 3 Kommunalwahlgesetz (KWahlG) die Zahl der bei der Kommunalwahl 2004 zu wählenden Vertreter auf 57 oder weniger gesenkt hatte, bis zum Ablauf der Wahlperiode am 20. Oktober 2009 eine Fraktion aus mindestens zwei Mitgliedern bestehen.

§ 3
Übergangsregelung zu Artikel I, II und VII

(1) Die Änderungen der Gemeindeordnung in Artikel I Nr. 25 gelten nicht für Bürgermeister, die bei In-Kraft-Treten dieses Gesetzes im Amt sind, für die Dauer der laufenden Amtszeit.

(2) Die Änderungen der Kreisordnung in Artikel II Nr. 15 gelten nicht für Landräte, die bei In-Kraft-Treten dieses Gesetzes im Amt sind, für die Dauer der laufenden Amtszeit.

(3) Die Änderungen des Landesbeamtengesetzes in Artikel VII Nr. 2 a), b), c), d) und g) gelten nicht für Bürgermeister und Landräte, die bei In-Kraft-Treten dieses Gesetzes im Amt sind, für die Dauer der laufenden Amtszeit.

(4) Die Amtszeit der Bürgermeister und Landräte, die vom Geltungsbereich des Gesetzes zur Regelung der Wahlperiode der im Jahr 2004 gewählten kommunalen Vertretungen vom 17. Juni 2003 (GV. NRW. S. 351) erfasst werden, endet am 20. Oktober 2009.

(5) Der Wahltag für die Neuwahlen der Nachfolger der in Absatz 4 bezeichneten Bürgermeister und Landräte ist der Tag der allgemeinen Kommunalwahlen im Jahr 2009. Scheidet ein in Absatz 4 bezeichneter Bürgermeister oder Landrat vor dem 20. Oktober 2009 aus dem Amt aus oder tritt ein nach Satz 1 gewählter Nachfolger sein Amt nicht an, wird der Wahltermin für den Nachfolger von der Aufsichtsbehörde festgelegt.

Zusatz:

(Artikel XII des Gesetzes zur Stärkung der kommunalen Selbstverwaltung – GO-Reformgesetz vom 9. Oktober 2007 – GV.NRW. S. 380)

Inkrafttreten

(1) Dieses Gesetz tritt am Tag nach seiner Verkündung in Kraft.

(2) Abweichend von Absatz 1 treten die Regelungen in Artikel I, § 50 Abs. 3 Sätze 3 bis 6 der Gemeindeordnung und Artikel II, § 35 Abs. 3 Sätze 3 bis 6 der Kreisordnung sowie Artikel III, § 10 Abs. 4 der Landschaftsverbandsordnung erst mit Ende der Wahlperiode der Vertretungen am 20. Oktober 2009 in Kraft.

Zusatz:

(Artikel 8 bis 11 des Ersten Gesetzes zur Weiterentwicklung des Neuen Kommunalen Finanzmanagements für Gemeinden und Gemeindeverbände im Land Nordrhein-Westfalen (1. NKF-Weiterentwicklungsgesetz – NKFWG) vom 18. September 2012 – GV. NRW. S. 432)

Artikel 8
Übergangsregelungen zu den Artikeln 1 bis 7

§ 1
Überführung der Ausgleichsrücklage

Die in der Bilanz des Jahresabschlusses des Haushaltsjahres 2012 angesetzte Ausgleichsrücklage ist mit ihrem Bestand im Jahresabschluss des Haushaltsjahres 2012 in die Ausgleichsrücklage nach der ab dem Haushaltsjahr 2013 geltenden Vorschrift zu überführen. Dieses gilt entsprechend, wenn die Ausgleichsrücklage keinen Bestand mehr aufweist.

§ 2
Behandlung des Jahresergebnisses 2012

Nach der Überführung kann der in der Bilanz des Haushaltsjahres 2012 angesetzte Jahresüberschuss nach § 95 Absatz 2 der Gemeindeordnung zugeführt werden. Ein angesetzter Fehlbetrag ist zu verrechnen.

§ 3
Jahresüberschüsse der Vorjahre

Jahresüberschüsse der Vorjahre des Haushaltsjahres 2012, die der allgemeinen Rücklage zugeführt wurden, können im Jahresabschluss des Haushaltsjahres 2012 der Ausgleichs-rücklage zugeführt werden, soweit ihr Bestand nicht den Höchstbetrag von einem Drittel des Eigenkapitals erreicht hat.

§ 4
Anzeige der Jahresabschlüsse des Haushaltsjahres 2010 und der Vorjahre

Der Anzeige des Jahresabschlusses des Haushaltsjahres 2011 sind die Jahresabschlüsse des Haushaltsjahres 2010 und der Vorjahre beizufügen, soweit diese noch nicht nach § 96 Absatz 2 Satz 1 der Gemeindeordnung angezeigt worden sind. Die Jahresabschlüsse des Haushaltsjahres 2010 und der Vorjahre können in der vom Bürgermeister nach § 95 Absatz 3 der Gemeindeordnung bestätigten Entwurfsfassung der Anzeige beigefügt werden. Der Rat ist über diese Anzeige zu unterrichten.

Artikel 9
Rückkehr zum einheitlichen Verordnungsrang

Die auf dem Artikel 7 beruhenden Teile der dort geänderten Rechtsverordnung können auf Grund der in § 133 der Gemeindeordnung enthaltenen einschlägigen Ermächtigungen durch Rechtsverordnung geändert oder aufgehoben werden.

Artikel 10
Überprüfung der Auswirkungen dieses Gesetzes

§ 1
Überprüfung

Die Vorschriften über die Haushaltswirtschaft der Gemeinden werden nach einem Erfahrungszeitraum von vier Jahren nach Inkrafttreten des Gesetzes durch die Landesregierung unter Mitwirkung der Spitzenverbände der Kommunen und der Fachverbände überprüft.

§ 2
Bericht an den Landtag

Die Landesregierung unterrichtet den Landtag über das Ergebnis der Überprüfung, insbesondere über den Änderungsbedarf bei den für die

Haushaltswirtschaft der Gemeinden getroffenen gesetzlichen Regelungen.

Artikel 11
Inkrafttreten

Das Gesetz tritt am Tage nach seiner Verkündung in Kraft. Die Vorschriften sind erstmals auf das Haushaltsjahr 2013 anzuwenden. Abweichend davon wird zugelassen, dass die durch die Artikel 1 bis 7 geänderten haushaltsrechtlichen Vorschriften sowie die Überführung der Ausgleichsrücklage nach § 1 des Artikels 8 erstmals auf den Jahresabschluss des Haushaltsjahres 2012 angewendet werden können.

Zusatz:

(Artikel 5 des Gesetzes zur Stärkung der kommunalen Demokratie vom 9. April 2013 – GV.NRW. S. 194)

Übergangsregelungen zum Kommunalwahlgesetz, zur Gemeindeordnung, zur Kreisordnung und zum Landesbeamtengesetz

Abweichend von den nach den Artikeln 1 bis 4 dieses Gesetzes zu bestimmenden Amtszeiten und Wahltagen gelten folgende Übergangsregelungen:

§ 1
Festlegung von Wahltagen

(1) Die allgemeinen Kommunalwahlen finden im Jahr 2014 in der Zeit zwischen dem 1. April und dem 15. Juli statt; sie sollen am Tag der

Wahl der Abgeordneten des Europäischen Parlaments aus der Bundesrepublik Deutschland durchgeführt werden. Dieser Wahltag wird vom für Inneres zuständigen Ministerium festgelegt und bekannt gemacht (Wahlausschreibung).

(2) Die Nachfolger der bei Inkrafttreten dieses Gesetzes im Amt befindlichen Bürgermeister und Landräte, deren Amtszeit am 20. Oktober 2014 endet, werden am 28. September 2014 gewählt.

(3) Die Wahl der Nachfolger der am 30. August 2009 gewählten Bürgermeister und Landräte, deren Amtszeit mit Ablauf des 20. Oktober 2015 endet, findet am 13. September 2015 statt; ihre Amtszeit beginnt am 21. Oktober 2015. Der Wahltag wird vom für Inneres zuständigen Ministerium bekannt gemacht (Wahlausschreibung).

(4) In der Zeit vom 13. Dezember 2014 bis zum Tag der Wahlen der Bürgermeister und Landräte am 13. September 2015 findet eine Wahl des Bürgermeisters oder Landrats nicht statt.

(5) In der Zeit vom 1. September 2019 bis zum Tag der allgemeinen Kommunalwahlen im Jahr 2020 findet eine Wahl des Bürgermeisters oder Landrats nicht statt.

§ 2
Ende der Wahlperiode der im Jahr 2014 gewählten Vertretungen

Die Wahlperiode der im Jahr 2014 gewählten Vertretungen endet mit Ablauf des Tages vor dem Beginn der Wahlperiode der im Jahr 2020 gewählten Vertretungen. Die Wahlperiode der im Jahr 2020 gewählten Vertretungen beginnt am 1. November 2020.

§ 3
Ende der Amtszeit der Bürgermeister und Landräte, die ab Inkrafttreten dieses Gesetzes bis einschließlich 21. Oktober 2015 ihr Amt antreten

Die Amtszeit der Bürgermeister und Landräte, die in der Zeit ab Inkrafttreten dieses Gesetzes bis einschließlich 21. Oktober 2015 ihr Amt antreten, endet mit Ablauf des Tages vor dem Beginn der Wahlperiode der im Jahr 2020 gewählten Vertretungen.

§ 4
Nachfolge der Bürgermeister und Landräte, deren Amtszeit zwischen dem 22. Oktober 2015 und dem Beginn der Wahlperiode der im Jahr 2020 gewählten Vertretungen endet

Die Nachfolger der Bürgermeister und Landräte, deren Amtszeit zwischen dem 22. Oktober 2015 und dem Beginn der Wahlperiode der im Jahr 2020 gewählten Vertretungen endet, werden bis zum Ablauf der nächsten Wahlperiode der Vertretungen gewählt. In den Fällen, in denen die Amtszeit innerhalb der ersten drei Jahre der laufenden Wahlperiode des Rates beginnt, endet diese mit Ablauf des Tages vor dem Beginn der Wahlperiode der im Jahr 2020 gewählten Vertretungen.

§ 5
Einmaliges Niederlegungsrecht der Bürgermeister und Landräte

Bürgermeister und Landräte, deren Amtszeit zwischen dem Beginn der Wahlperiode der im Jahr 2014 gewählten kommunalen Vertretungen und dem 20. Oktober 2015 (einschließlich) endet und die ihre Entlassung aus dem Beamtenverhältnis auf Zeit anlässlich des Endes der Wahlperiode der kommunalen Vertretungen im Jahr 2014 verlangen, treten nach Ablauf des 22. Tages des auf das Ende der Wahlperiode folgenden Monats in den Ruhestand, sofern sie die Voraussetzungen des § 119 Absatz 4 Satz 3 LBG NRW erfüllen und die Entlassung bis zum 30. November 2013 beantragen; die Zeit bis zum regulären Ende ihrer Amtszeit wird dabei auf die Wartezeit nach § 119 Absatz 4 Satz 3 LBG NRW angerechnet und erhöht die ruhegehaltsfähige Dienstzeit.

Zusatz:

(Artikel 6 des Gesetzes zur Stärkung der kommunalen Demokratie vom 9. April 2013 – GV.NRW. S. 194)

Inkrafttreten

Dieses Gesetz tritt am Tag nach der Verkündung in Kraft. Abweichend von Satz 1 treten § 65 Absatz 6 der Gemeindeordnung und § 44 Absatz 6 der Kreisordnung am Tage nach dem Wahltag für die allgemeinen Kommunalwahlen des Jahres 2014 in Kraft.

Zusatz:

(Artikel 5 des Gesetzes zur Änderung des Kommunalwahlgesetzes und zur Änderung kommunalverfassungsrechtlicher Vorschriften vom 1. Oktober 2013 – GV.NRW. S. 564)

Übergangsregelungen

§ 1
Einteilung in Wahlbezirke zu den Kommunalwahlen 2020

Für die allgemeinen Kommunalwahlen im Jahr 2020 teilen die Wahlausschüsse der Gemeinden spätestens bis zum 29. Februar 2020, die Wahlausschüsse der Kreise spätestens bis zum 31. März 2020 das Wahlgebiet in so viele Wahlbezirke ein, wie Vertreter gemäß § 3 Absatz 2 des Kommunalwahlgesetzes in Wahlbezirken zu wählen sind.

§ 2
Wahl der Vertreter für die Vertreterversammlung und der Bewerber für die Kommunalwahlen 2020

Für die allgemeinen Kommunalwahlen 2020 sind die Vertreter für die Vertreterversammlung und die Bewerber ab dem 1. August 2019, die Bewerber für die Wahlbezirke frühestens nach der öffentlichen Bekanntgabe der Einteilung des Wahlgebietes in Wahlbezirke zu den Kommunalwahlen 2020 zu wählen.

Zusatz:

(Artikel 3 des Gesetzes zur Weiterentwicklung der politischen Partizipation in den Gemeinden und zur Änderung kommunalverfassungsrechtlicher Vorschriften vom 19. Dezember 2013 – GV.NRW. S. 878)

Übergangsregelung

Für die zum Zeitpunkt des Inkrafttretens dieses Gesetzes bereits bestehenden Integrationsräte und Integrationsausschüsse ist § 27 der Gemeindeordnung für das Land Nordrhein-Westfalen in der bis dahin geltenden Fassung bis zum Ende der laufenden Wahlperiode weiter anzuwenden.

Zusatz:

(Artikel 4 des Gesetzes zur Beschleunigung der Aufstellung kommunaler Gesamtabschlüsse und zur Änderung kommunalrechtlicher Vorschriften vom 25. Juni 2015 – GV.NRW. S. 496)

Inkrafttreten, Übergangsregelung zu Artikel 2, Außerkrafttreten

(1) Dieses Gesetz tritt am Tag nach der Verkündung in Kraft.

(2) Die bis zum Inkrafttreten von Artikel 2 nach der bisherigen Regelung des § 114 a Absatz 8 Satz 5 der Gemeindeordnung für das Land Nordrhein-Westfalen erfolgte Wahl von Mitgliedern des Verwaltungsrats für die Dauer von fünf Jahren bleibt unberührt. Der Rat ist gehalten, eine Neuwahl hinsichtlich der Verwaltungsratsmitglieder vorzunehmen, die auf Grundlage der bisherigen Regelung für die Dauer von fünf Jahren gewählt wurden. Diese Neuwahl hat nach Ablauf der fünfjährigen Wahlzeit der betroffenen Verwaltungsratsmitglieder zu erfolgen.

(3) Absatz 2 tritt mit Ablauf des 31. Oktober 2020 außer Kraft.

Zusatz:

(Artikel 8 des Gesetzes vom 18. Dezember 2018 – GV.NRW. S. 759)

Übergangsregelung zu Artikel 1 Nr. 23a (Änderung des § 108 der Gemeindeordnung für das Land Nordrhein-Westfalen durch das „Zweite Gesetz zur Weiterentwicklung des Neuen Kommunalen Finanzmanagements für Gemeinden und Gemeindeverbände im Land Nordrhein-Westfalen und weiterer kommunalrechtlicher Vorschriften [2. NKF-Weiterentwicklungsgesetz – 2. NKFWG NRW]")

(1) Bei bestehenden Gesellschaften, die von der Option der entsprechenden Anwendung der für Eigenbetriebe geltenden Vorschriften Gebrauch gemacht haben, trifft die Gemeinden eine Hinwirkungspflicht zur Anpassung an die geänderten Vorgaben des § 108 Absatz 1 Satz 1 Nummer 8 der Gemeindeordnung für das Land Nordrhein-Westfalen.

(2) Befreiungen von der Jahresabschlussprüfung einschließlich der damit verbundenen Entscheidungen über andere geeignete Prüfungsmaßnahmen, die nach dem bis zum Inkrafttreten der Übergangsregelung geltenden Recht von der Gemeindeprüfungsanstalt ausgesprochen wurden, bleiben unberührt.

(3) Soweit nach Inkrafttreten der Änderung des § 108 Absatz 1 Satz 1 Nummer 8 der Gemeindeordnung für das Land Nordrhein-Westfalen Entscheidungen erforderlich werden, die nach dem zuvor geltenden Recht von der Gemeindeprüfungsanstalt zu treffen waren, obliegen diese Entscheidungen nunmehr der jeweils zuständigen Kommunalaufsichtsbehörde.

II. Muster-Geschäftsordnung für den Rat und die Ausschüsse

Muster-Geschäftsordnung für den Rat und die Ausschüsse des Städte- und Gemeindebundes Nordrhein-Westfalen (Stand: November 2022)

Präambel

Der Rat der Stadt/Gemeinde .... hat am .... folgende Geschäftsordnung beschlossen:

I. Geschäftsführung des Rates

1. <u>Vorbereitung der Ratssitzungen</u>

§ 1
Einberufung der Ratssitzungen

(1) Der Bürgermeister/Die Bürgermeisterin beruft den Rat ein, so oft es die Geschäftslage erfordert, jedoch soll er den Rat wenigstens alle zwei Monate einberufen. Der Rat ist unverzüglich einzuberufen, wenn mindestens ein Fünftel der Ratsmitglieder oder eine Fraktion unter Angabe der zur Beratung zu stellenden Gegenstände dies verlangen.

(2) Die Einberufung erfolgt durch Übersendung einer Einladung an alle Ratsmitglieder sowie an die Beigeordneten. Die Einladung erfolgt in elektronischer Form. Auf Antrag kann an Stelle einer elektronischen Einladung diese auch schriftlich auf postalischem Wege erfolgen.

(3) In der Einladung sind Zeit, Ort und Tagesordnung anzugeben. Ihr können Erläuterungen zu den einzelnen Verhandlungsgegenständen (Vorlagen) beigegeben werden. Die Übersendung dieser Vorlagen richtet sich nach der jeweiligen Form der Übersendung i.S.v. § 1 Abs.2 der Geschäftsordnung. Vorlagen, die für nichtöffentliche Sitzungen bestimmt sind, können nur dann auf elektronischem Wege übermittelt werden, wenn sichergestellt ist, dass ein unberechtigter Zugriff Dritter auf diese Dateien nicht möglich ist.[1]

(3a) Wird die Ratssitzung in digitaler oder hybrider Form durchgeführt, sind den Ratsmitgliedern die Daten, die den Zugang zum Videokonferenzsystem und zum Abstimmungssystem ermöglichen (Zugangsdaten), rechtzeitig vor der Sitzung in elektronischer Form (**optional:** Benennung des konkreten Übermittlungsweges[2]) zur Verfügung zu stellen.

optional:

Die Zurverfügungstellung der Daten, die den Zugang zum Videokonferenzsystem und zum Abstimmungssystem ermöglichen (Zugangsdaten), soll mit der Einladung auf elektronischem Weg verbunden werden.

---

1 Ggf. ist zu überlegen, ob es möglich ist, dass die Gemeinde in ihrer Internetpräsentation die jeweiligen Dateien vorhält und nur die Ratsmitglieder mit einem entsprechenden Passwort darauf Zugriff erhalten.

2 Hier sollte vor Ort geprüft werden, welches Übermittlungssystem bzw. System der Zurverfügungstellung in Betracht kommt. Zudem sollte geprüft werden, ob dieses System bereits so weit feststeht, dass dies in der Geschäftsordnung niedergeschrieben werden kann (ggf. werden hier auch Anpassungsspielräume/Verbesserungsspielräume verengt).

optional:

Die Zurverfügungstellung der Daten, die den Zugang zum Videokonferenzsystem und zum Abstimmungssystem ermöglichen (Zugangsdaten), soll spätestens am dritten Kalendertag vor der Sitzung erfolgen.

(3b) Die Öffentlichkeit ist über den Zugang zu einer digitalen (**optional:** oder hybriden)[3] Sitzung durch einen entsprechenden Hinweis auf der Internetseite der Stadt/Gemeinde X unter www.xxx.xx zu unterrichten. Dort ist über das Verfahren zu informieren, mittels dessen Zuhörerinnen und Zuhörer einer digitalen (**optional:** oder hybriden) Sitzung die Daten, die den Zugang zum Videokonferenzsystem für Zuhörerinnen und Zuhörer (Zugangsdaten) ermöglichen, erhalten. Eine Anmeldung nach § 3 Abs. 1 Satz 2 Digitalsitzungsverordnung muss spätestens X Stunden vor der Sitzung erfolgen. Im Übrigen richtet sich das Verfahren nach § 3 Abs. 1 Sätze 2 bis 4 Digitalsitzungsverordnung.[4]

---

[3] Für hybride Sitzungen ist dies nicht verpflichtend; hier wird die Sitzungsöffentlichkeit durch die Möglichkeit zur Anwesenheit im Sitzungsraum gewährleistet. Allerdings kann es vor Ort durchaus gewollt sein, auch bei hybriden Sitzungen Zuhörerinnen und Zuhörern die Teilnahme digital zu ermöglichen; dann kann eine solche Erweiterung in der Geschäftsordnung sinnvoll sein.

[4] Das Verfahren ist in § 3 Abs. 1 DigiSiVO dargelegt. Es ist recht kompliziert und verlangt in jedem Fall eine vorherige Anmeldung innerhalb einer in der Geschäftsordnung zu bestimmenden Frist. Für hybride Sitzungen (soweit die Kommune hier einen digitalen Zugang für Zuhörer ermöglicht) stünde es der Kommune nach Auffassung der Geschäftsstelle frei, ein einfacheres Verfahren vorzugeben, z.B. durch Bereitstellung der Zugangsdaten auf der Internetseite Kommune.

optional:

In diese Veröffentlichung soll im Sinne des § 1 Absatz 3b dieser Geschäftsordnung auch ein Hinweis an die Öffentlichkeit zum Zugang zu einer digitalen (**optional:** oder hybriden) Sitzung aufgenommen werden.

§ 2
Ladungsfrist

(1) Die Einladung muss den Ratsmitgliedern mindestens 7 volle Tage vor dem Sitzungstag, den Tag der Absendung nicht eingerechnet, zugehen.

(2) In besonders dringenden Fällen kann die Ladungsfrist bis auf 3 volle Tage abgekürzt werden. Die Dringlichkeit ist in der Einladung zu begründen.

(3) Abs. 1 und 2 gelten sowohl für die elektronische Übersendung als auch die schriftliche Übersendung.

§ 3
Aufstellung der Tagesordnung

(1) Der Bürgermeister/Die Bürgermeisterin setzt die Tagesordnung fest. Er/Sie hat dabei Vorschläge aufzunehmen, die ihm/ihr in schriftlicher Form spätestens am 10. Tag vor dem Sitzungstag von mindestens einem Fünftel der Ratsmitglieder oder einer Fraktion vorgelegt werden.

(2) Der Bürgermeister/Die Bürgermeisterin legt ferner die Reihenfolge der einzelnen Tagesordnungspunkte fest und bestimmt unter Beachtung der gesetzlichen Vorschriften, welche Tagesordnungspunkte in nichtöffentlicher Sitzung behandelt werden sollen.

(3) Betrifft ein Vorschlag eine Angelegenheit, die nicht in den Aufgabenbereich der Stadt/Gemeinde fällt, weist der Bürgermeister/die Bürgermeisterin in der Tagesordnung darauf hin, dass die Angelegenheit durch Geschäftsordnungsbeschluss vom Rat von der Tagesordnung wieder abzusetzen ist.

§ 4
Öffentliche Bekanntmachung

Zeit, Ort und Tagesordnung der Ratssitzung sind von dem Bürgermeister/der Bürgermeisterin rechtzeitig öffentlich bekanntzumachen. Die Bekanntmachung erfolgt in der Form, die die Hauptsatzung hierfür vorschreibt.

§ 5
Anzeigepflicht bei Verhinderung

(1) Ratsmitglieder, die verhindert sind, an einer Sitzung teilzunehmen, haben dies unverzüglich dem Bürgermeister/der Bürgermeisterin mitzuteilen.

(2) Ratsmitglieder, die die Sitzung vorzeitig verlassen wollen, haben dies dem Bürgermeister/der Bürgermeisterin spätestens zu Beginn der Sitzung mitzuteilen.

2. Durchführung der Ratssitzungen

2.1 Allgemeines

§ 6
Öffentlichkeit der Ratssitzungen

(1) Die Sitzungen des Rates sind öffentlich.

Jede Person hat das Recht, als Zuhörer/Zuhörerin an öffentlichen Ratssitzungen teilzunehmen, soweit dies die räumlichen Verhältnisse gestatten. Die Zuhörer sind – außer im Falle des § 18 (Einwohnerfragestunde) – nicht berechtigt, das Wort zu ergreifen oder sich sonst an den Verhandlungen des Rates zu beteiligen.

(2) Für folgende Angelegenheiten wird die Öffentlichkeit ausgeschlossen:

a) Personalangelegenheiten,

b) Erwerb bzw. Veräußerung von Grundstücken durch die Gemeinde; dies gilt auch für Pacht, Miete oder ähnliche Rechtsgeschäfte, durch die der Gemeinde Rechte an einer Liegenschaft verschafft werden bzw. die Gemeinde solche Rechte Dritten verschafft,[5]

c) Auftragsvergaben,

d) Angelegenheiten der zivilen Verteidigung,

e) Einzelfälle in Abgabenangelegenheiten,

---

[5] Die vorgeschlagene Regelung stellt klar, dass vom grundsätzlichen Ausschluss der Öffentlichkeit nur solche Angelegenheiten erfasst werden, bei denen die Gemeinde als (Ver-)Käufer, (Ver-)Mieter, (Ver-)Pächter oder ähnliches auftritt. In diesen Fällen gebieten regelmäßig Gründe des öffentlichen Wohls den Ausschluss der Öffentlichkeit. Andere Angelegenheiten, bei denen u.U. Interessen und Belange von Vertragspartnern der Gemeinde berührt sein können, sind datenschutzrechtlich gemäß § 48 Abs. 3 zweiter Halbsatz GO geschützt. Dem wird in Absatz 4 Rechnung getragen.

f) Angelegenheiten der Rechnungsprüfung mit Ausnahme der Beratung des Jahresabschlusses und der Entlastung des Bürgermeisters/der Bürgermeisterin (§ 96 Abs. 1).

Dies gilt nicht, wenn im Einzelfall weder Gründe des öffentlichen Wohls noch berechtigte Ansprüche oder Interessen Einzelner den Ausschluss der Öffentlichkeit gebieten.

(3) Darüber hinaus kann auf Antrag des Bürgermeisters/der Bürgermeisterin oder eines Ratsmitgliedes für einzelne Angelegenheiten die Öffentlichkeit ausgeschlossen werden. Anträge und Vorschläge auf Ausschluss der Öffentlichkeit dürfen nur in nichtöffentlicher Sitzung begründet und beraten werden. Falls dem Antrag stattgegeben wird, ist die Öffentlichkeit in geeigneter Weise zu unterrichten, dass in nichtöffentlicher Sitzung weiter verhandelt wird (§ 48 Abs. 2 Sätze 3 bis 5 GO).

(4) Personenbezogene Daten dürfen offenbart werden, soweit nicht schützenswerte Interessen Einzelner oder Belange des öffentlichen Wohls überwiegen; erforderlichenfalls ist die Öffentlichkeit auszuschließen.

(5) Die im Gemeinde-/ Stadtgebiet erscheinenden Zeitungen und im Gemeinde-/ Stadtgebiet tätigen Rundfunk- und Fernsehveranstalter sollen zu den Sitzungen eingeladen werden.

(6) Bei digitalen (**optional:** oder hybriden[6]) Sitzungen hat jede Person das Recht, digital als Zuhörer/in teilzunehmen. Personen, die nicht

6 Die Sitzungsöffentlichkeit ist bei hybriden Sitzungen grundsätzlich schon dadurch gewährleistet, dass Zuhörerinnen und Zuhörer im Sitzungsraum anwesend sein können; es gibt aus den gesetzlichen Regelungen keinen Anspruch auf digitale Teilnahme bei einer hybriden Sitzung. Dennoch kann

über einen eigenen Internetzugang verfügen, melden sich bis zum dritten Tag vor der Sitzung bei der Verwaltung der Gemeinde/Stadt (**optional**: Angabe von Kontaktdaten), damit der Person das Verfolgen der Sitzung in geeigneten Räumlichkeiten ermöglicht werden kann (**Hinweis:** Satz 2 bei hybriden Sitzungen nicht erforderlich). Die Zurverfügungstellung der Daten, die den Zugang zum Videokonferenzsystem ermöglichen (Zugangsdaten), richten sich nach § 1 Abs. 3b dieser Geschäftsordnung[7]. Digital teilnehmender Zuhörer/innen sind vorbehaltlich der Regelung in § 18 dieser Geschäftsordnung nicht berechtigt, sich an der Sitzung zu beteiligen; dies gilt auch für die optische Kundgabe von Zustimmung oder Missbilligung.

(7) Ist die Öffentlichkeit von der Beratung bei digitalen oder hybriden Sitzungen ausgeschlossen, haben die digital teilnehmenden Ratsmitglieder in ihrem Verantwortungsbereich den erforderlichen Datenschutz sicherzustellen und am Ort ihrer Sitzungsteilnahme zu verhindern, dass Dritte die Inhalte der nichtöffentlichen Beratung ganz oder teilweise wahrnehmen können. Dies gilt sowohl für die Bild- als auch für die Tonübertragung. Diese Pflicht ist Bestandteil der Verschwiegenheitspflicht nach § 30 Abs. 1 GO NRW. Vor Beginn eines nichtöffentlichen Sitzungsteils hat die Sitzungsleitung die Gremienmitglieder

---

es politisch gewünscht sein, Zuhörerinnen und Zuhörern einen digitalen Zugang auch bei hybriden Sitzungen zu ermöglichen (weil z.B. sonst regelmäßig mehr Zuhörende als Mandatsträgerinnen und Mandatsträger im Sitzungsraum sind). Auch wenn diese Möglichkeit nicht ausdrücklich im Gesetz genannt ist, geht die Geschäftsstelle davon aus, dass dieser Weg im Rahmen der Geschäftsordnungsautonomie eröffnet werden kann.

[7] Nach Auffassung der Geschäftsstelle ist bei hybriden Sitzungen auch ein einfacherer Weg zur Zurverfügungstellung der Zugangsdaten rechtlich möglich.

auf ihre Pflichten hinzuweisen. Bei erkennbaren Verstößen (z.B. Teilnahme eines Ratsmitglieds im öffentlichen Raum im Nahbereich anderer Personen) kann der Vorsitzende/die Vorsitzende gegenüber dem betreffenden Ratsmitglied die Rechte nach §§ 21, 22 dieser Geschäftsordnung wahrnehmen.

§ 7
Vorsitz

(1) Der Bürgermeister/Die Bürgermeisterin führt den Vorsitz im Rat. Im Falle seiner/ihrer Verhinderung übernimmt sein/ihr Stellvertreter/seine/ihre Stellvertreterin den Vorsitz. Die Reihenfolge der Stellvertretung bestimmt sich aufgrund des Wahlergebnisses nach § 67 Abs. 2 GO.

(2) Der Bürgermeister/Die Bürgermeisterin hat die Sitzung sachlich zu leiten. Er/Sie handhabt die Ordnung in der Sitzung und übt das Hausrecht (§ 51 GO) aus.

§ 8
Beschlussfähigkeit

(1) Vor Eintritt in die Tagesordnung stellt der Bürgermeister/die Bürgermeisterin die ordnungsgemäße Einberufung sowie die Beschlussfähigkeit der Versammlung fest und lässt dies in der Niederschrift vermerken. Der Rat ist beschlussfähig, wenn mehr als die Hälfte der gesetzlichen Mitgliederzahl anwesend ist. Er gilt als beschlussfähig, solange seine Beschlussunfähigkeit nicht festgestellt ist (§ 49 Abs. 1 GO).

(2) Ist eine Angelegenheit wegen Beschlussunfähigkeit zurückgestellt worden und wird der Rat zur Behandlung über denselben Gegenstand einberufen, so ist er ohne Rücksicht auf die Zahl der Erschienenen

beschlussfähig, wenn bei der zweiten Einberufung auf diese Bestimmung ausdrücklich hingewiesen worden ist (§ 49 Abs. 2 GO).

§ 9
Befangenheit von Mitgliedern des Rates

(1) Muss ein Mitglied des Rates annehmen, nach §§ 50 Abs. 6, 43 Abs. 2, 31 GO von der Mitwirkung an der Beratung und Entscheidung ausgeschlossen zu sein, so hat es den Ausschließungsgrund vor Eintritt in die Verhandlung unaufgefordert dem Bürgermeister/der Bürgermeisterin anzuzeigen und den Sitzungsraum zu verlassen; bei einer öffentlichen Sitzung kann das Ratsmitglied sich in dem für die Zuhörer bestimmten Teil des Sitzungsraumes aufhalten.

(1a) Im Falle einer digitalen Sitzung oder einer hybriden Sitzung, bei der das ausgeschlossene Ratsmitglied in digitaler Form teilnimmt, hat der Vorsitzende/die Vorsitzende dafür Sorge zu tragen, dass eine Mitwirkung des betreffenden Ratsmitgliedes an der Beratung und Beschlussfassung ausgeschlossen ist.

Variante 1:
Hierzu ist das Mikrofon des ausgeschlossenen Ratsmitgliedes während der Behandlung des betreffenden Tagesordnungspunktes stumm zu schalten sowie die Möglichkeit zur Teilnahme an einem Abstimmungssystem auszuschließen; das Ratsmitglied hat sich jeder optischen Kundgabe von Zustimmung oder Ablehnung zu enthalten.

Variante 2:
Hierzu ist das Mikrofon und die Übertragung des Videobildes des betreffenden Ratsmitgliedes während der Behandlung des betreffenden Tagesordnungspunktes abzuschalten sowie die Möglich-

keit zur Teilnahme an einem Abstimmungssystem auszuschließen.

Bei nicht-öffentlichen Sitzungen ist zudem die Kamera- und Tonübertragung der Sitzung an das ausgeschlossene Mitglied zu unterbrechen.

(2) In Zweifelsfällen entscheidet der Rat darüber, ob ein Ausschließungsgrund besteht.

(3) Verstößt ein Ratsmitglied gegen die Offenbarungspflicht nach Abs. 1, so stellt der Rat dies durch Beschluss fest. Der Ratsbeschluss ist in die Niederschrift aufzunehmen.

(4) Die Regelungen gelten auch für den Bürgermeister/die Bürgermeisterin mit der Maßgabe, dass er/sie die Befangenheit dem/der Stellvertretenden Bürgermeister/ Bürgermeisterin vor Eintritt in die Verhandlungen anzeigt.

§ 10
Teilnahme an Sitzungen

(1) Der Bürgermeister/Die Bürgermeisterin und die Beigeordneten nehmen an den Sitzungen des Rates teil. Der Bürgermeister/Die Bürgermeisterin ist berechtigt und auf Verlangen mindestens eines Ratsmitgliedes verpflichtet, zu einem Punkt der Tagesordnung vor dem Rat Stellung zu nehmen. Auch Beigeordnete sind hierzu verpflichtet, falls es der Rat oder der Bürgermeister/die Bürgermeisterin verlangt (§ 69 Abs. 1 GO).

(2) Mitglieder der Bezirksvertretungen und der Ausschüsse können an den nichtöffentlichen Sitzungen des Rates als Zuhörer teilnehmen, soweit deren Aufgabenbereich durch den Beratungsgegenstand berührt wird. Die Teilnahme als Zuhörer/Zuhörerin begründet keinen

Anspruch auf Ersatz des Verdienstausfalls und auf Zahlung von Sitzungsgeld (§ 48 Abs. 4 GO).

2.2 Gang der Beratungen

§ 11
Änderung und Erweiterung der Tagesordnung

(1) Der Rat kann beschließen,

a) die Reihenfolge der Tagesordnungspunkte zu ändern,

b) Tagesordnungspunkte zu teilen oder miteinander zu verbinden,

c) Tagesordnungspunkte abzusetzen.

Die Verweisung eines zur Beratung in öffentlicher Sitzung vorgesehenen Tagesordnungspunktes in die nichtöffentliche Sitzung darf nur dann erfolgen, wenn es sich um eine geheimhaltungsbedürftige Angelegenheit im Sinne von § 6 Abs. 2 bis 4 GeschO handelt.

(2) Die Tagesordnung kann in der Sitzung durch Beschluss des Rates erweitert werden, wenn es sich um Angelegenheiten handelt, die keinen Aufschub dulden oder die von äußerster Dringlichkeit sind (§ 48 Abs. 1 GO). Der Ratsbeschluss ist in die Niederschrift aufzunehmen.

(3) Ist aufgrund des Vorschlags einer Fraktion oder eines Fünftels der Ratsmitglieder eine Angelegenheit in die Tagesordnung aufgenommen worden, die nicht in den Aufgabenbereich der Stadt/Gemeinde fällt, setzt der Rat durch Geschäftsordnungsbeschluss die Angelegenheit von der Tagesordnung ab.

(4) Wird nach Aufruf eines Tagesordnungspunktes, der eine Angelegenheit betrifft, die nicht in den Aufgabenbereich der Stadt/Gemeinde

fällt, ein Geschäftsordnungsantrag nach Abs. 3 aus der Mitte des Rates nicht gestellt, stellt der Bürgermeister/die Bürgermeisterin von Amts wegen den Antrag und lässt darüber abstimmen.

§ 12
Redeordnung

(1) Der Bürgermeister/Die Bürgermeisterin ruft jeden Punkt der Tagesordnung nach der vorgesehenen oder beschlossenen Reihenfolge unter Bezeichnung des Verhandlungsgegenstandes auf und stellt die Angelegenheit zur Beratung. Wird eine Angelegenheit beraten, die auf Vorschlag von einem Fünftel der Ratsmitglieder oder einer Fraktion in die Tagesordnung aufgenommen worden ist (§ 3 Abs. 1 dieser Geschäftsordnung), so ist zunächst den Antragstellern Gelegenheit zu geben, ihren Vorschlag zu begründen. Ist eine Berichterstattung vorgesehen, so erhält zunächst der Berichterstatter/die Berichterstatterin das Wort.

(2) Hinsichtlich der Angelegenheiten, die nicht in den Aufgabenbereich der Stadt/Gemeinde fallen, gelten § 11 Absätze 3 und 4.

(3) Ein Ratsmitglied, das das Wort ergreifen will, hat sich durch Aufheben der Hand zu melden. Melden sich mehrere Ratsmitglieder gleichzeitig, so bestimmt der Bürgermeister/die Bürgermeisterin die Reihenfolge der Wortmeldungen.

(4) Außerhalb der Reihenfolge erhält ein Ratsmitglied das Wort, wenn es Anträge zur Geschäftsordnung stellen will.

(5) Der Bürgermeister/die Bürgermeisterin ist berechtigt, auch außerhalb der Reihenfolge das Wort zu ergreifen.

(6) Die Redezeit beträgt im Regelfalle höchstens 10 Minuten. Sie kann durch Beschluss des Rates verlängert oder verkürzt werden. Ein

Ratsmitglied darf höchstens dreimal zum selben Punkt der Tagesordnung sprechen; Anträge zur Geschäftsordnung bleiben hiervon unberührt.[8]

§ 12a
Durchführung digitaler und hybrider Sitzungen

(1) Bei einer digitalen Sitzung nehmen alle Ratsmitglieder ohne persönliche Anwesenheit am Sitzungsort unter Einsatz technischer Hilfsmittel durch zeitgleiche Bild-Ton-Übertragung an der Sitzung teil. Bei einer digitalen Sitzung gelten per Bild-Ton-Übertragung teilnehmende Ratsmitglieder als anwesend. Ratsmitgliedern, die nicht über einen eigenen Internetzugang verfügen, ist auf Anfrage, die spätestens bis zum dritten Tag vor der Sitzung erfolgen muss, ein Angebot mit einem Internetzugang (z.B. in einer gesonderten Räumlichkeit) bereitzustellen.

(2) Bei einer hybrid durchgeführten Sitzung nehmen Ratsmitglieder teils persönlich anwesend und teils ohne persönliche Anwesenheit unter Einsatz technischer Hilfsmittel durch zeitgleiche Bild-Ton-Übertragung an der Sitzung teil, während die Sitzungsleitung am Sitzungsort anwesend ist. Bei einer hybriden Sitzung gelten sowohl die am Sitzungsort anwesenden Ratsmitglieder als auch die digital per Bild-Ton-Übertragung teilnehmenden Ratsmitglieder als anwesend. Ebenfalls sind der Schriftführer/die Schriftführerin sowie die weiteren

---

[8] Nach dem Urteil des VG Arnsberg vom 05. Dezember 2019 (Az.: 12 K 7751/17) wird eine Redezeitbeschränkung für den Rat als zulässig erachtet. Eine Beschränkung für die Ausschüsse ist dagegen unzulässig, zumindest wenn diese gleichlautend zu der Beschränkung für die Ratssitzung ist.

Bediensteten der Verwaltung, die aufgrund ihrer dienstlichen Stellung an der Sitzung teilnehmen, am Sitzungsort anwesend.

Optional:

Die Sitzungsleitung kann gestatten, dass die weiteren Bediensteten der Verwaltung, die aufgrund ihrer dienstlichen Stellung an der Sitzung teilnehmen, auch in digitaler Form teilnehmen können.

(3) Sowohl bei einer digitalen Sitzung als auch bei digital teilnehmenden Ratsmitgliedern im Rahmen einer hybriden Sitzung haben die Ratsmitglieder dafür Sorge zu tragen, dass sie in ungestörter Weise an den Ratssitzungen teilnehmen können. Das Aufzeichnen und Weiterverbreiten der Sitzung oder von Sitzungsteilen ist untersagt.

§ 12b
Verantwortlichkeiten im Rahmen digitaler und hybrider Sitzungen

(1) Die von Seiten der Stadt/Gemeinde für die Durchführung von digitalen und hybriden Sitzungen eingesetzten Anwendungen müssen dem aktuellen Stand der IT-Sicherheitstechnik für Videokonferenz- und Abstimmungssysteme entsprechen und von der Gemeindeprüfungsanstalt NRW zugelassen worden sein. Für den Einsatz dieser Anwendungen hat die Stadt/Gemeinde ein gesondertes Konzept zu erstellen, das den Anforderungen der IT-Sicherheit Rechnung trägt, oder ein vorhandenes IT-Sicherheitskonzept entsprechend zu erweitern. Das entsprechende Konzept ist den Ratsmitgliedern zur Verfügung zu stellen.

(2) Vor und während der gesamten Dauer der Sitzung hat die Stadt/Gemeinde die technischen und organisatorischen Voraussetzungen dafür sicherzustellen, dass den Ratsmitgliedern und in öffent-

lichen Sitzungen der Öffentlichkeit der Zugang und die digitale Teilnahme an der Sitzung dauerhaft möglich sind.

Variante 1:

Dies umfasst die Verantwortung für die grundsätzliche Funktionsfähigkeit der eingesetzten Softwareanwendung, die Übertragungstechnik im Sitzungssaal, die Übertragung von Bild- und Tonaufnahmen an digital teilnehmende Ratsmitglieder sowie im Falle der Bereitstellung von Endgeräten zur Teilnahme an digitalen oder hybriden Sitzungen auch die grundsätzliche Funktionsfähigkeit dieser Endgeräte.

Variante 2:

Dies umfasst die Verantwortung für die grundsätzliche Funktionsfähigkeit der eingesetzten Softwareanwendung, die Übertragungstechnik im Sitzungssaal und die Übertragung von Bild- und Tonaufnahmen an digital teilnehmende Ratsmitglieder. Bei bereitgestellten Endgeräten obliegt die ordnungsgemäße Bedienung und die Pflege der Software (insb. durch das regelmäßige Aufspielen von Updates des Betriebssystems oder der verwendeten Softwareanwendungen) nach Maßgabe eines gesonderten Konzeptes nach § 8 Abs. 1 Satz 2 Digitalsitzungsverordnung den Ratsmitgliedern.

(3) Die Ratsmitglieder können für die Teilnahme an digitalen und hybriden Sitzungen grundsätzlich ihre eigenen Endgeräte verwenden. Hierzu ist in einem gesonderten Konzept nach § 8 Abs. 1 Satz 2 Digitalsitzungsverordnung festzulegen, welche IT-sicherheitsrechtlichen und datenschutzrechtlichen Maßnahmen von den Ratsmitgliedern in eigener Verantwortung zu treffen sind.

Alternativ:

(3) Die Ratsmitglieder müssen für die Teilnahme an digitalen und hybriden Sitzungen grundsätzlich die von Seiten der Stadt/Gemeinde bereitgestellten Endgeräte verwenden.

(4) Die Ratsmitglieder sind für die Herstellung der digitalen Verbindung zur Sitzung mit der dafür von Seiten der Stadt/Gemeinde bereitgestellten Anwendung und mit den dafür zugelassenen oder bereitgestellten Endgeräten verantwortlich.

(5) Die Sitzung ist unverzüglich zu unterbrechen, wenn ein Ratsmitglied eine Störung der Bild-Ton-Übertragung, die es an einer ordnungsgemäßen Sitzungsteilnahme hindert, rügt oder wenn die Sitzungsleitung auf andere Weise Kenntnis von einer solchen Störung erhält. Die Meldung einer Störung kann über eine telefonische Verbindung erfolgen (zweiter Meldeweg), deren Telefonnummer den Ratsmitgliedern vor Beginn einer digitalen oder hybriden Sitzung mitzuteilen ist; die Mitteilung der Telefonnummer soll mit der Zurverfügungstellung der Einwahldaten (§ 1 Abs. 3a) verbunden werden.

(6) Die Sitzung darf vor Behebung der Störung i.S.d. Absatz 5 nicht fortgesetzt werden, es sei denn, dass es sich um eine unbeachtliche Störung handelt oder davon ausgegangen werden kann, dass die Störung in den Verantwortungsbereich des Ratsmitglieds fällt. Das ist insbesondere zu vermuten,

- wenn eine Behebung der Störung nicht gelingt und allen übrigen Ratsmitgliedern eine störungsfreie Bild-Ton-Übertragung möglich ist,
- nach einem Abbruch der Bild-Ton-Übertragung eine Meldung der Störung nach Absatz 5 nicht innerhalb von fünf Minuten nach Auftreten der Störung durch das Ratsmitglied erfolgt, oder

- das betroffene Ratsmitglied nach Wiederherstellung der Übertragung ohne Rüge an Beratungen und Abstimmungen mitwirkt.

§ 12c
Ablauf digitaler und hybrider Sitzungen

(1) Ratsmitglieder müssen bei digitalen oder hybriden Sitzungen jederzeit durch Bildübertragung für die Sitzungsleitung, die anderen Ratsmitglieder und die Öffentlichkeit wahrnehmbar sein. Bei Wortbeiträgen müssen die Ratsmitglieder mit Bild und Ton wahrnehmbar sein. Außerhalb von Wortbeiträgen sind die Mikrofone der Ratsmitglieder stumm zu stellen; ihnen muss es jederzeit während der Sitzung technisch möglich sein, die Wahrnehmbarkeit mit Bild und Ton herzustellen, solange die Ratsmitglieder nicht aufgrund einer anderen Regelung dieser Geschäftsordnung, der Hauptsatzung der Stadt/Gemeinde X oder der Gemeindeordnung NRW verpflichtet sind, ihre Mikrofone stumm zu stellen und/oder die Bildübertragung zu unterbrechen (z.B. im Falle des Ausschlusses nach § 9 Abs. 1a dieser Geschäftsordnung oder beim Entzug des Rederechts nach § 21 dieser Geschäftsordnung).

(2) Die Ratsmitglieder können in besonderen Fällen die Bildübertragung unterbrechen, wenn dies zum Schutz der Privatsphäre oder aus anderen, vergleichbaren Gründen notwendig ist.[9] In diesen Fällen gilt das Ratsmitglied während der Unterbrechung der Bildübertragung als nicht anwesend. Die Unterbrechung der Bildübertragung soll höchstens 10 Minuten dauern, ansonsten hat das Ratsmitglied die Sitzungsleitung über den Grund der Unterbrechung zu informieren.

---

[9] Unerwartete Unterbrechung im Nahbereich des an der Sitzung digital teilnehmenden Ratsmitgliedes, sanitäre Bedürfnisse etc.

(3) Die Sitzungsleitung hat das Recht, die Mikrofone von Ratsmitgliedern stumm zu schalten sowie die Bildübertragung zu unterbrechen, wenn eine Stummschaltung oder ein Ausschluss der Bildübertragung nach dieser Geschäftsordnung, der Hauptsatzung der Stadt/Gemeinde X oder der Gemeindeordnung NRW geboten ist. § 2 Abs. 4 Satz 2 Digitalsitzungsverordnung bleibt unberührt.

(4) Die Sitzungsleitung ist berechtigt, zur Vorbereitung der Niederschrift einen Mitschnitt einer digitalen oder hybriden Ratssitzung anzufertigen.

§ 13
Anträge zur Geschäftsordnung

(1) Anträge zur Geschäftsordnung können jederzeit von jedem Mitglied des Rates gestellt werden. Dazu gehören insbesondere folgende Anträge:

a) auf Schluss der Aussprache (§ 14),

b) auf Schluss der Rednerliste (§ 14),

c) auf Verweisung an einen Ausschuss oder an den Bürgermeister,

d) auf Vertagung,

e) auf Unterbrechung oder Aufhebung der Sitzung,

f) auf Ausschluss oder Wiederherstellung der Öffentlichkeit,

g) auf namentliche oder geheime Abstimmung,

h) auf Absetzung einer Angelegenheit von der Tagesordnung.

(2) Wird ein Antrag zur Geschäftsordnung gestellt, so darf noch je ein Mitglied des Rates für und gegen diesen Antrag sprechen. Anschließend ist über den Antrag abzustimmen. In den Fällen des § 16 Abs. 3 Abs. 4 bedarf es keiner Abstimmung.

Über Anträge zur Geschäftsordnung hat der Rat gesondert vorab zu entscheiden. Werden mehrere Anträge zur Geschäftsordnung gleichzeitig gestellt, so ist über den jeweils weitestgehenden Antrag zuerst abzustimmen. In Zweifelsfällen bestimmt der Bürgermeister/die Bürgermeisterin die Reihenfolge der Abstimmung.

§ 14
Schluss der Aussprache, Schluss der Rednerliste

Jedes Mitglied des Rates, das sich nicht an der Beratung beteiligt hat, kann beantragen, dass die Beratung des Tagesordnungspunktes beendet oder die Rednerliste geschlossen wird. Wird ein solcher Antrag gestellt, so gibt der/die Vorsitzende die bereits vorliegenden Wortmeldungen bekannt.

§ 15
Anträge zur Sache

(1) Jedes Mitglied des Rates und jede Fraktion sind berechtigt, zu jedem Punkt der Tagesordnung Anträge zu stellen, um eine Entscheidung des Rates in der Sache herbeizuführen (Anträge zur Sache). Hat eine Vorberatung in Ausschüssen des Rates stattgefunden, so steht ein gleiches Recht auch den beteiligten Ausschüssen zu. Die Anträge müssen einen abstimmungsfähigen Beschlussentwurf enthalten.

(2) Für Zusatz- und Änderungsanträge zu den nach Abs. 1 gestellten Anträgen gilt Abs. 1 Satz 3 entsprechend.

(3) Anträge nach den Absätzen 1 und 2, die Mehrausgaben oder Mindereinnahmen gegenüber den Ansätzen des Haushaltsplanes zur Folge haben, müssen mit einem Deckungsvorschlag verbunden werden.

§ 16
Abstimmung

(1) Nach Schluss der Aussprache stellt der Bürgermeister/die Bürgermeisterin die zu dem Tagesordnungspunkt gestellten Sachanträge zur Abstimmung. Der weitestgehende Antrag hat Vorrang. In Zweifelsfällen bestimmt der Bürgermeister/die Bürgermeisterin die Reihenfolge der Abstimmung.

(2) Die Abstimmung erfolgt im Regelfall durch Handzeichen.

(2a) Das im Rahmen einer digitalen oder hybriden Sitzung eingesetzte Abstimmungssystem muss das Stimmverhalten der Stimmberechtigten bei offenen oder namentlichen Abstimmungen für die Sitzungsleitung, die anderen Gremienmitglieder und die Öffentlichkeit erkennen und nachvollziehen lassen. Der Verzicht auf den Einsatz eines Abstimmungssystems ist zulässig, wenn die Voraussetzungen des Satzes 1 im Rahmen der digitalen oder hybriden Sitzungsdurchführung auf andere geeignete Weise erfüllt werden. Dies ist bei einer offenen Abstimmung insbesondere dann der Fall, wenn die Sitzungsleitung die stimmberechtigten Mitglieder ohne größere Schwierigkeiten überblicken kann und so eine Abstimmung durch Erheben der Hand möglich ist. Im Zweifel entscheidet die Sitzungsleitung, ob ein Fall der Sätze 2 und 3 vorliegt.

(2b) Die Durchführung geheimer Abstimmungen oder Wahlen ist in einer digitalen oder hybriden Sitzung nur zulässig, wenn durch das eingesetzte Abstimmungssystem technisch sichergestellt ist, dass die Anforderungen an das Verfahren eingehalten werden können, insbesondere die Vertraulichkeit der digitalen Stimmabgabe gewährleistet bleibt und die wesentlichen Schritte der Abstimmungs- beziehungsweise Wahlhandlung und der Ergebnisermittlung zuverlässig und ohne besondere Sachkenntnis überprüft werden können.[10]

Optional:

Die Durchführung geheimer Abstimmungen oder Wahlen ist in einer digitalen oder hybriden Sitzung unter Verwendung des eingesetzten Abstimmungssystems zulässig. Es muss gewährleistet sein, dass die Stimmabgabe der einzelnen Ratsmitglieder für alle Beteiligten geheim bleibt. **optional:** Der Rat kann im Einzelfallmit Stimmenmehrheit entscheiden, dass die geheime Abstimmung nicht unter Verwendung des eingesetzten Abstimmungssystems erfolgt.

(2c) Wird in einer digitalen oder hybriden Sitzung eine geheime Abstimmung nicht unter Verwendung eines Abstimmungssystems durchgeführt, sind geheime Abstimmungen im Nachgang zur digitalen oder hybriden Sitzung durch Abgabe von Stimmzetteln per Briefwahl durchzuführen und das Ergebnis in die Niederschrift aufzunehmen. Für die Durchführung der Briefwahl sind die Vorschriften des Kommunalwahlgesetzes NRW, insbesondere §§ 26 und 27 Kommunalwahlgesetz NRW entsprechend heranzuziehen. Die per Briefwahl abgegebenen Stimmen müssen grundsätzlich bis zum fünften Tag (**optional:** fünften Werktag) nach der betreffenden Sitzung bei der Bürgermeisterin bzw. dem Bürgermeister eingegangen sein. Es dürfen nur Mitglieder abstimmen, die auch an der entsprechenden Sitzung teil-

[10] Diese Variante kommt nur in Betracht, wenn unklar ist, ob das eingesetzte System den genannten Anforderungen entspricht; hier wäre dann stets eine Einzelfallentscheidung durch die Sitzungsleitung erforderlich.

genommen haben. Die Auszählung erfolgt durch die Bürgermeisterin/den Bürgermeister oder einen oder mehrere von ihm oder ihr hierzu herangezogene(n) Bedienstete(n) der Stadt/Gemeinde; bei der Auszählung sollen mindestens drei Bedienstete der Stadt/Gemeinde anwesend sein. Ratsmitgliedern ist auf deren Verlangen die Möglichkeit zur Anwesenheit bei der Auszählung zu geben. Neben den Gremienmitgliedern ist auch die Öffentlichkeit über das Stimmergebnis zu informieren, soweit nicht im Einzelfall etwas anderes beschlossen wird.

(3) Auf Antrag von mindestens einem Fünftel der Mitglieder des Rates erfolgt namentliche Abstimmung. Bei namentlicher Abstimmung ist die Stimmabgabe jedes Stimmberechtigten in der Niederschrift zu vermerken.

(4) Auf Antrag von mindestens einem Fünftel der Mitglieder des Rates wird geheim abgestimmt. Die geheime Abstimmung erfolgt durch Abgabe von Stimmzetteln.

(5) Wird zum selben Tagesordnungspunkt sowohl ein Antrag auf namentliche als auch auf geheime Abstimmung gestellt, so hat der Antrag auf geheime Abstimmung Vorrang.

Das Abstimmungsergebnis wird von dem Bürgermeister/der Bürgermeisterin bekanntgegeben und in der Niederschrift festgehalten.

§ 17
Fragerecht der Ratsmitglieder[11]

(1) Jedes Ratsmitglied ist berechtigt, schriftliche Anfragen, die sich auf Angelegenheiten der Stadt/Gemeinde beziehen, an den Bürger-

---

[11] § 17 regelt die Art und Weise der Umsetzung des Auskunftsanspruchs nach §§ 47 Abs. 2 Satz 2, 55 Abs. 1 Satz 2 GO.

meister/die Bürgermeisterin zu richten. Anfragen sind mindestens fünf Werktage vor Beginn der Ratssitzung dem Bürgermeister/der Bürgermeisterin zuzuleiten. Die Beantwortung hat schriftlich zu erfolgen, wenn der Fragesteller/die Fragestellerin es verlangt.

(2) Jedes Ratsmitglied ist darüber hinaus berechtigt, nach Erledigung der Tagesordnung einer Ratssitzung bis zu zwei mündliche Anfragen, die sich nicht auf die Tagesordnung der Ratssitzung beziehen dürfen, an den Bürgermeister/die Bürgermeisterin zu richten. Die Anfragen müssen Angelegenheiten betreffen, die in den Aufgabenbereich der Stadt/Gemeinde fallen. Sie müssen kurz gefasst sein und eine kurze Beantwortung ermöglichen. Der Fragesteller/die Fragestellerin darf jeweils nur eine Zusatzfrage stellen. Ist eine sofortige Beantwortung nicht möglich, kann der Fragesteller/die Fragestellerin auf eine Beantwortung in der nächsten Ratssitzung oder auf eine schriftliche Beantwortung verwiesen werden.[12]

(3) Anfragen dürfen zurückgewiesen werden, wenn

a) sie nicht den Bestimmungen der Abs. 1 oder 2 entsprechen,

b) die begehrte Auskunft demselben oder einem anderen Ratsmitglied innerhalb der letzten sechs Monate erteilt wurde,

c) die Beantwortung offenkundig mit einem unverhältnismäßigen Aufwand verbunden wäre.

---

[12] Für diejenigen Gemeinden, die die Dauer einer in der Tagesordnung festgelegten Fragestunde nach Abs. 2 begrenzen wollen, wird empfohlen, Abs. 2 durch folgenden Satz 6 zu ergänzen:

„Die Höchstdauer einer Fragestunde wird auf ... Minuten festgesetzt.“

(4) Eine Aussprache findet nicht statt.

§ 18
Fragerecht von Einwohnern

(1) Der Rat kann beschließen, dass eine Fragestunde für Einwohner in die Tagesordnung der nächstfolgenden Ratssitzung aufgenommen wird. In diesem Fall ist jeder Einwohner/jede Einwohnerin der Stadt/Gemeinde berechtigt, nach Aufruf des Tagesordnungspunktes mündliche Anfragen an den Bürgermeister/die Bürgermeisterin zu richten. Die Anfragen müssen sich auf Angelegenheiten der Stadt/Gemeinde beziehen. Den Einwohnerinnen und Einwohnern wird bei digitalen (optional: hybriden) Sitzungen ein nach § 1 Abs. 3b dieser Geschäftsordnung geschützter Zugang mit Rederecht eingeräumt.

(2) Melden sich mehrere Einwohner gleichzeitig, so bestimmt der Bürgermeister/die Bürgermeisterin die Reihenfolge der Wortmeldungen. Jeder Fragesteller/jede Fragestellerin ist berechtigt, höchstens zwei Zusatzfragen zu stellen.

(3) Die Beantwortung der Anfrage erfolgt im Regelfall mündlich durch den Bürgermeister/die Bürgermeisterin. Ist eine sofortige Beantwortung nicht möglich, so kann der Fragesteller/die Fragestellerin auf schriftliche Beantwortung verwiesen werden. Eine Aussprache findet nicht statt.

§ 19
Wahlen

(1) Wahlen werden durch offene Abstimmung vollzogen. Die Abstimmung erfolgt im Regelfall durch Handzeichen.

(2) Wenn das Gesetz es bestimmt oder wenn ein Ratsmitglied oder der Bürgermeister/die Bürgermeisterin der offenen Abstimmung

widerspricht, erfolgt die Wahl geheim durch Abgabe von Stimmzetteln. Auf dem Stimmzettel ist der Name des/der zu Wählenden anzugeben oder anzukreuzen. Unbeschriftete Stimmzettel gelten als Stimmenthaltung.

(3) Gewählt ist die vorgeschlagene Person, die mehr als die Hälfte der gültigen Stimmen erhalten hat. Nein-Stimmen gelten als gültige Stimmen. Erreicht niemand mehr als die Hälfte der Stimmen, so findet zwischen den Personen, welche die beiden höchsten Stimmenzahlen erreicht haben, eine engere Wahl statt. Gewählt ist, wer in dieser engeren Wahl die meisten Stimmen auf sich vereinigt. Bei Stimmengleichheit entscheidet das Los (§ 50 Abs. 2 GO).

(4) Für die Besetzung von Ausschüssen des Rates gilt § 50 Abs. 3 GO.

(5) Für Wahlen im Rahmen einer digitalen oder hybriden Sitzung gilt § 16 Abs. 2a – 2c dieser Geschäftsordnung entsprechend.

2.3 Ordnung in den Sitzungen

§ 20
Ordnungsgewalt und Hausrecht

(1) In den Sitzungen des Rates handhabt der Bürgermeister/die Bürgermeisterin die Ordnung und übt das Hausrecht aus. Seiner/Ihrer Ordnungsgewalt und seinem/ihrem Hausrecht unterliegen – vorbehaltlich der §§ 21 bis 23 dieser Geschäftsordnung – alle Personen, die sich während einer Ratssitzung im Sitzungssaal aufhalten. Wer sich ungebührlich benimmt oder sonst die Würde der Versammlung verletzt, kann von dem Bürgermeister/der Bürgermeisterin zur Ordnung gerufen und notfalls aus dem Sitzungssaal gewiesen werden.

(2) Entsteht während einer Sitzung des Rates unter den Zuhörern störende Unruhe, so kann der Bürgermeister/die Bürgermeisterin nach vorheriger Abmahnung den für die Zuhörer bestimmten Teil des Sitzungssaales räumen lassen, wenn die störende Unruhe auf andere Weise nicht zu beseitigen ist.

§ 21
Ordnungsruf und Wortentziehung

(1) Redner, die vom Thema abschweifen, kann der Bürgermeister/die Bürgermeisterin zur Sache rufen.

(2) Redner, die ohne Worterteilung das Wort an sich reißen oder die vorgeschriebene Redezeit trotz entsprechender Abmahnung überschreiten, kann der Bürgermeister/die Bürgermeisterin zur Ordnung rufen.

(3) Hat ein Redner/eine Rednerin bereits zweimal einen Ruf zur Sache (Abs. 1) oder einen Ordnungsruf (Abs. 2) erhalten, so kann der Bürgermeister/die Bürgermeisterin ihm/ihr das Wort entziehen, wenn der Redner/die Rednerin Anlass zu einer weiteren Ordnungsmaßnahme gibt. Einem Redner/einer Rednerin, dem/der das Wort entzogen ist, darf es in derselben Ratssitzung zu dem betreffenden Tagesordnungspunkt nicht wieder erteilt werden.

§ 22
Entzug der Sitzungsentschädigung, Ausschluss aus der Sitzung

(1) Ein Ratsmitglied kann durch Beschluss des Rates nach § 51 Abs. 2 GO für eine oder mehrere Sitzungen ausgeschlossen und ihm können die auf den Sitzungstag entfallenden Entschädigungen ganz oder teilweise entzogen werden, wenn das Ratsmitglied

a) nach wiederholtem Ordnungsruf und nach Androhung des Sitzungsausschlusses seitens des/der Vorsitzenden sein störendes Verhalten fortsetzt oder

b) in gröblicher Weise die Ordnung verletzt.

(2) Hält der Bürgermeister/die Bürgermeisterin die Voraussetzungen für den Ausschluss eines Ratsmitglieds nach Abs. 1 für gegeben und hält er/sie den sofortigen Ausschluss des Ratsmitglieds für erforderlich, so kann er/sie den sofortigen Ausschluss verhängen und durchführen. Der Rat befindet über die Berechtigung dieser Maßnahme in der nächsten Sitzung (§ 51 Abs. 3 GO.)

§ 23
Einspruch gegen Ordnungsmaßnahmen

(1) Gegen Ordnungsmaßnahmen nach § 22 dieser Geschäftsordnung steht dem/der Betroffenen der Einspruch zu.

(2) Über die Berechtigung der Ordnungsmaßnahme befindet alsdann der Rat in der nächsten Sitzung ohne die Stimme des/der Betroffenen. Diesem/Dieser ist Gelegenheit zur Stellungnahme zu geben. Die Entscheidung des Rates ist dem/der Betroffenen zuzustellen.

3. Niederschrift über die Ratssitzungen, Unterrichtung der Öffentlichkeit

§ 24
Niederschrift

(1) Über die im Rat gefassten Beschlüsse ist durch den Schriftführer/die Schriftführerin eine Niederschrift aufzunehmen. Die Niederschrift muss enthalten:

a) die Namen der anwesenden und der fehlenden Ratsmitglieder,

b) die Namen der sonstigen an den Beratungen teilnehmenden Personen,

c) Ort und Tag sowie Zeitpunkt des Beginns, Durchführung als Präsenz-, digitale oder hybride Sitzung, einer etwaigen Unterbrechung und der Beendigung der Sitzung,

d) die behandelten Beratungsgegenstände,

e) die gestellten Anträge,

f) die gefassten Beschlüsse und die Ergebnisse von Wahlen.

(2) Die Niederschrift soll eine gedrängte Wiedergabe des Verhandlungsverlaufs enthalten.

(3) Der Schriftführer/Die Schriftführerin wird vom Rat bestellt. Soll ein Bediensteter/eine Bedienstete der Gemeinde/Stadtverwaltung bestellt werden, so erfolgt die Bestellung im Benehmen mit dem Bürgermeister/der Bürgermeisterin.

(4) Die Niederschrift wird von dem Bürgermeister/der Bürgermeisterin und dem/der vom Rat bestellten Schriftführer/ Schriftführerin unterzeichnet. Verweigert eine/r der Genannten die Unterschrift, so ist dies in der Niederschrift zu vermerken. Die Niederschrift ist allen Ratsmitgliedern in der Form zuzuleiten, wie die Einberufung erfolgt. Dabei ist sicherzustellen, dass unberechtigte Dritte keinen Zugriff auf den Teil

der Niederschrift nehmen können, die in nichtöffentlicher Sitzung behandelt wurden[13].

(5) Um die Erstellung der Niederschrift zu erleichtern, dürfen Tonbandmitschnitte von Sitzungen erfolgen. Sie dürfen ausschließlich von den in Abs. 4 Satz 1 genannten Personen zur Erstellung der Niederschrift genutzt werden. Ist bis spätestens in der auf die Zuleitung der Niederschrift gem. Abs. 4 Satz 2 folgenden Ratssitzung kein Wunsch zur Änderung der Niederschrift geäußert worden, so ist der Tonbandmitschnitt unverzüglich zu löschen. Wird ein Änderungswunsch geäußert, so kann zur Klärung der Berechtigung dieses Wunsches bis zur nächstfolgenden Ratssitzung der Tonbandmitschnitt abweichend von Satz 2 von dem Ratsmitglied, das den Änderungswunsch vorträgt, von dem Schriftführer/der Schriftführerin und ggf. auch von den in Abs. 4 Satz 1 genannten Personen gemeinsam abgehört werden, um eine gütliche Einigung über die Niederschrift zu erreichen. Das Ergebnis dieser Einigungsbemühungen ist dem Rat vorzutragen. Anschließend ist der Tonbandmitschnitt unverzüglich zu löschen.

(6) Für die Erstellung der Niederschrift mit Hilfe digitaler Mitschnitte einer digitalen oder hybriden Sitzung gilt § 12c Abs. 4 dieser Geschäftsordnung.

§ 25
Unterrichtung der Öffentlichkeit

(1) Über den wesentlichen Inhalt der vom Rat gefassten Beschlüsse ist die Öffentlichkeit in geeigneter Weise zu unterrichten. Dies kann

---

[13] Hinsichtlich der Sicherheitsstandards sei auf die Ausführungen zu Fußnote 2 verwiesen.

dadurch geschehen, dass der Bürgermeister/die Bürgermeisterin den Wortlaut eines vom Rat gefassten Beschlusses in öffentlicher Sitzung verliest und ihn erforderlichenfalls außerdem im unmittelbaren Anschluss an die Sitzung der örtlichen Presse zugänglich macht.

(2) Die Unterrichtung gilt grundsätzlich auch für Beschlüsse des Rates, die in nichtöffentlicher Sitzung gefasst werden, es sei denn, dass der Rat im Einzelfall ausdrücklich etwas anderes beschlossen hat.

II. Geschäftsordnung der Ausschüsse

§ 26
Grundregel

Auf das Verfahren in den Ausschüssen finden grundsätzlich die für den Rat geltenden Vorschriften entsprechend Anwendung, soweit nicht § 27 dieser Geschäftsordnung abweichende Regelungen enthält.

§ 27
Abweichungen für das Verfahren der Ausschüsse

(1) Der/die Ausschussvorsitzende setzt die Tagesordnung im Benehmen mit dem Bürgermeister/der Bürgermeisterin fest (§ 58 Abs. 2 Satz 2 GO). Der/die Ausschussvorsitzende ist auf Verlangen des Bürgermeisters/der Bürgermeisterin bzw. auf Antrag einer Fraktion verpflichtet, einen Gegenstand in die Tagesordnung aufzunehmen.

(2) Über Zeit, Ort und Tagesordnung der Ausschusssitzungen unterrichtet der Bürgermeister/die Bürgermeisterin die Öffentlichkeit in geeigneter Weise, ohne dass es einer öffentlichen Bekanntmachung nach § 4 dieser Geschäftsordnung bedarf.

(3) Die Beschlussfähigkeit von Ausschüssen ist über § 8 Abs. 1 Satz 2 dieser Geschäftsordnung hinaus nur dann gegeben, wenn die Zahl der anwesenden Ratsmitglieder die Zahl der anwesenden sachkundigen Bürger (stimmberechtigte Ausschussmitglieder nach § 58 Abs. 3 GO) übersteigt; Ausschüsse gelten auch insoweit als beschlussfähig, solange ihre Beschlussunfähigkeit nicht festgehalten ist.

(4) Der Bürgermeister/Die Bürgermeisterin und die Beigeordneten sind berechtigt und auf Verlangen eines Ausschusses in Angelegenheiten ihres Geschäftsbereichs verpflichtet, an dessen Sitzungen teilzunehmen. Sie sind berechtigt und auf Verlangen mindestens eines Ausschussmitglieds verpflichtet, zu einem Punkt der Tagesordnung vor dem Ausschuss Stellung zu nehmen.

(5) Der Bürgermeister/Die Bürgermeisterin ist zu allen Ausschusssitzungen einzuladen. Er/Sie hat das Recht, mit beratender Stimme an den Sitzungen teilzunehmen; ihm/ihr ist auf Verlangen jederzeit das Wort zu erteilen.

(6) An den nichtöffentlichen Sitzungen eines Ausschusses können die stellvertretenden Ausschussmitglieder und alle Ratsmitglieder als Zuhörer teilnehmen. Sachkundige Bürger/Bürgerinnen und sachkundige Einwohner/Einwohnerinnen, die zu stellvertretenden Ausschussmitgliedern gewählt worden sind, können an den nichtöffentlichen Sitzungen dieses Ausschusses als Zuhörer/Zuhörerin teilnehmen. Mitglieder anderer Ausschüsse können an einer Ausschusssitzung teil-

nehmen, soweit deren Aufgabenbereich durch den Beratungsgegenstand berührt wird.[14]

(7) § 17 dieser Geschäftsordnung findet auf Ausschüsse keine Anwendung.

(8) In den Ausschüssen ist eine Niederschrift über die Beschlüsse aufzunehmen. Die Niederschrift ist dem Bürgermeister/der Bürgermeisterin und den Ausschussmitgliedern in der Form zuzuleiten, wie auch die Einberufung erfolgt. Dabei ist sicherzustellen, dass unberechtigte Dritte keinen Zugriff auf den Teil der Niederschrift nehmen können, die in nichtöffentlicher Sitzung behandelt wurden[15].

(9) § 12 Abs. 6 dieser Geschäftsordnung findet auf Ausschüsse keine Anwendung.[16]

§ 28
Einspruch gegen Beschlüsse entscheidungsbefugter Ausschüsse

(1) Beschlüsse von Ausschüssen mit Entscheidungsbefugnis können erst durchgeführt werden, wenn innerhalb von drei Tagen, den Tag der Beschlussfassung nicht eingerechnet, weder von dem Bürgermeister/der Bürgermeisterin noch von mindestens einem Fünftel der Ausschussmitglieder schriftlich Einspruch eingelegt worden ist.

---

14 Satz 3 ist nur dann aufzunehmen, sofern den Ausschussmitgliedern das Recht eingeräumt werden soll, an den nichtöffentlichen Sitzungen aller Ausschüsse teilzunehmen.

15 Auch hier sei auf die Ausführungen zu Fußnote 2 verwiesen.

16 Vgl. Urteil des VG Arnsberg vom 05. Dezember 2019 bei Fn. 8.

(2) Über den Einspruch entscheidet der Rat.

III. Fraktionen

§ 29
Bildung von Fraktionen

(1) Fraktionen sind freiwillige Vereinigungen von Ratsmitgliedern, die sich auf der Grundlage grundsätzlicher politischer Übereinstimmung zu möglichst gleichgerichtetem Wirken zusammengeschlossen haben. Eine Fraktion muss aus mindestens 2 Ratsmitgliedern bestehen. Jedes Ratsmitglied kann nur einer Fraktion angehören.

(2) Die Bildung einer Fraktion ist dem Bürgermeister/der Bürgermeisterin vom Fraktionsvorsitzenden schriftlich anzuzeigen. Die Mitteilung muss die genaue Bezeichnung der Fraktion, die Namen des/der Fraktionsvorsitzenden und seines/ihres Stellvertreters sowie aller der Fraktion angehörenden Ratsmitglieder enthalten. Ferner ist anzugeben, wer berechtigt ist, für die Fraktion Anträge zu stellen oder sonstige Erklärungen abzugeben. Unterhält die Fraktion eine Geschäftsstelle, so hat die Mitteilung auch die Anschrift der Geschäftsstelle zu enthalten.

(3) Ratsmitglieder, die keiner Fraktion angehören, können von einer Fraktion als Hospitanten aufgenommen werden. Bei der Feststellung der Mindeststärke einer Fraktion zählen Hospitanten nicht mit.

(4) Die Auflösung einer Fraktion, der Wechsel im Fraktionsvorsitz (stellvertretenden Fraktionssitz) sowie die Aufnahme und das Ausscheiden von Mitgliedern sind dem Bürgermeister/der Bürgermeisterin von dem Fraktionsvorsitzenden/der Fraktionsvorsitzenden ebenfalls schriftlich anzuzeigen.

(5) Die Fraktionen haben hinsichtlich der Verarbeitung personenbezogener Daten (i.S.d. § 4 Datenschutzgesetz Nordrhein-Westfalen i.V.m. Art. 4 DSGVO) die erforderlichen technischen und organisatorischen Maßnahmen zu treffen, um eine den Vorschriften des Datenschutzgesetzes Nordrhein-Westfalen entsprechende Datenverarbeitung sicherzustellen. Sie sind verpflichtet, bei der Auflösung der Fraktion die aus der Fraktionsarbeit erlangten personenbezogenen Daten zu löschen (Art. 17 Abs. 1 Alt. 2 Buchstabe a DSGVO).

IV. Datenschutz

§ 30
Datenschutz

Die Mitglieder des Rates und der Ausschüsse, die im Rahmen der Ausübung ihrer ehrenamtlichen Tätigkeit Zugang zu vertraulichen Unterlagen, die personenbezogene Daten enthalten, haben bzw. von ihnen Kenntnis erlangen, dürfen solche Daten nur zu dem jeweiligen, der rechtmäßigen Aufgabenerfüllung dienenden Zweck verarbeiten oder offenbaren.

Personenbezogene Daten sind alle Informationen, die sich auf eine identifizierte oder identifizierbare natürliche Person beziehen. Als identifizierbar wird eine natürliche Person angesehen, die direkt oder indirekt, insbesondere mittels Zuordnung zu einer Kennung wie einem Namen, zu einer Kennnummer, zu Standortdaten, zu einer Online-Kennung oder zu einem oder mehreren besonderen Merkmalen, die Ausdruck der physischen, physiologischen, genetischen, psychischen, wirtschaftlichen, kulturellen oder sozialen Identität dieser natürlichen Person sind, identifiziert werden kann.

Vertrauliche Unterlagen sind alle Schriftstücke, automatisierte Dateien und sonstige Datenträger, die als solche gekennzeichnet sind oder personenbezogene Daten enthalten. Hierzu zählen auch mit vertraulichen Unterlagen in Zusammenhang stehende handschriftliche oder andere Notizen.

§ 31
Datenverarbeitung

Die Mitglieder des Rates und der Ausschüsse sind verpflichtet, vertrauliche Unterlagen so aufzubewahren, dass sie ständig vor Kenntnisnahme und Zugriff Dritter (z.B. Familienangehörige, Besucher, Parteifreunde, Nachbarn etc.) gesichert sind. Dieses gilt auch für den Transport der Unterlagen. In begründeten Einzelfällen ist dem Bürgermeister/der Bürgermeisterin auf Verlangen Auskunft über die getroffenen Datensicherheitsmaßnahmen zu geben.

Eine Weitergabe von vertraulichen Unterlagen oder Mitteilung über den Inhalt an Dritte, ausgenommen im erforderlichen Umfang bei Verhinderung an den Stellvertreter/die Stellvertreterin, ist nicht zulässig. Dies gilt auch für die Zeit nach Ausscheiden aus dem Rat.

Die Mitglieder der Gemeindevertretung und der Ausschüsse sind bei einem Auskunftsersuchen eines/einer Betroffenen nach dem Landesdatenschutzgesetz verpflichtet, dem Bürgermeister/der Bürgermeisterin auf Anfrage schriftlich Auskunft über die bei ihnen aufgrund dieser Tätigkeit zu einer bestimmten Person gespeicherten Daten zu erteilen (vgl. § 49 Abs. 1 DSG NRW). Zu beachten ist hierbei die Beschränkung des Auskunftsrechts gem. § 12 DSG NRW.

Vertrauliche Unterlagen sind unverzüglich und dauerhaft zu vernichten bzw. zu löschen, wenn diese für die Aufgabenerfüllung nicht mehr benötigt werden.

Bei vertraulichen Beschlussunterlagen einschließlich aller damit in Zusammenhang stehenden Unterlagen ist dieses regelmäßig anzunehmen, wenn die Niederschrift über die Sitzung, in der der jeweilige Tagesordnungspunkt abschließend behandelt wurde, genehmigt ist.

Bei einem Ausscheiden aus der Gemeindevertretung oder einem Ausschuss sind alle vertraulichen Unterlagen sofort dauerhaft zu vernichten bzw. zu löschen.

Die Unterlagen können auch der Gemeindeverwaltung zur Vernichtung bzw. Löschung übergeben werden.

Die ausgeschiedenen Mitglieder haben die Vernichtung bzw. die Löschung aller vertraulichen Unterlagen gegenüber dem Bürgermeister/der Bürgermeisterin schriftlich zu bestätigen.

V. Schlussbestimmungen, Inkrafttreten

§ 32
Schlussbestimmungen

Jedem Mitglied des Rates und der Ausschüsse ist eine Ausfertigung dieser Geschäftsordnung auszuhändigen oder digital zur Verfügung zu stellen. Wird die Geschäftsordnung während der Wahlzeit geändert, so ist auch die geänderte Fassung auszuhändigen.

§ 33
Inkrafttreten

Diese Geschäftsordnung tritt mit dem Tage nach der Beschlussfassung durch den Rat in Kraft.

Gleichzeitig tritt die frühere Geschäftsordnung vom .... außer Kraft.

III. Muster-Geschäftsordnung für Fraktionen

Muster-Geschäftsordnung für Fraktionen*

(gilt sinngemäß für Fraktionen der Stadt- und Gemeinderäte / Bezirksvertretungen / Kreistage / des Städteregionstags / der Verbandsversammlungen)

Geschäftsordnung der X-Fraktion im Rat / in der Bezirksvertretung der Stadt ..... / im Kreistag des Kreises .....

Die von der X-Partei zur Kommunalwahl – zur Kreistagswahl – am ..... aufgestellten und in den Stadtrat – den Gemeinderat – die Bezirksvertretung – den Kreistag – gewählten Bewerber sind am ..... zusammengetreten** und beschließen die folgende Fraktionsgeschäftsordnung:

§ 1 Ziele und Aufgaben

---

* Die nachstehend abgedruckte Muster-Geschäftsordnung für Fraktionen entspricht der aktuellen Rechtslage sowie den Erfahrungen aus der Praxis. Sie zeigt an mehreren Stellen bewusst *Alternativlösungen* auf, erfordert also insoweit eine Entscheidung der jeweiligen Fraktion.
Alle Ämter und Funktionen stehen unabhängig von der sprachlichen Bezeichnung selbstverständlich in gleicher Weise Frauen, Männern und diversgeschlechtlichen Menschen offen. Die Verwendung des generischen Maskulinums erfolgt lediglich zwecks besserer Lesbarkeit.

** Der Parteivorsitzende der jeweiligen Parteigliederung lädt zur ersten Sitzung der gewählten Mitglieder der Vertretung ein.

(1) Ziel der Arbeit der Fraktion ist es, die bürgerschaftliche Selbstverwaltung in ihrem Bereich nach den Grundsätzen der X-Partei, insbesondere den kommunalpolitischen Leitsätzen der X-Partei, zu verwirklichen.

(2) Es ist Aufgabe der Fraktion,

a) eine einheitliche Willensbildung der Mitglieder zu fördern und ihr geschlossenes Auftreten sicherzustellen,

b) die Bürgerschaft und die Einwohner und insbesondere die Mitglieder der X-Partei laufend über ihre kommunalpolitischen Ziele und Auffassungen zu informieren,

c) die Wünsche der Bürger aufzunehmen und eine lebendige Verbindung zwischen Bürgerschaft, Einwohnern und der Vertretungskörperschaft herzustellen.

§ 2 Mitgliedschaft

(1) Die in die Vertretungskörperschaft gewählten Mandatsträger der X-Partei bilden für die Dauer der Wahlperiode die X-Fraktion.

(2) Andere Mitglieder der Vertretungskörperschaft können in die Fraktion aufgenommen werden, wenn ein mit Mehrheit von zwei Dritteln aller Fraktionsmitglieder gefasster Beschluss der Fraktion vorliegt.

(3) Durch Mehrheitsbeschluss der Fraktionsmitglieder können andere Mitglieder der Vertretungskörperschaft als Hospitanten an der Fraktionsarbeit beteiligt werden.

(4) Bei der Feststellung der Mindeststärke für Fraktionen gemäß der Gemeindeordnung zählen Hospitanten nicht mit.

§ 3 Organe

Organe der Fraktion sind:

1. die Fraktionsversammlung,
2. der Vorstand,
3. der Vorsitzende.

§ 4 Die Fraktionsversammlung

(1) Die Versammlung der Fraktionsmitglieder bestimmt die Grundlinien der Politik der Fraktion und entscheidet über alle anstehenden Einzelfragen.

(2) Sie wählt den Vorstand, bestimmt die auf die Fraktion entfallenen Stellvertreter des (Ober-) Bürgermeisters bzw. Landrates sowie die Mitglieder der Ausschüsse und die Obmänner und schlägt die Bewerber für den Vorsitz und die Stellvertretung in den Ausschüssen der Vertretungskörperschaft vor. Entsprechendes gilt für die von der Vertretungskörperschaft zu bestellenden Mitglieder anderer Gremien, Kuratorien, Aufsichtsräte usw.

(3) Die Fraktion tritt in der Regel am ..... / nach Bedarf, mindestens jedoch vor jeder Sitzung der Vertretung, zusammen. Sie kann jederzeit zur Beratung wichtiger Angelegenheiten einberufen werden. Sie muss einberufen werden, wenn ein Viertel der Mitglieder es unter Angabe der Beratungspunkte verlangt. Die Ladungsfrist beträgt mindestens 48 Stunden; in Eilfällen kann sie verkürzt werden.

(4) Die Einladung zu den Fraktionssitzungen erfolgt in elektronischer Form. (Auf Antrag kann anstelle einer elektronischen Einladung diese auch schriftlich auf postalischem Weg erfolgen.)

(5) Die Fraktionssitzungen können auch in digitaler / hybrider Form durchgeführt werden, wenn dies durch Mehrheitsbeschluss der Fraktionsmitglieder festgelegt wird.

(6) Zu den Fraktionssitzungen sollen außer den Mitgliedern eingeladen werden:

a) der (Ober-) Bürgermeister / Landrat, sofern er der X-Partei angehört,

b) der hauptamtliche / nebenamtliche Geschäftsführer der Fraktion, soweit er nicht Fraktionsmitglied ist,

c) die auf der Liste der X-Partei gewählten Sachkundigen Bürger / ggf. stellvertretenden Sachkundigen Bürger, *(möglicher Zusatz: wenn Angelegenheiten ihres jeweiligen Sachbereichs beraten werden,)*

d) die leitenden Kommunalbeamten (Wahlbeamten), die der X-Partei angehören.

(e) (alternativer Zusatz: die der X-Partei angehörenden Bezirksvorsteher, stellvertretenden Bezirksvorsteher und X-Fraktionsvorsitzenden in den Bezirksvertretungen, wenn Angelegenheiten ihres Bezirks beraten werden.)

Darüber hinaus steht es der Fraktion frei, nach Bedarf weitere Personen, insbesondere Funktionsträger der örtlichen X-Partei, die nicht Mitglieder der Fraktion sind, zu den Fraktionssitzungen einzuladen.

Ob und wann dieser Personenkreis eingeladen wird, entscheidet der Fraktionsvorsitzende / Fraktionsvorstand.*

(7) Stehen Angelegenheiten zur Beratung an, die Gegenstand einer nichtöffentlichen Sitzung der Vertretungskörperschaft waren oder sein werden, so haben die in Absatz 6 dieser Vorschrift genannten Personen, soweit sie nicht zur Teilnahme an nichtöffentlichen Sitzungen der Vertretungskörperschaft berechtigt sind, den Sitzungsraum zu verlassen. Der Vorsitzende hat für die Beachtung dieser Bestimmung Sorge zu tragen.

(8) Die Fraktion ist beschlussfähig, wenn mehr als die Hälfte der Mitglieder der Fraktion anwesend ist. Sie gilt als beschlussfähig, solange ihre Beschlussunfähigkeit nicht festgestellt ist.

(9) Stimmrecht haben nur die Mitglieder der Fraktion.

(10) (alternativer Zusatz: Über jede Sitzung ist ein Kurzprotokoll, das alle Beschlüsse enthalten muss, durch den Schriftführer / Geschäftsführer zu fertigen und von ihm zu unterzeichnen. Die Protokolle sind den Fraktionsmitgliedern zuzuleiten. Einwendungen gegen das Protokoll sind zu Beginn der nächsten Fraktionssitzung zu behandeln.)

(11) Eine Beschlussfassung im Umlaufverfahren durch schriftliche Stimmabgabe oder durch Stimmabgabe per Telefax oder E-Mail ist zulässig.

Ein Beschluss ist gültig, sofern allen Fraktionsmitgliedern die Teilnahme an der Abstimmung ermöglicht wurde, mehr als die Hälfte aller Mitglieder an der Beschlussfassung teilgenommen hat und der

* Insgesamt gesehen empfiehlt es sich, den Kreis der Teilnehmer an Fraktionssitzungen nicht zu groß zu ziehen, um die Übersichtlichkeit zu wahren.

Beschluss mit der nach dieser Geschäftsordnung erforderlichen Mehrheit gefasst wurde.

Das Abstimmungsergebnis wird vom Vorsitzenden oder dessen Stellvertreter sämtlichen Mitgliedern schriftlich oder per Telefax oder per E-Mail bekannt gegeben.

Eine Fraktionsversammlung *kann auch als Online-Versammlung (virtuelle Versammlung) durchgeführt werden.*

Die Regelungen dieses Absatzes gelten sinngemäß für die Sitzungen des Fraktionsvorstandes.

§ 5 Der Vorstand

(1) Der Vorstand besteht aus folgenden Fraktionsmitgliedern:

a) dem Vorsitzenden,

b) dem Stellvertreter / den Stellvertretern,

c) dem Schriftführer / Geschäftsführer,

d) dem Schatzmeister,

e) dem Pressesprecher,

f) und weiteren ... Beisitzern.

Er wird für die Wahlperiode des Rates / Kreistages / der Bezirksvertretung gewählt. *(Alternative: Er wird für ... Jahre gewählt und bleibt bis zur Wahl des neuen Vorstandes im Amt.)* Die Abwahl des Vorstandes oder einzelner Vorstandsmitglieder ist möglich. Der Antrag kann nur von der Mehrzahl der Mitglieder der Fraktion gestellt werden. Zwischen dem Eingang des Antrages und der Sitzung der Fraktion muss eine Frist von wenigstens zwei Tagen liegen. Der Beschluss über die Abberufung bedarf einer Mehrheit der Mitgliederzahl der Fraktion.

(2) Der Vorstand bereitet die Fraktionssitzungen vor und führt die Geschäfte der Fraktion. Er kann mit Zustimmung der Fraktion einen haupt- oder nebenamtlichen Geschäftsführer berufen und Arbeitsverträge abschließen. Der haupt- / nebenamtliche Geschäftsführer nimmt, vorbehaltlich der Regelung in § 4 Abs. 7 dieser Geschäftsordnung, an den Fraktions- und Vorstandssitzungen teil, hat aber – soweit er nicht Fraktionsmitglied ist – kein Stimmrecht. Gleiches gilt für den (Ober-) Bürgermeister / Landrat.

(3) Der Vorstand tritt nach Bedarf zusammen. Die Einladung erfolgt durch den Vorsitzenden. Die Regelungen des § 4 dieser Muster-Geschäftsordnung finden entsprechende Anwendung.

(4) Der Vorstand kann Mitgliedern der Fraktion bestimmte Aufgaben übertragen und Arbeitskreise einrichten. Wenn Fragen anstehen, die über den Rahmen der Fraktionsarbeit die örtliche Partei berühren, ist der Vorsitzende der Partei einzuladen.

§ 6 Der Vorsitzende

(1) Der Vorsitzende vertritt die Fraktion nach innen und außen.

(2) Der Vorsitzende lädt zu den Sitzungen der Fraktion ein, setzt die Tagesordnung fest und leitet die Sitzungen. Auf Verlangen von mindestens einem Viertel der Fraktionsmitglieder muss die Tagesordnung um gewünschte Punkte erweitert werden.

(3) Der Vorsitzende erstattet der Fraktion jährlich einen Tätigkeitsbericht und sorgt für die Berichterstattung im Kassen- und Rechnungswesen. Er ist nachweispflichtig über die bestimmungsgemäße

Verwendung der öffentlichen Gelder (§ 15 Abs. 5 dieser Geschäftsordnung).

(4) Der Vorsitzende hält Kontakt mit der kommunalpolitischen Vereinigung der X-Partei und deren Kreisvereinigung. Die ihm zugehenden Informationen hat er unverzüglich der Fraktion bzw. je nach Sachinhalt den zuständigen Fraktionsmitgliedern zuzuleiten. Er kann mit dieser Aufgabe auch ein Mitglied der Fraktion beauftragen.

§ 7 Rechte und Pflichten

(1) Die Mitglieder der Fraktion sollen bei Beratungen, Wahlen und Beschlüssen der Vertretungskörperschaft und ihrer Ausschüsse und in der Öffentlichkeit die Gesamtlinie der Fraktion vertreten. Sie sollen die gemeinschaftlichen Ziele in Gesinnung, Wort und Haltung fördern. Wird dieser Grundsatz in wichtigen Angelegenheiten gefährdet oder verletzt, so ist jedes Mitglied verpflichtet, den Vorsitzenden unverzüglich zu unterrichten.

(2) Die gemeinschaftlichen Ziele sind im Grundsatzprogramm der X-Partei, im Grundsatzprogramm der kommunalpolitischen Vereinigung der X-Partei, in den kommunalpolitischen Aktionsprogrammen der Kommunalpolitischen Vereinigung der X-Partei des Landes Nordrhein-Westfalen und der X-Partei Nordrhein-Westfalen sowie in dem jeweiligen örtlichen Kommunalwahlprogramm der X-Partei festgelegt.

(3) Die Fraktion achtet das persönliche Gewissen und lehnt Fraktionszwang ab. Mitglieder, die sich Beschlüssen der Fraktion nicht anschließen, müssen jedoch ihre abweichende Meinung der Fraktion vor den Sitzungen der Vertretung und der Ausschüsse mitteilen.

(4) Die Fraktion erwartet von ihren Mitgliedern gewissenhafte und verantwortungsfreudige Mitarbeit und Verschwiegenheit. In Fällen

möglicher Befangenheit sollte ein Fraktionsmitglied dies seiner Fraktion im Voraus mitteilen.

(5) Die Mitglieder sind zur Teilnahme an den Fraktionssitzungen verpflichtet. Ein Mitglied, das zu einer Sitzung nicht erscheinen kann, verständigt den Vorsitzenden rechtzeitig. Wer Sitzungen vorzeitig verlassen muss, zeigt dies dem Vorsitzenden zu Beginn der Sitzung an.

§ 8 Wahlen*

(1) Die Wahlen der Bewerber erfolgen geheim. Dem Sitzungsleiter obliegt es, durch geeignete Maßnahmen das Wahlgeheimnis zu gewährleisten. Gewählt ist, wer die Mehrheit der abgegebenen gültigen Stimmen auf sich vereinigt. Wird diese Mehrheit nicht erreicht, findet eine Stichwahl jeweils zwischen den beiden Bewerbern mit den höchsten Stimmenzahlen statt. Stimmenthaltungen zählen nicht als abgegebene Stimmen. Bei Stimmengleichheit entscheidet in jedem Fall das Los.

(2) Für die Wahlen sind einheitliche Stimmzettel zu verwenden.

(3) Die Wahlen *der Bewerber können einzeln oder gemeinsam erfolgen.)*

---

* Das Wahlverfahren nach § 8 dieser Geschäftsordnung stellt einen Vorschlag dar. Es steht der Fraktion frei, ein anderes Wahlverfahren vorzusehen. Die Vorgaben der Kommunalverfassung Nordrhein-Westfalen gemäß § 56 Abs. 2 Satz 2 GO bzw. § 40 Abs. 2 Satz 2 KrO, wonach die innere Ordnung der Fraktion demokratischen und rechtsstaatlichen Grundsätzen entsprechen muss, sind jedoch auch bei Anwendung eines alternativen Wahlverfahrens in jedem Fall einzuhalten.

(3) Die Vorschläge für die Festlegung der Reihenfolge der Bewerber für ein mehrfach zu besetzendes Vorstandsamt werden der Reihe nach zur Wahl gestellt. Mehrere Einzelwahlgänge werden zusammengefasst, sofern gegen den jeweiligen Vorschlag kein Gegenvorschlag gemacht wird. Erfolgt ein Gegenvorschlag, so wird vor dessen Behandlung zunächst über die vorhergehenden Wahlvorschläge abgestimmt. Für Sammelwahlen müssen die Stimmzettel die Namen aller Bewerber, mit Ausnahme der in Einzelabstimmung zu Wählenden, in der Reihenfolge der Abstimmung enthalten. Auf den Stimmzetteln ist für jede einzelne Abstimmung die Möglichkeit, mit „Ja“, „Nein“ oder „Enthaltung“ zu stimmen, sicherzustellen; zur Vereinfachung sollte jedoch auch die Möglichkeit gegeben werden, mit einer Stimme zu allen Vorschlägen mit „Ja“, „Nein“ oder „Enthaltung“ zu stimmen. Bei Gegenvorschlägen erfolgt Einzelwahl, bei der gewählt ist, wer die Mehrheit der abgegebenen Stimmen erhält. Wird diese Mehrheit nicht erreicht, so erfolgt eine Stichwahl zwischen den beiden Bewerbern mit den höchsten Stimmenzahlen; für die Stichwahl genügt die einfache Mehrheit. Bei Stimmengleichheit entscheidet in jedem Fall das Los.

(4) Zur Wahl des Vorstandes sind nur Fraktionsmitglieder wahlberechtigt.

§ 9 Abstimmungen / Beschlüsse

(1) Abstimmungen erfolgen mit Mehrheit der abgegebenen Stimmen, sofern in dieser Geschäftsordnung nichts anderes geregelt ist. Stimmenthaltungen zählen als nicht abgegebene Stimmen, Stimmengleichheit gilt als Ablehnung.

(2) Beschlüsse werden grundsätzlich offen gefasst. Auf Antrag eines Drittels der anwesenden stimmberechtigten Mitglieder muss geheim abgestimmt werden.

§ 10 Anträge und Anfragen

Anträge und Anfragen von Fraktionsmitgliedern an den Rat / Kreistag / die Bezirksvertretung und seine / ihre Ausschüsse sind vor der Einbringung dem Fraktionsvorsitzenden zur Kenntnis zu geben. Sie sollen nach Möglichkeit in der Fraktion beraten werden.

§ 11 Arbeit in den Ausschüssen

(1) Die der X-Partei angehörenden Ausschussvorsitzenden nehmen für den Ausschuss die Funktion eines Obmannes der Fraktion wahr; daneben wird ein Sprecher bestellt. Für die von anderen Mitgliedern der Vertretungskörperschaft geleiteten Ausschüsse wird ein Obmann der X-Partei bestimmt.

(2) Der Obmann eines Ausschusses ist verantwortlich für

a) die Vorbereitung der Ausschusssitzungen innerhalb der X-Fraktion,

b) die vollzählige Vertretung der X-Fraktion im Ausschuss (Benachrichtigung der Stellvertreter),

c) die Berichterstattung an die Fraktion,

d) die Pflege des Kontaktes zur entsprechenden Verwaltungsabteilung,

e) die Öffentlichkeitsarbeit im Benehmen mit dem Pressesprecher.

Der Sprecher / Obmann ist verantwortlich für die Vertretung der Fraktionsmeinung im Ausschuss.

§ 12 Sachkundige Bürger

(1) Für die gewählten Sachkundigen Bürger in den Ausschüssen gelten die Bestimmungen der §§ 7 und 10 dieser Geschäftsordnung entsprechend.

(2) Wenn Angelegenheiten ihres Sachbereichs zur Beratung anstehen, sind sie zu beteiligen. Bei der Beratung geheimhaltungsbedürftiger Angelegenheiten aus anderen Sachbereichen haben sie die Fraktionssitzung zu verlassen, es sei denn, dass sie nach der Geschäftsordnung der Vertretungskörperschaft das Recht haben, an nichtöffentlichen Sitzungen der Vertretungskörperschaft als Zuhörer teilzunehmen.

§ 13 Interfraktionelle Zusammenarbeit

(1) Die Fraktion beschließt über die Grundsätze der Zusammenarbeit mit anderen Fraktionen. Ob für bestimmte Angelegenheiten mit anderen Fraktionen – oder Einzelvertretern – Verbindung aufzunehmen ist und Absprachen zu treffen sind, entscheidet der Vorstand. Die Fraktion ist über getroffene interfraktionelle Absprachen spätestens in der nachfolgenden Fraktionssitzung zu informieren.

(2) Einzelne Fraktionsmitglieder können ohne Auftrag weder Abmachungen mit anderen Fraktionen – oder Einzelvertretern – treffen noch ihnen gegenüber bindende Erklärungen abgeben.

§ 14 Ordnungsmaßnahmen

(1) Mitglieder, die den Bestimmungen dieser Geschäftsordnung zuwiderhandeln, können zur Verantwortung gezogen werden.

(2) Ordnungsmaßnahmen sind:

a) Missbilligung (Rüge) eines Verhaltens und

b) Ausschluss aus der Fraktion.

(3) Über die Ordnungsmaßnahmen beschließt die Fraktionsversammlung mit der Mehrheit der Stimmen ihrer Mitglieder auf schriftlichen, begründeten Antrag eines Viertels / eines Drittels (Nichtzutreffendes streichen) ihrer Mitglieder *(Alternative: eines oder mehrerer ihrer Mitglieder)* nach vorheriger Anhörung des Betroffenen. Andere Personen – insbesondere die in § 4 Abs. 4 dieser Geschäftsordnung genannten – nehmen an der Abstimmung über die Ordnungsmaßnahmen nicht teil. Zum Ausschluss aus der Fraktion bedarf es eines mit Mehrheit von zwei Dritteln aller Fraktionsmitglieder gefassten Beschlusses der Fraktion. Die Beschlüsse über Ordnungsmaßnahmen sind zu begründen und dem Betroffenen bekannt zu geben.

§ 15 Finanzen

(1) Die Deckung der Kosten, die durch die Arbeit der Fraktion entstehen, wird durch Fraktionsbeschluss geregelt.

(2) Zur Mitfinanzierung der Fraktionsarbeit führen die Fraktionsmitglieder monatlich einen Beitrag an die Fraktionskasse ab. Die Höhe des Beitrags beschließt die Fraktion.

(3) Der Schatzmeister führt die Kassengeschäfte. Er ist dem Vorstand und der Fraktion gegenüber rechenschaftspflichtig.

(4) Zwei von der Fraktion zu bestellende Mitglieder prüfen die Kasse. Das Prüfergebnis ist der Fraktion mitzuteilen.

(5) Über die Verwendung der der Fraktion von der Gemeinde / dem Kreis zur Verfügung gestellten Mittel ist der Fraktionsvorsitzende nachweispflichtig. Er hat dem (Ober-) Bürgermeister / Landrat zu versichern, dass die Haushaltsmittel und Sachleistungen bestimmungsgemäß, das heißt nur für die Geschäftsbedürfnisse der Fraktion, verwendet worden sind, und die entsprechenden Nachweise zu führen.

§ 16 Fraktionsarchiv und Fraktionsbibliothek*

(1) Der Vorsitzende sorgt dafür, dass alle wichtigen Unterlagen erhalten bleiben. Deshalb hat er alle ihm zugänglichen, die Fraktion betreffenden Schriftstücke dem Geschäftsführer / Schriftführer weiterzuleiten.

(2) Der Geschäftsführer / Schriftführer sammelt im (elektronischen) Fraktionsarchiv die Sitzungsprotokolle aus allen Rats- / Kreistags-, Ausschuss- und Fraktionssitzungen sowie die Presseberichte über bedeutsame Ereignisse der Kommunalpolitik, den Schriftwechsel der Fraktion und sonstige für das spätere kommunale Geschehen wissenswerte Unterlagen und Schriftstücke.

* Die Bestimmungen der §§ 16 und 18 dieser Geschäftsordnung sind eher auf Großstadtfraktionen zugeschnitten; sie können für kleinere Fraktionen entsprechend gekürzt werden.

(3) Es ist eine Fraktionsbibliothek (in elektronischer Form) einzurichten oder fortzuführen; sie ist auf dem neuesten Stand zu halten und durch den Geschäftsführer / Schriftführer zu verwalten.

(4) Nach Abgabe seines Amtes hat der Vorsitzende, Geschäftsführer / Schriftführer alle Unterlagen der Fraktion – spätestens nach vier Wochen – dem neuen Amtsinhaber zu übergeben. Diese Übergabe ist in einer schriftlichen Verhandlung festzuhalten.

§ 17 Datenschutzrechtliche Regelungen

(1) Der Fraktionsvorsitzende hat dafür Sorge zu tragen, dass hinsichtlich der Verarbeitung personenbezogener Daten (i.S.d. § 3 Abs. 1 und 2 DSG NRW) die Vorschriften des Datenschutzgesetzes sowie der Datenschutz-Grundverordnung beachtet werden. Hierzu gehört insbesondere, dass bei Auflösung der Fraktion die aus der Fraktionsarbeit erlangten personenbezogenen Daten gelöscht werden.

(2) Der Fraktionsvorsitzende hat darauf hinzuwirken, dass neben- / hauptamtliche Fraktionsmitarbeiter, die nicht Mitglied der Vertretungskörperschaft sind, zur Verschwiegenheit verpflichtet werden.

(3) Weiterhin hat der Fraktionsvorsitzende für die sorgfältige Aufbewahrung und den Umgang mit fraktionsbezogenen Unterlagen (z. B. Verwendungsnachweise, Kontenführung etc.) Sorge zu tragen.

§ 18 Öffentlichkeitsarbeit*

(1) Aufgabe des Pressesprechers ist es, ständigen Kontakt mit der Presse und dem Lokalfunk zu pflegen. Er soll Erklärungen der Fraktion in Abstimmung mit dem Vorsitzenden vorbereiten sowie Erklärungen und Beschlüsse der Fraktion den Medien zuleiten. (Zur Information der X-Mitglieder und der Öffentlichkeit erstellt der Pressesprecher regelmäßig einen Bericht, der in allgemein verständlicher Form über die Arbeit und Pläne der Fraktion informiert.)

(2) Die Fraktion hat eine permanente Öffentlichkeitsarbeit zu betreiben. Mindestens einmal jährlich – bei Bedarf auch öfter – sind Pressekonferenzen durchzuführen. Mindestens in halbjährlichem Abstand haben im Anschluss an bzw. vor Fraktionssitzungen öffentliche Anhörungen und Aussprachen mit den Bürgern und Einwohnern im Wechsel in verschiedenen Orts- bzw. Stadtteilen stattzufinden. Mindestens einmal monatlich sind Fraktionssprechstunden abzuhalten. Die einzelnen Fraktionsmitglieder führen daneben in ihren Wahl- und Wohnbezirken, über die Reserveliste gewählte Mandatsträger in nicht von der X-Partei gewonnenen Wahlbezirken (Patenschaften), Sprechstunden durch.

(3) Veröffentlichungen der kommunalpolitischen Vereinigung / des Bildungswerkes der X-Partei sind allen Fraktionsmitgliedern zugänglich zu machen.

---

* Die Bestimmungen der §§ 16 und 18 dieser Geschäftsordnung sind eher auf Großstadtfraktionen zugeschnitten; sie können für kleinere Fraktionen entsprechend gekürzt werden.

§ 19 Änderung der Geschäftsordnung

Änderungen der Geschäftsordnung bedürfen der Mehrheit der Stimmen aller Fraktionsmitglieder.

§ 20 Mitgliedschaft in der kommunalpolitischen Vereinigung der X-Partei des Landes NRW

(1) Die Mitglieder der Fraktion sind Mitglieder der kommunalpolitischen Vereinigung der X-Partei / des Bildungswerkes des Landes Nordrhein-Westfalen.

(2) Für die Erfüllung der Beitragsverpflichtung aus der Mitgliedschaft sind der Vorsitzende, der Schatzmeister und der Geschäftsführer / Schriftführer verantwortlich.

(3 Diese Mitgliedschaft berechtigt alle Fraktionsmitglieder, die Dienstleistungen der kommunalpolitischen Vereinigung / des Bildungswerkes der X-Partei des Landes Nordrhein-Westfalen (z. B. Information, Rechts- und Sachberatung, kommunalpolitische Weiterbildung u.a.m.) in Anspruch zu nehmen.

Unterschriften

(Vorsitzender) (Geschäftsführer / Schriftführer)

IV. Entschädigungsverordnung (EntschVO)

Verordnung über die Entschädigung der Mitglieder kommunaler Vertretungen und deren Ausschüsse im Land Nordrhein-Westfalen (Entschädigungsverordnung – EntschVO NRW)

Vom 26. September 2023 (GV.NRW. 2023, S. 1140)

Diese Verordnung tritt am 1. Januar 2024 in Kraft.

Auf Grund

- des § 36 Absatz 4 Satz 3, des § 39 Absatz 7 Satz 6, des § 46 Absatz 1 Satz 1 und des § 133 Absatz 5 der Gemeindeordnung für das Land Nordrhein-Westfalen in der Fassung der Bekanntmachung vom 14. Juli 1994 (GV.NRW. S. 666), von denen § 36 Absatz 4 Satz 3 und § 39 Absatz 7 Satz 6 zuletzt durch Artikel 15 Nummer 1 des Gesetzes vom 23. Januar 2018 (GV.NRW. S. 90) und § 46 Absatz 1 Satz 1 zuletzt durch Artikel 1 Nummer 7 Buchstabe a des Gesetzes vom 18. Dezember 2018 (GV. NRW. S. 738) geändert worden sind und § 133 Absatz 5 durch Artikel 1 Nummer 16 des Gesetzes vom 13. April 2022 (GV. NRW. S. 490) angefügt worden ist,
- des § 30 und des § 31 Absatz 1 Satz 1 der Kreisordnung für das Land Nordrhein-Westfalen in der Fassung der Bekanntmachung vom 14. Juli 1994 (GV.NRW. S. 646), von denen § 30 durch Artikel 2 Nummer 3 des Gesetzes vom 13. April 2022 (GV.NRW. S. 490) neu gefasst und § 31 Absatz 1 Satz 1 zuletzt

durch Artikel 3 Nummer 4 Buchstabe a des Gesetzes vom 18. Dezember 2018 (GV.NRW. S. 738) geändert worden ist,

- des § 16 Absatz 1 und 2 der Landschaftsverbandsordnung für das Land Nordrhein-Westfalen in der Fassung der Bekanntmachung vom 14. Juli 1994 (GV.NRW. S. 657), von denen Absatz 1 durch Artikel 3 Nummer 5 des Gesetzes vom 13. April 2022 (GV.NRW. S. 490) neu gefasst und Absatz 2 zuletzt durch Artikel 4 Nummer 1 Buchstabe a des Gesetzes vom 18. Dezember 2018 (GV.NRW. S. 738) geändert worden ist und

- des § 12 Absatz 3 und 4 des Gesetzes über den Regionalverband Ruhr in der Fassung der Bekanntmachung vom 3. Februar 2004 (GV.NRW. S. 96), von denen Absatz 3 durch Artikel 4 Nummer 4 des Gesetzes vom 13. April 2022 (GV.NRW. S. 490) neu gefasst und Absatz 4 zuletzt durch Artikel 5 Nummer 1 Buchstabe a des Gesetzes vom 18. Dezember 2018 (GV.NRW. S. 738) geändert worden ist,

verordnet das Ministerium für Heimat, Kommunales, Bau und Digitalisierung des Landes Nordrhein-Westfalen:

Inhaltsübersicht

§ 1
Aufwandsentschädigungen für Mitglieder kommunaler Vertretungen

(1) Die Aufwandsentschädigung ist ein pauschalierter Auslagenersatz für die durch das kommunalpolitische Ehrenamt entstehenden Aufwendungen und zugleich Ersatz für den Aufwand an Zeit und Arbeitsleistung.

(2) Sitzungsgeld ist ein, auch soweit es als Teil einer Aufwandsentschädigung gewährt wird, pauschalierter Auslagenersatz für die Teilnahme an Sitzungen der Organe und Ausschüsse kommunaler Vertretungen.

(3) Die Aufwandsentschädigung für Mitglieder kommunaler Vertretungen kann als monatliche Pauschale (Vollpauschale) oder als monatliche Teilpauschale (Teilpauschale) zuzüglich des Sitzungsgeldes gezahlt werden.

§ 2
Aufwandsentschädigungssätze für Mitglieder der Räte und der Bezirksvertretungen

(1) Die Höhe der monatlichen Voll- oder Teilpauschale beträgt für Ratsmitglieder in Gemeinden

1. mit bis zu 10.000 Einwohnerinnen und Einwohnern **für die Vollpauschale 234,60 Euro oder für die Teilpauschale 127,50 Euro**,
2. von 10.001 bis 20.000 Einwohnerinnen und Einwohnern für die Vollpauschale 280,50 Euro oder für die Teilpauschale 168,30 Euro,
3. von 20.001 bis 30.000 Einwohnerinnen und Einwohnern für die Vollpauschale 326,40 Euro oder für die Teilpauschale 214,20 Euro,
4. von 30.001 bis 40.000 Einwohnerinnen und Einwohnern für die Vollpauschale 377,40 Euro oder für die Teilpauschale 255 Euro,
5. von 40.001 bis 60.000 Einwohnerinnen und Einwohnern für die Vollpauschale 428,40 Euro oder für die Teilpauschale 316,20 Euro,
6. von 60.001 bis 100.000 Einwohnerinnen und Einwohnern für die Vollpauschale 464,10 Euro oder für die Teilpauschale 346,80 Euro,

7. von 100.001 bis 150.000 Einwohnerinnen und Einwohnern für die Vollpauschale 499,80 Euro oder für die Teilpauschale 387,60 Euro,

8. von 150.001 bis 450.000 Einwohnerinnen und Einwohnern für die Vollpauschale 535,50 Euro oder für die Teilpauschale 428,40 Euro und

9. mit über 450.000 Einwohnerinnen und Einwohnern für die Vollpauschale 642,60 Euro oder für die Teilpauschale 530,40 Euro.

(2) Die Höhe der monatlichen Voll- oder Teilpauschale beträgt für Mitglieder in Bezirksvertretungen in Bezirken

1. mit bis zu 50.000 Einwohnerinnen und Einwohnern für die Vollpauschale 224,40 Euro oder für die Teilpauschale 158,10 Euro,

2. von 50.001 bis 100.000 Einwohnerinnen und Einwohnern für die Vollpauschale 260,10 Euro oder für die Teilpauschale 188,70 Euro und

3. mit über 100.000 Einwohnerinnen und Einwohnern für die Vollpauschale 290,70 Euro oder für die Teilpauschale 219,30 Euro.

(3) Im Falle der Absätze 1 und 2 wird bei Zahlung der monatlichen Teilpauschale diese zuzüglich eines Sitzungsgeldes in Höhe von 25,50 Euro gezahlt. Sitzungsgelder dürfen für jede Teilnahme an Sitzungen des Rates oder der Bezirksvertretung und der jeweiligen Ausschüsse sowie für die Teilnahme an Fraktionssitzungen gezahlt werden, die der Vorbereitung von Sitzungen des Rates oder der Bezirksvertretung dienen.

(4) Sachkundige Bürgerinnen und Bürger oder sachkundige Einwohnerinnen und Einwohner erhalten für die im Rahmen der Wahrnehmung ihrer Funktion erforderliche Teilnahme an Ausschuss- und

Fraktionssitzungen ein Sitzungsgeld. Dies gilt auch für stellvertretende sachkundige Bürgerinnen und Bürger sowie stellvertretende sachkundige Einwohnerinnen und Einwohner, die an Fraktionssitzungen teilnehmen. Die Höhe des Sitzungsgeldes beträgt in Gemeinden

1. mit bis zu 10.000 Einwohnerinnen und Einwohnern 25,50 Euro,
2. von 10.001 bis 20.000 Einwohnerinnen und Einwohnern 30,60 Euro,
3. von 20.001 bis 30.000 Einwohnerinnen und Einwohnern 35,70 Euro,
4. von 30.001 bis 40.000 Einwohnerinnen und Einwohnern 40,80 Euro,
5. von 40.001 bis 60 000 Einwohnerinnen und Einwohnern 45,90 Euro,
6. von 60.001 bis 100.000 Einwohnerinnen und Einwohnern 51,00 Euro,
7. von 100.001 bis 150.000 Einwohnerinnen und Einwohnern 56,10 Euro,
8. von 150.001 bis 450.000 Einwohnerinnen und Einwohnern 61,20 Euro und
9. mit über 450.000 Einwohnerinnen und Einwohnern 66,30 Euro.

§ 3
Aufwandsentschädigungen für Mitglieder der Kreistage

(1) Die Höhe der monatlichen Voll- oder Teilpauschale beträgt für Mitglieder der Kreistage in Kreisen

1. mit bis zu 200.000 Einwohnerinnen und Einwohnern für die Vollpauschale 387,60 Euro oder für die Teilpauschale 316,20 Euro und

2. mit über 200.000 Einwohnerinnen und Einwohner für die Vollpauschale 494,70 Euro oder für die Teilpauschale 423,30 Euro.

(2) § 2 Absatz 3 gilt entsprechend.

(3) Für sachkundige Bürgerinnen und Bürger oder sachkundige Einwohnerinnen und Einwohner gilt § 2 Absatz 4 Satz 1 und 2 entsprechend. Die Höhe des Sitzungsgeldes beträgt in Kreisen

1. mit bis zu 200.000 Einwohnerinnen und Einwohnern 40,80 Euro und

2. mit über 200.000 Einwohnerinnen und Einwohnern 51,00 Euro.

§ 4

Aufwandsentschädigungen für Mitglieder der Landschaftsversammlungen und der Verbandsversammlung des Regionalverbandes Ruhr

(1) Die Höhe der monatlichen Vollpauschale für Mitglieder der Landschaftsversammlungen und für Mitglieder der Verbandsversammlung des Regionalverbandes Ruhr beträgt 219,30 Euro, die Höhe der monatlichen Teilpauschale beträgt 107,10 Euro. Abweichend von Satz 1 kann die Landschaftsversammlung beschließen, dass die Aufwandsentschädigungen ausschließlich in Form eines Sitzungsgeldes geleistet werden.

(2) Im Falle von Absatz 1 Satz 1 wird bei Zahlung der monatlichen Teilpauschale diese zuzüglich eines Sitzungsgeldes in Höhe von

56,10 Euro gezahlt. Hat die Landschaftsversammlung von Absatz 1 Satz 2 Gebrauch gemacht, beträgt das Sitzungsgeld 112,20 Euro. § 2 Absatz 3 Satz 2 gilt entsprechend.

(3) Für sachkundige Bürgerinnen und Bürger gilt § 2 Absatz 4 Satz 1 und 2 entsprechend. Die Höhe des Sitzungsgeldes beträgt 71,40 Euro.

§ 5
Berücksichtigung besonderer Funktionen

(1) Für die jeweils erste ehrenamtliche Stellvertretung einer Hauptverwaltungsbeamtin oder eines Hauptverwaltungsbeamten auf Ebene der Gemeinden und Kreise wird eine zusätzliche Aufwandsentschädigung in Höhe des dreifachen Satzes der Vollpauschale nach § 2 oder § 3 gezahlt. Für weitere ehrenamtliche Stellvertretungen wird eine zusätzliche Aufwandsentschädigung in Höhe des eineinhalbfachen Satzes der Vollpauschale nach § 2 oder § 3 gezahlt.

(2) Die oder der jeweilige Vorsitzende der Landschaftsversammlung oder der Verbandsversammlung des Regionalverbandes Ruhr erhält eine zusätzliche Aufwandsentschädigung in Höhe des neunfachen Satzes der Vollpauschale nach § 4. Die stellvertretenden Vorsitzenden erhalten eine zusätzliche Aufwandsentschädigung in Höhe des sechsfachen Satzes der Vollpauschale nach § 4.

(3) Die Bezirksvorsteherin oder der Bezirksvorsteher erhält eine zusätzliche Aufwandsentschädigung in Höhe des zweifachen Satzes der Vollpauschale nach § 2 Absatz 2, sofern die Hauptsatzung eine Regelung nach § 36 Absatz 4 der Gemeindeordnung für das Land Nordrhein-Westfalen in der Fassung der Bekanntmachung vom 14. Juli 1994 (GV.NRW. S. 666) in der jeweils geltenden Fassung vorsieht. Unter der Voraussetzung des Satzes 1 wird für die erste und

die zweite Stellvertretung einer Bezirksvorsteherin oder eines Bezirksvorstehers der einfache Satz der Vollpauschale, für weitere Stellvertretungen wird die Hälfte des einfachen Satzes der Vollpauschale nach § 2 Absatz 2 gezahlt.

(4) Ortsvorsteherinnen und Ortsvorsteher erhalten eine monatliche Aufwandsentschädigung in Höhe von 260,10 Euro. Sofern diese Mitglieder eines Rates sind, wird die Aufwandsentschädigung nach Satz 1 als zusätzliche Aufwandsentschädigung gewährt. Der Anspruch der zur Ehrenbeamtin ernannten Ortsvorsteherin oder des zum Ehrenbeamten ernannten Ortsvorstehers auf Ersatz der Auslagen, die ihr oder ihm durch die Erledigung der übertragenen Geschäfte der laufenden Verwaltung entstanden sind, bleibt unberührt.

(5) Die Vorsitzenden von Ausschüssen erhalten eine zusätzliche Aufwandsentschädigung in Höhe des einfachen Satzes der Vollpauschale nach den §§ 2, 3 oder 4. Soweit die Aufwandsentschädigung für Vorsitzende der Ausschüsse als Sitzungsgeld gewährt wird, entspricht dieses der Höhe nach der jeweiligen zusätzlichen Aufwandsentschädigung nach Satz 1. Im Falle einer Verhinderung der oder des Vorsitzenden erhält das Mitglied, welches den Vorsitz in der Sitzung führt, eine zusätzliche Aufwandsentschädigung in Höhe eines Sitzungsgeldes nach den §§ 2, 3 oder 4.

(6) Fraktionsvorsitzende in Räten und Kreistagen erhalten eine zusätzliche Aufwandsentschädigung in Höhe des zweifachen Satzes der Vollpauschale nach § 2 oder § 3. Fraktionsvorsitzende in Räten und Kreistagen von Fraktionen mit mindestens acht Mitgliedern erhalten eine zusätzliche Aufwandsentschädigung in Höhe des dreifachen Satzes der Vollpauschale nach § 2 oder § 3. Stellvertretungen von Fraktionsvorsitzenden nach Satz 2 erhalten nach Maßgabe des § 46 Absatz 1 Satz 1 Nummer 3 der Gemeindeordnung für das Land Nordrhein-Westfalen oder des § 31 Absatz 1 Satz 1 Nummer 3 der Kreis-

ordnung für das Land Nordrhein-Westfalen in der Fassung der Bekanntmachung vom 14. Juli 1994 (GV.NRW. S. 646) in der jeweils geltenden Fassung eine zusätzliche Aufwandsentschädigung in Höhe des eineinhalbfachen Satzes der Vollpauschale nach § 2 oder § 3. Sofern die Hauptsatzung in kreisfreien Städten eine Regelung nach § 36 Absatz 4 der Gemeindeordnung für das Land Nordrhein-Westfalen enthält, erhält die oder der Fraktionsvorsitzende einer Fraktion in einer Bezirksvertretung eine zusätzliche Aufwandsentschädigung in Höhe des einfachen Satzes der Vollpauschale nach § 2 Absatz 2.

(7) Fraktionsvorsitzende von Fraktionen in den Landschaftsversammlungen sowie in der Verbandsversammlung des Regionalverbandes Ruhr erhalten eine zusätzliche Aufwandsentschädigung in Höhe des sechsfachen Satzes der Vollpauschale. Deren jeweilige Stellvertretungen erhalten nach Maßgabe des § 16 Absatz 2 Nummer 4 der Landschaftsverbandsordnung für das Land Nordrhein-Westfalen in der Fassung der Bekanntmachung vom 14. Juli 1994 (GV.NRW. S. 657) in der jeweils geltenden Fassung oder des § 12 Absatz 4 Nummer 4 des Gesetzes über den Regionalverband Ruhr in der Fassung der Bekanntmachung vom 3. Februar 2004 (GV.NRW. S. 96) in der jeweils geltenden Fassung eine zusätzliche Aufwandsentschädigung in Höhe des zweifachen Satzes der Vollpauschale nach § 4.

(8) Sofern der jeweilige Fraktionsvorsitz im Wege einer Doppelspitze ausgeübt wird, wird die zusätzliche Aufwandsentschädigung geteilt und jeweils hälftig ausgezahlt. Wenn der Fraktion eine zusätzliche Entschädigung für stellvertretende Fraktionsvorsitzende nach Absatz 6 Satz 3 zusteht und anstelle der Bestellung einer Stellvertretung eine Doppelspitze gebildet wird, wird die Summe der zusätzlichen Aufwandsentschädigungen für Fraktionsvorsitz und stellvertretenden Fraktionsvorsitz geteilt und jeweils hälftig ausgezahlt.

§ 6
Ersatz des Verdienstausfalls und Entschädigung in Form eines Stundenpauschalsatzes

(1) Der durch die Wahrnehmung des kommunalpolitischen Ehrenamtes entgangene Arbeitsverdienst aus selbstständiger oder unselbständiger Arbeit ist mindestens in Höhe eines Regelstundensatzes zu ersetzen. Der Regelstundensatz entspricht der Höhe des Mindestlohns nach dem Mindestlohngesetz vom 11. August 2014 (BGBl. I S. 1348) in der jeweils geltenden Fassung. In der Hauptsatzung kann ein höherer Regelstundensatz festgelegt werden. Die Verdienstausfallentschädigung darf einen Höchstbetrag von 84,00 Euro je Stunde nicht überschreiten. Diese Höchstgrenze gilt auch in den Fällen der Absätze 2 und 3.

(2) Selbständige erhalten auf Antrag anstelle des Regelstundensatzes eine Verdienstausfallpauschale je Stunde, deren Höhe im Einzelfall auf der Grundlage des glaubhaft gemachten Einkommens nach billigem Ermessen festgesetzt wird.

(3) Auf Antrag ist abhängig Erwerbstätigen der tatsächlich entstandene Verdienstausfall in der nachgewiesenen Höhe gesondert zu ersetzen. Ferner ist der auf den entgangenen Arbeitsverdienst entfallende Arbeitgeberanteil zur Sozialversicherung zu erstatten, soweit dieser zu Lasten der oder des Entschädigungsberechtigten an den Sozialversicherungsträger abgeführt wird.

(4) Entgangener Gewinn aus Nebentätigkeiten und Verdienst, der außerhalb der Arbeitszeit hätte erzielt werden können, bleibt beim Ersatz des Verdienstausfalls außer Betracht.

(5) Personen nach § 45 Absatz 1 Satz 2 der Gemeindeordnung für das Land Nordrhein-Westfalen erhalten auf Antrag eine Entschädigung in Form eines Stundenpauschalsatzes. Der Stundenpauschal-

satz entspricht der Höhe des Mindestlohns nach dem Mindestlohngesetz vom 11. August 2014 (BGBl. I S. 1348) in der jeweils geltenden Fassung. Pflegebedürftig sind Personen, die gesundheitlich bedingte Beeinträchtigungen der Selbständigkeit oder der Fähigkeiten aufweisen und deshalb der Hilfe durch andere bedürfen. Dies umfasst insbesondere solche Personen, die als pflegebedürftig nach § 14 des Elften Buches Sozialgesetzbuch – Soziale Pflegeversicherung – (Artikel 1 des Gesetzes vom 26. Mai 1994, BGBl. I S. 1014, 1015), das zuletzt durch Artikel 7 des Gesetzes vom 26. Juli 2023 (BGBl. 2023 I Nr. 202) geändert worden ist, anerkannt sind. Betreuungsbedürftige Personen sind insbesondere Minderjährige unter 14 Jahren. Ein Aufwendungsersatz für die entgeltliche Pflege oder Betreuung durch Dritte nach § 45 Absatz 1 Satz 3 der Gemeindeordnung für das Land Nordrhein-Westfalen erfolgt nicht für die Zeiträume, für die die Entschädigung nach Satz 1 geleistet wird oder die durch Leistungen der Sozialkassen refinanziert werden.

(6) Voraussetzung für die Geltendmachung der Ansprüche nach Absatz 1 bis 3 und 5 Satz 1 ist, dass die Mandatsausübung während der Arbeitszeit erforderlich ist und dies im Rahmen der jeweiligen Antragstellung glaubhaft gemacht wird. Die regelmäßige Arbeitszeit ist individuell zu begründen. In der Regel ist sie auf Werktage im Zeitraum jeweils von 8.00 Uhr bis 18.00 Uhr begrenzt und beinhaltet nicht den Sonntag. Entsprechendes gilt für die weiteren Voraussetzungen nach Absatz 5.

§ 7
Zahlung, Wegfall und Kürzung von Aufwandsentschädigungen und Ersatz des Verdienstausfalls

(1) Aufwandsentschädigungen in Form einer monatlichen Pauschale werden für die Zeit vom Tage des Amtsantritts bis zum Zeit-

punkt der Beendigung des kommunalpolitischen Ehrenamtes monatlich gezahlt. Besteht der Anspruch auf Aufwandsentschädigung nicht für einen vollen Kalendermonat, wird für jeden Tag ein Dreißigstel der monatlichen Aufwandsentschädigung gezahlt.

(2) Bei Gemeinden können Aufwandsentschädigungen nach § 2 und § 5 nebeneinander bezogen werden, wenn sie auf mehreren Ämtern beruhen. Insgesamt ist die Summe der Höhe der Aufwandsentschädigungen auf den fünffachen Satz des Betrages der Aufwandsentschädigung nach § 2 begrenzt. Für Kreise gelten die Sätze 1 und 2 mit der Maßgabe, dass sich die Höhe der Aufwandsentschädigung nach § 3 richtet.

(3) Absatz 2 Satz 1 gilt für Mitglieder der Landschaftsversammlungen sowie der Verbandsversammlung des Regionalverbandes Ruhr mit der Maßgabe entsprechend, dass die Summe der Höhe der Aufwandsentschädigungen auf das Neunfache des Betrages der Vollpauschale nach § 4 begrenzt ist.

(4) Die für das Sitzungsgeld festgesetzten Sätze gelten für eine Sitzung. Für eine Sitzung, die nicht am selben Tage beendet wird, dürfen bis zu zwei Sitzungsgelder gezahlt werden, wenn die Sitzung insgesamt mindestens sechs Stunden gedauert hat. Finden an einem Tag bei derselben kommunalen Körperschaft mehrere Sitzungen statt, dürfen nicht mehr als zwei Sitzungsgelder gewährt werden. Abweichend von Satz 3 gilt für Gemeinden mit über 450.000 Einwohnerinnen und Einwohner, dass höchstens vier Sitzungsgelder gezahlt werden dürfen.

(5) Ergeben sich Anhaltspunkte, dass Sitzungen der Fraktionen in missbräuchlicher Weise wiederholt in Arbeitszeiten gelegt und dafür Zahlungen nach § 6 geltend gemacht werden, kann die Hauptsatzung

bestimmen, dass in solchen Fällen der Ersatz des Verdienstausfalles nicht zu leisten ist.

(6) Übt die Empfängerin oder der Empfänger der Aufwandsentschädigung das kommunale Ehrenamt ununterbrochen länger als drei Monate nicht aus, wird für die über drei Monate hinausgehende Zeit keine Aufwandsentschädigung gewährt. Dies gilt nicht, soweit sie oder er den Grund für die Nichtausübung nicht selbst zu vertreten hat.

§ 8
Anwendung des Landesreisekostengesetzes

Für die Erstattung von Fahrkosten von Personen, die Aufwandsentschädigungen nach § 2 bis § 5 Absatz 1 bis 4 erhalten, ist das Landesreisekostengesetz vom 1. Dezember 2021 (GV. NRW. S. 1367) in der jeweils geltenden Fassung anzuwenden. Bei der Ermittlung ist höchstens auf die Kosten der Fahrt von der Hauptwohnung zum Sitzungsort und zurück abzustellen. Satz 1 gilt entsprechend für genehmigte Dienstreisen und für weitere, im Zusammenhang mit dem Mandat stehende Auslagen, sofern die Hauptsatzung dazu Regelungen trifft.

§ 9
Veränderung von Einwohnerzahlen

Für die Gewährung von Aufwandsentschädigungen nach § 2 und § 3 sind die Einwohnerzahlen maßgebend, die nach § 78 Absatz 1 der Kommunalwahlordnung vom 31. August 1993 (GV.NRW S. 592, ber. S. 967), die zuletzt durch Artikel 2 des Gesetzes vom 5. Mai 2020 (GV.NRW. S. 312d) geändert worden ist, der Wahl der Vertretung zugrunde gelegen haben. Eine Veränderung der Einwohnerzahlen ist bis zum Ablauf der jeweiligen Wahlperiode unbeachtlich.

§ 10
Regelmäßige Anpassung der Aufwandsentschädigungssätze

Die Aufwandsentschädigungssätze nach den §§ 2 bis 4 und 5 Absatz 4 erhöhen sich jährlich, beginnend ab dem 1. Januar 2025, um zwei Prozent. Das für Kommunales zuständige Ministerium macht die jeweils geltenden Entschädigungssätze öffentlich bekannt.

§ 11
Inkrafttreten und Außerkrafttreten

Diese Verordnung tritt am 1. Januar 2024 in Kraft. Gleichzeitig tritt die Entschädigungsverordnung vom 5. Mai 2014 (GV.NRW. S. 276), die zuletzt durch Verordnung vom 13. Dezember 2021 (GV.NRW. S. 1414) geändert worden ist, außer Kraft.

Die Ministerin
für Heimat, Kommunales, Bau und Digitalisierung
des Landes Nordrhein-Westfalen

Ina Scharrenbach